Arbeitsmarktpolitik bei marktkonformer Arbeitsvermittlung

# Europäische Hochschulschriften

Publications Universitaires Européennes
European University Studies

**Reihe V**
**Volks- und Betriebswirtschaft**

Série V Series V
Sciences économiques, gestion d'entreprise
Economics and Management

**Bd./Vol. 2923**

PETER LANG
Frankfurt am Main · Berlin · Bern · Bruxelles · New York · Oxford · Wien

Michael Heidinger

# Arbeitsmarktpolitik bei marktkonformer Arbeitsvermittlung

## Ein Reformvorschlag aus konstitutionenökonomischer Perspektive

PETER LANG
Europäischer Verlag der Wissenschaften

Die Deutsche Bibliothek - CIP-Einheitsaufnahme

Heidinger, Michael:

Arbeitsmarktpolitik bei marktkonformer Arbeitsvermittlung : ein Reformvorschlag aus konstitutionenökonomischer Perspektive / Michael Heidinger. - Frankfurt am Main ; Berlin ; Bern ; Bruxelles ; New York ; Oxford ; Wien : Lang, 2002
(Europäische Hochschulschriften : Reihe 5, Volks- und Betriebswirtschaft ; Bd. 2923)
Zugl.: Bochum, Univ., Diss. 2000
ISBN 3-631-38921-3

D 294
ISSN 0531-7339
ISBN 3-631-38921-3



www.peterlang.de

**Meinen Eltern**

# Vorwort

Daß das gut Gemeinte häufig der größte Feind des Guten ist, weiß nicht nur der Volksmund. Es ist vielmehr auch für den wissenschaftlichen Bereich festzustellen, daß Expertisen – selbst wenn sie in bester Absicht geschrieben werden – bisweilen das Gegenteil von dem Zweck bewirken, der ihrer Erstellung zugrunde lag. Maßgeblich hierfür ist der Tatbestand, daß wissenschaftlicher Rat eher zu einer Verfestigung kontroverser Standpunkte führt, wenn er den Grundkonflikt interessendivergent und wertstrittig angelegter politischer Auseinandersetzungen nicht in sein Kalkül mit einbezieht.

Abhilfe verspricht eine Politikberatung, die auf das Konsensparadigma setzt. Sie verbietet sich konsequent jeden Vorschlag, der nicht gleichzeitig den Prozeß seiner Implementierung mit denkt. Dies zu tun bedeutet, die Realisierungschancen eines Reformvorschlags als Funktion seiner Zustimmungsfähigkeit zu begreifen. Geboten ist die Vorgehensweise vor allem für die dringend erforderliche Reform des Sozialstaates, die in besonderer Weise Opfer von Denk- und Handlungsblokkaden ist.

Vor diesem Hintergrund greift sich die nachfolgende Untersuchung mit der Arbeitsmarktpolitik eine zentrale Säule des Sozialstaates heraus und unterzieht sie aus der konstitutionenökonomischen Perspektive einer umfassenden Analyse. Ziel ist die Entwicklung des Modells einer Arbeitsmarktpolitik bei marktkonformer Arbeitsvermittlung, die als pareto-superiorer Reformvorschlag die größtmögliche Befürwortung erwarten darf. Ausgangspunkt der Überlegungen ist die staatliche Arbeitsvermittlung, der das Konzept einer marktkonformen Arbeitsvermittlung entgegengesetzt wird. Es wird verknüpft mit einem Vorschlag zur Modifizierung der arbeitsmarktpolitischen Instrumente. Hieraus abgeleitet wird das integrative Modell des „Arbeitslosentenders“, der die Umsetzung ehrgeiziger sozialpolitischer Ziele mit der Forderung nach marktwirtschaftlicher Effizienz verbindet.

Die vorliegende Studie ist von der Fakultät für Wirtschaftswissenschaft der Ruhr-Universität Bochum als Dissertation angenommen worden. Hierfür ist vielen zu danken, von denen nur einige aufgeführt werden können. An erster Stelle zu nennen ist mein akademischer Lehrer und Doktorvater, Prof. Dr. Karl-Hans Hartwig. Ihm gebührt für seine wohlwollende Betreuung sowie seine ständige Ansprechbarkeit, die gerade für den „extern" Promovierenden unverzichtbar ist, mein besonderer Dank. Danken möchte ich darüber hinaus Herrn Prof. Dr. Volker Nienhaus, der sich zur Übernahme des Korreferates bereit erklärt hat.

Meine Dankesschuld abzutragen gilt es ferner gegenüber Herrn Diplom-Volkswirt Rolf Coppenrath sowie insbesondere gegenüber Herrn Diplom-Volkswirt Carsten Kasprzok. Sie sind mir nicht nur zu jeder Tag- und Nachtzeit wichtige Diskussionspartner gewesen, sondern waren durch ihre aufmunternden Worte stets der Garant dafür, daß der Verfasser auch in schwierigen Phasen nicht den Mut verlor.

Der größte Anteil am Zustandekommen des vorliegenden Buches ist aber meiner Frau Dagmar sowie meinen Kindern Hagen und Julius zuzuschreiben. Sie haben nicht nur entscheidend für mein seelisches Gleichgewicht gesorgt, sondern mir auch die notwendigen Freiheiten gewährt. Ohne ihre Bereitschaft, auf den ihnen zustehenden Anteil an meinem Zeitbudget für viele Jahre zu verzichten, wäre diese Arbeit nicht entstanden.

Münster, im Sommer 2002 Michael Heidinger

# Inhaltsverzeichnis

## Verzeichnis der Abkürzungen

| | |
|---|---|
| a & w | = arbeit & wirtschaft |
| A ABM | = Anordnung des Verwaltungsrats der Bundesanstalt für Arbeit über die Förderung von Allgemeinen Maßnahmen zur Arbeitsbeschaffung aus Mitteln der Bundesanstalt |
| A FuU | = Anordnung des Verwaltungsrats der Bundesanstalt für Arbeit über die individuelle Förderung der beruflichen Fortbildung und Umschulung |
| ABM | = Allgemeine Maßnahmen zur Arbeitsbeschaffung |
| AER | = American Economic Review |
| AFG | = Arbeitsförderungsgesetz |
| AFRG | = Arbeitsförderungsreformgesetz |
| AJS | = American Journal of Sociology |
| ANBA | = Amtliche Nachrichten der Bundesanstalt für Arbeit |
| ApEc | = Applied Economics |
| APuZ | = Aus Politik und Zeitgeschichte (Beilage zur Wochenzeitung "Das Parlament") |
| ArbPap | = Arbeitspapier |
| aub | = arbeit und beruf |
| AuS | = Arbeit und Sozialpolitik |
| AVAVG | = Gesetz über Arbeitsvermittlung und Arbeitslosenversicherung |
| BA | = Bundesanstalt für Arbeit |
| BBiG | = Berufsbildungsgesetz |
| Bdarbbl | = Bundesarbeitsblatt |
| BeitrAB | = Beiträge zur Arbeitsmarkt- und Berufsforschung |
| BHO | = Bundeshaushaltsordnung |

| | |
|---|---|
| BJE | = Bell Journal of Economics |
| DA | = Durchführungsanweisungen |
| DBW | = Die Betriebswirtschaft |
| DerArb | = Der Arbeitgeber |
| Ec | = Economica |
| Ecmtra | = Econometrica |
| EER | = European Economic Review |
| EI | = Economic Inquiry |
| EJ | = Economic Journal |
| EZ | = Einarbeitungszuschuß |
| EZB | = Europäische Zentralbank |
| FuU | = Fortbildung und Umschulung |
| GdW | = Grundlagen der Weiterbildung |
| GG | = Grundgesetz |
| HdB | = Handwörterbuch der Betriebswirtschaft |
| HdP | = Handwörterbuch des Personalwesens |
| HdSW | = Handwörterbuch der Sozialwissenschaften |
| HdWW | = Handwörterbuch der Wirtschaftswissenschaft |
| H. i. O. | = Hervorhebung im Original |
| HJWG | = Hamburger Jahrbuch für Wirtschafts- und Gesellschaftspolitik |
| HRfdAuF | = Handreichungen für die Aus- und Fortbildung der Bundesanstalt für Arbeit |
| HwO | = Handwerksordnung |
| IAB | = Institut für Arbeitsmarkt- und Berufsforschung |

| | |
|---|---|
| IAB-kzb | = IAB-Kurzbericht |
| IAB-wstb | = IAB-Werkstattbericht |
| ILRR | = Industrial and Labor Relations Review |
| inforMISEP | = Informationen über Maßnahmen durch das Sekretariat des Europäischen Beschäftigungsobservatoriums |
| JbNatStat | = Jahrbuch für Nationalökonomie und Statistik |
| JDS | = Journal of Development Studies |
| JEL | = Journal of Economic Literature |
| JET | = Journal of Economic Theory |
| JfS | = Jahrbuch für Sozialwissenschaft |
| JHR | = Journal of Human Resources |
| JLabEc | = Journal of Labor Economics |
| JLE | = Journal of Law and Economics |
| JPE | = Journal of Political Economy |
| JPublE | = Journal of Public Economics |
| KP | = Konjunkturpolitik |
| KZfSS | = Kölner Zeitschrift für Soziologie und Sozialpsychologie |
| LAA | = Landesarbeitsamt |
| MatAB | = Materialien aus der Arbeitsmarkt- und Berufsforschung |
| MEW | = Marx-Engels-Werke |
| MittAB | = Mitteilungen aus der Arbeitsmarkt- und Berufsforschung |
| NIÖ | = Neue Institutionenökonomik |
| NPÖ | = Neue Politische Ökonomie |
| P & P | = Papers and Proceedings |
| QJE | = Quarterly Journal of Economics |

| | |
|---|---|
| QREB | = Quarterly Review of Economics and Business |
| Rdnr | = Randnummer |
| RES | = Review of Economic Studies |
| SAMF | = Arbeitskreis Sozialwissenschaftliche Arbeitsmarktforschung, Paderborn, jetzt Gelsenkirchen |
| SchrdVfSocPol | = Schriften des Vereins für Socialpolitik |
| SGB I | = Sozialgesetzbuch – Erstes Buch |
| SGB III | = Sozialgesetzbuch – Drittes Buch |
| SozFort | = Sozialer Fortschritt |
| SozSich | = Soziale Sicherheit |
| SJE | = Scandinavian Journal of Economics |
| SpdW | = Spektrum der Wissenschaft |
| SW | = Soziale Welt |
| SZVS | = Schweizerische Zeitschrift für Volkswirtschaft und Statistik |
| WD | = Wirtschaftsdienst |
| WiSt | = Wirtschaftswissenschaftliches Studium |
| WISU | = Wirtschaftsstudium |
| WSI-Mit | = WSI-Mitteilungen |
| WuB | = Wirtschaft und Berufserziehung |
| ZfB | = Zeitschrift für Betriebswirtschaft |
| ZfN | = Zeitschrift für Nationalökonomie |
| ZgS | = Zeitschrift für die gesamte Staatswissenschaft |
| ZumAO | = Anordnung des Verwaltungsrats der Bundesanstalt für Arbeit über die Beurteilung der Zumutbarkeit einer Beschäftigung |
| ZWS | = Zeitschrift für Wirtschafts- und Sozialwissenschaften |

## Verzeichnis der Abbildungen

# Verzeichnis der Übersichten

# A. Einführende Bemerkungen

Die Ökonomik verdankt ihre wissenschaftliche Dynamik zwei Motiven. Neben dem originären Erkenntnisinteresse, zu erfahren „was die Welt im Innersten zusammenhält"[1], werden die Wirtschaftswissenschaften geprägt durch den Wunsch, Einfluß auf die Ausformung der gesellschaftlichen Rahmenbedingungen zu nehmen. „Seit den Tagen von Adam Smith ging es der Ökonomik stets um Erklärung und Gestaltung – präziser: um Erklärung *zwecks* Gestaltung."[2]

Als zentrales Vehikel, gestaltend Einfluß zu nehmen, nutzen die Wirtschaftswissenschaften die Politikberatung. Eher euphorischen Stimmen, die die 60er Jahre des 20. Jahrhunderts als „Blütezeit" ökonomischer Politikberatung charakterisierten, folgte – ausgelöst durch die Weltwirtschaftskrise – seit den 70er Jahren eine Phase zunehmender Skepsis. Sie wird auf die Erschütterung des Glaubens an die Machbarkeit einer langfristig angelegten politischen Planung und deren rationaltechnokratischer Umsetzbarkeit zurückgeführt.[3] Im Ergebnis führt diese Entwicklung dazu, daß Ökonomen – bisweilen mit resignativem Unterton[4] – einen zunehmenden Bedeutungsverlust ökonomischer Politikberatung konstatieren.[5]

Um diese unbefriedigende Situation zumindest erklären zu können, haben sich die Wirtschaftswissenschaftler der Erkenntnisse der „Neuen Politischen Ökonomie" bedient. Sie haben gezeigt, daß es insbesondere die Motivlagen eigeninteressierter Bürokraten und Politiker sind, die die Umsetzung ökonomisch abgeleiteter Handlungsempfehlungen verhindern. Vor allem das im politischen Wettbewerb auf Stimmenmaximierung orientierte Verhalten der Politiker sorgt dafür, daß mit den interessendivergent und wertstrittig angelegten Auseinandersetzungen häufig Handlungsblockaden einhergehen, die wiederum auf Denkblockaden zu-

---

1 Goethe (1808), S. 20, Zeile 382 f.
2 Pies (1999), S. 2, H. i. O.
3 Vgl. Wulffen (1996), S. 9.
4 Der Frage, ob der wissenschaftlichen Politikberatung nur mehr eine Alibifunktion zukommt, geht Külp (1992) nach.
5 So stellen etwa Berg/Cassel/Hartwig (1999, S. 274) für den Bereich der Wirtschaftspolitik fest, „daß der Einfluß der wirtschaftswissenschaftlichen Politikberatung auf die aktive Gestaltung der Wirtschaftspolitik relativ gering ist".

rückzuführen sind.[6] Problem verschärfend wirkt der auf den Politikern lastende Zwang, bei ihren politischen Aktivitäten nicht nur die Reaktionen der Wähler, sondern – zur Wahrung ihrer *innerparteilichen* Wiederwahlchancen – darüber hinaus auch die ideologischen Kernaussagen der sie nominierenden Parteien berücksichtigen zu müssen.[7]

Einen Beitrag zur Überwindung der aufgezeigten Paralyse kann eine diskursiv konzeptionierte ökonomische Politikberatung leisten, die für sich den konstitutionenökonomischen Ansatz nutzbar macht. Das Konzept setzt an den beschriebenen Blockaden in den Interaktionsprozessen an und hebt sie auf, indem das der traditionellen Politikberatung zugrunde liegende Effizienzparadigma durch das Konsensparadigma ersetzt wird: Das konstitutionenökonomisch fundierte Politikberatungskonzept verpflichtet sich, lediglich solche Änderungen in den institutionellen Regelungen der Gesellschaft vorzuschlagen, die in der Konsequenz allseitiger Kooperationsgewinne mit der Zustimmung *aller* Betroffenen rechnen können.[8] Dabei erhebt es den Anspruch, ein über die reine Wirtschaftspolitik hinaus weisender „imperialismusfähiger" Ansatz zu sein, „d. h. ein allgemeiner Ansatz, der auf die verschiedenen Lebensbereiche und Subsysteme der Gesellschaft gleichermaßen anwendbar ist."[9]

Trotz seines weitreichenden Anspruchs ist es geboten, daß der Ansatz seine Tauglichkeit zunächst einmal an Fragestellungen mit ökonomischem Bezug beweist. Hierzu hat er sich mit Lösungsvorschlägen insbesondere abzuarbeiten „an den Zwillingsproblemen der Massenarbeitslosigkeit und Sozialstaatsreform, den beiden wohl gravierendsten Politikproblemen der Gegenwart und absehbaren Zukunft."[10] Vor diesem Hintergrund soll mit der hier vorgelegten Studie das Reformpotential der Arbeitsmarktpolitik untersucht und damit eine der wesentlichen Säulen des Sozialstaates analytisch durchdrungen werden.

---

[6] Vgl. Wulffen (1996), S. 10 f.; Pies (1999), S. 325.
[7] Vgl. Bonus (1982).
[8] Vgl. Wulffen (1996), S. 53 ff. Zu einem tabellarischen Vergleich zwischen traditionellem und konstitutionenökonomischem Politikberatungskonzept siehe ebenda, S. 143.
[9] Ebenda, S. 54.
[10] Pies (1999), S. 4.

Mit der Frage „'Was tun mit den Arbeitslosen?'"[11] ist schon vor über hundert Jahren das allen arbeitsmarktpolitischen Bemühungen zugrunde liegende Kernproblem formuliert worden. Seit jener Zeit hat das Problem der Arbeitslosigkeit wenig an Brisanz eingebüßt. Für diese Behauptung stehen die erheblichen arbeitsmarktlichen Probleme Pate, mit denen sich die vergrößerte Bundesrepublik Deutschland nach ihrer Wiedervereinigung konfrontiert sieht. Im Januar 1994 wies die amtliche Statistik erstmalig seit dem Ende des Zweiten Weltkriegs über vier Mio. Arbeitslose aus.[12]

Als Antwort auf die virulenten Probleme des Arbeitsmarktes installierten die Verfechter weitreichender staatlicher Interventionen Ende der 60er Jahre eine makroökonomisch ausgerichtete konjunkturelle Globalsteuerung und trugen dafür Sorge, daß am 1. Juli 1969 das Arbeitsförderungsgesetz (AFG) in Kraft trat. Das Gesetz konnte zum Zeitpunkt seiner Verabschiedung als „Quantensprung" in der Arbeitsmarktpolitik gelten, da ihm eine vollkommen neue arbeitsmarktpolitische „Philosophie" zugrunde lag: Mit ihm „sollte die bisher betriebene reaktive, Fehlentwicklungen in erster Linie finanziell kompensierende Arbeitsmarktpolitik durch eine aktive, d. h. vorausschauende, vorbeugende und gestalterisch in den Wirtschaftsablauf eingreifende Arbeitsmarktpolitik abgelöst werden."[13]

Dem AFG ist hinsichtlich der Umsetzung seiner gesetzlich normierten Ziele ein hoher Wirkungsgrad attestiert worden.[14] Die gleichwohl zu Beginn der 90er Jahre vermehrt vernehmbaren Stimmen der Befürworter einer eingriffsintensiven Arbeitsmarktpolitik, die sich kritisch zum AFG äußerten, stellten nicht das arbeitsmarktpolitische Konzept des Gesetzes in Frage. Sie wandten sich lediglich gegen eine unzureichende Finanzierungsbasis sowie gegen die zahlreichen Gesetzesänderungen, denen unterstellt wurde, dem bloßen Zwecke der Haushaltsentlastung zu dienen.[15] Besonders vehement bekämpften die Befürworter einer ein-

---

[11] Engels (1886), S. 40.
[12] Vgl. Weth (1994), S. 72.
[13] Lampert/Englberger/Schüle (1991), S. 76.
[14] Für eine rundweg positive Bilanz nach 20 Jahren AFG siehe nur Lampert (1989), insbesondere S. 183 ff.
[15] Vgl. Keller/Seifert (1992); Kühl (1992); Adamy (1994). Kontrovers diskutiert wurde insbesondere die Frage, ob eine Finanzierung der Arbeitsmarktpolitik durch Steuern oder durch Beiträge das Mittel der Wahl sein sollte. Siehe hierzu Schmid (1986); Buttler (1994a); Kühl (1994); Jetter (1994).

griffsintensiven Arbeitsmarktpolitik die Abschaffung des seit 1969 im AFG normierten Arbeitsvermittlungsmonopols.[16] Die Kritik an einer substantiellen Veränderung des AFG gipfelte schließlich in der strikten Ablehnung des Arbeitsförderungsreformgesetzes (AFRG), mit dem das AFG zum 1. Januar 1998 zugunsten des Sozialgesetzbuches III (SGB III) außer Kraft gesetzt wurde.[17]

Ein hiervon abweichendes Konzept schlagen die Anhänger einer weitreichenden staatlichen Enthaltsamkeit vor. Sie plädieren dafür, den auf dem Arbeitsmarkt zu beobachtenden Schwierigkeiten mit einer umfassenden Deregulierung der deutschen Volkswirtschaft zu begegnen. Die hierzu unterbreiteten Empfehlungen beziehen sich sowohl direkt auf den Arbeitsmarkt als auch auf eine Vielzahl unterschiedlicher Wirtschaftsbereiche, von deren Deregulierung erhebliche Beschäftigungseffekte erwartet werden.[18] Das nahegelegte Maßnahmenpaket umfaßt auch die möglichst weitgehende Privatisierung des sozial- und arbeitsmarktpolitischen Handelns des Staates. Staatliche Eingriffe werden hiernach nur insoweit akzeptiert, als die sozial- und arbeitsmarktpolitisch nachgefragten Güter durch den Markt nicht hinreichend bereitgestellt werden *und* die staatliche Bereitstellung zu besseren Allokationsergebnissen führt.[19]

Die beiden Konzeptionen stehen sich sowohl in der wissenschaftlichen Diskussion als auch im politischen Kontext unversöhnlich gegenüber und bedingen auch hier eine der eingangs als Politikproblem benannten Handlungsblockaden. Für diese Entwicklung vor allem maßgeblich ist die den widerstreitenden Denkrichtungen zugrunde liegende *gemeinsame* Grundauffassung, daß zwischen den Zielen der Sozialpolitik und der wirtschaftlichen Effizienz eine unauflösbare Kon-

---

[16] Vgl. Adamy/Möller-Lücking (1992), S. 302; Hülsmeier (1994), S. 123. Der Widerstand gegen die Zulassung privater Arbeitsvermittler ebbte auch nach der entscheidenden Gesetzesänderung nicht ab. So wurde schon kurz nach Aufgabe des staatlichen Alleinvermittlungsrechts dessen Rekonstituierung gefordert. Vgl. nur Deeke (1995), S. 317.

[17] Vgl. Adamy (1996a; 1996b); Mansel (1996). Besonders deutlich formuliert Steinke (1996, S. 176): „Mit dem vorliegenden Gesetzentwurf eines AFRG wird trotz der teilweise positiven Veränderungen im Detail ein epochales Gesetz zu Grabe getragen ... Und dies in einer Phase, wo das AFG, trotz aller Kritik im Detail, seine Feuerprobe in den neuen Bundesländern hervorragend bestanden hat."

[18] Vgl. zu den einzelnen Vorschlägen Soltwedel et al. (1990); Deregulierungskommission (1991). Die Umsetzung der sich auf die Deregulierung des Arbeitsmarktes beziehenden Empfehlungen würde dazu führen, daß wesentliche Teile des zuvor thematisierten AFG ausgesetzt werden müßten.

[19] Vgl. Berthold (1997; 1998). Zur wissenschaftlichen Diskussion „Umbau des Sozialstaates" siehe u. a. die Dokumentation des 29. Gesprächs der List Gesellschaft bei Hartwig (1997).

kurrenzbeziehung besteht. Die Frontstellungen werden verfestigt durch einen auf normativer Ebene ausgetragenen Streit, in dem beide Parteien die gegenwärtige Balance wegen der jeweils als zu schwer empfundenen gegenüberliegenden Waagschale ablehnen.

Die hier vorgestellte Analyse verfolgt das Ziel, die sowohl in wissenschaftlicher als auch in politischer Hinsicht nicht hinnehmbare Situation zu überwinden. Mit der Perspektive der Konstitutionenökonomik unternimmt sie den Versuch, *realisierbare* Reformvorschläge zu unterbreiten. Sie entwickelt - ausgehend vom Status quo - Alternativen zur bestehenden Ausgestaltung institutioneller Arrangements, die sich durch Pareto-Superiorität auszeichnen. Sie schafft damit die immanente Voraussetzung, daß den zur Diskussion gestellten institutionellen Veränderungen alle Beteiligten zustimmen können.

Zentraler Ansatzpunkt der Reformüberlegungen ist die Arbeitsvermittlung. Mit ihr wird nicht nur ein entscheidender Hebel staatlicher Arbeitsmarktpolitik, sondern gleichzeitig eine Institution des Arbeitsmarktes zum Thema gemacht, die Gegenstand kontroverser Auseinandersetzungen geworden ist. Anknüpfend an die in diesem Zusammenhang zum staatlichen Alleinvermittlungsrecht der Bundesanstalt für Arbeit (BA) geführte Debatte wird das Konzept einer Arbeitsvermittlung generiert, das als marktkonforme Systemvariante im Sinne der Befürworter staatlicher Enthaltsamkeit die wirtschaftliche Effizienz erhöht. Im Konsens umsetzbar ist ein solcher Vorschlag allerdings nur, wenn der Nachweis gelingt, daß eine marktkonforme Arbeitsvermittlung der Realisierung jener (AFG-normierten) Ziele nicht entgegensteht, die von den Verfechtern einer eingriffsintensiven, auf staatliche Interventionen setzenden Arbeitsmarktpolitik eingefordert werden.

Um die vorstehenden Erwägungen analytisch stringent abarbeiten zu können, wird die folgende Vorgehensweise gewählt: In Abschnitt B wird zunächst der Kern des konstitutionenökonomischen Ansatzes der Politikberatung nachgezeichnet. Sodann wird das Konzept auf die Theorie der Sozialpolitik übertragen. Hieraus wird das Bedingungsgefüge einer konsensuellen Reform der Arbeitsvermittlung abgeleitet.

Abschnitt C leistet die Entwicklung einer Ökonomik der Arbeitsvermittlung. Die *theoretische* Grundlegung des Gutes Arbeitsvermittlung wird mit Hilfe des transaktionskostenökonomischen Ansatzes erarbeitet. Es wird gezeigt, in welcher Weise „Arbeitsvermittlung" die Transaktionskosten des Arbeitsmarktes reduzieren kann. Zur Beleuchtung der *politischen* Aspekte des Gutes Arbeitsvermittlung werden zunächst die dem Markt für Arbeitsvermittlung unterstellten Defekte dahingehend getestet, ob sie für ein Marktversagen verantwortlich gemacht werden können. Aus den Schlußfolgerungen wird das Zwischenergebnis einer marktkonformen Arbeitsvermittlung abgeleitet. Im Anschluß wird geprüft, ob auch eine solche Arbeitsvermittlung die Verfolgung zentraler arbeitsschutzpolitischer und der AFG-normierten arbeitsmarktpolitschen Ziele zuläßt.

In Abschnitt D wird an ausgewählten Instrumenten AFG-vermittelter Arbeitsmarktpolitik gezeigt, daß die mit der Implementation einer marktkonformen Arbeitsvermittlung einhergehende Abschaffung der öffentlichen Arbeitsvermittlung zur Dysfunktion der bisherigen Politikansätze des AFG führt. Im Anschluß hieran wird jeweils der Versuch unternommen, die hierdurch erforderliche Entwicklung instrumenteller Alternativen zu leisten. Die insoweit für jedes untersuchte Instrument modellierten Lösungen werden schließlich zum integrativen Konzept des „Arbeitslosentenders" zusammengeführt. Er wird als ein arbeitsmarktpolitischer Reformansatz vorgestellt, der nicht nur die Umsetzung der arbeitsmarktpolitischen Ziele des AFG ermöglicht, sondern als marktkonformes Interventionsinstrument auch von den Protagonisten wirtschaftlicher Effizienz konsentiert werden kann.

Abschnitt E resümiert die gewonnenen Erkenntnisse und weist auf Perspektiven der weiteren Reformdiskussion hin.

# B. Der konstitutionenökonomische Ansatz der Politikberatung

Im Kontext einer demokratisch verfaßten Gesellschaft stellt sich diejenige Politikberatung, die sich des konstitutionenökonomischen Ansatzes bedient, der zentralen Aufgabe, „gesellschaftliche Probleme als Positivsummenspiele zu rekonstruieren, bei denen alle Beteiligten durch die produktiven Interaktionen gewinnen können, und eben nicht – wie in der politischen Auseinandersetzung der Gegenwart üblich – als Nullsummenspiele, bei denen nur der eine gewinnt, was der andere verliert."[1] Ziel ist es, Alternativen zu den bestehenden institutionellen Arrangements in den Diskussionsprozeß einzubringen, die der Bedingung der Pareto-Superiorität genügen.

Mit der Aufnahme des Pareto-Kriteriums erfährt die Politikberatung konstitutionenökonomischer Prägung gegenüber dem bisherigen Politikberatungskonzept einen entscheidenden Wechsel ihrer Perspektive: Nunmehr steht das Individuum im Zentrum der Überlegungen. Es geht folglich nicht mehr länger darum, Politikern Hinweise zur effizienten Realisierung gesamtgesellschaftlicher Ziele zu geben („Politikerberatung"), sondern den einzelnen Mitgliedern eines demokratischen Gemeinwesens die Erreichung ihrer individuell formulierten Ziele zu ermöglichen.[2]

Die fundamentale Transformation der Denkrichtung in der Politikberatung in besonders anschaulicher Weise verdeutlicht hat Pies mit dem Begriff der „orthogonalen Positionierung". Er hat an der hier nachgezeichneten *Abbildung 1* das grundsätzliche Problem festgemacht, daß sich die klassischen, durch Politik(er)beratung unterstützten Debatten mit südöstlicher bzw. nordwestlicher Stoßrichtung inszenierten: Innerhalb des Diskussionsprozesses hat jede Seite durch Präsentation entsprechender Argumentationslinien versucht, ihr Ziel in der Logik eines Zielerreichungs-trade-offs auf Kosten des konkurrierenden Ziels durchzu-

[1] Wulffen (1996), S. 30.
[2] Vgl. ebenda, S. 12 f.

setzen. Diesen gesellschaftlich fruchtlosen Vorgang überwindet die konstitutionenökonomisch ausgerichtete Politikberatung durch orthogonale Positionierung. Sie ersetzt den Streit um (wert)konfliktäre Ziele durch die Formulierung gemeinsamer Interessen, die eine Verschiebung der gesellschaftlichen „Produktionsmöglichkeitenkurve" in nordöstlicher Richtung und somit die wechselseitige Besserstellung aller Beteiligten zum Ziel haben.[3]

Abbildung 1: Orthogonale Positionierung

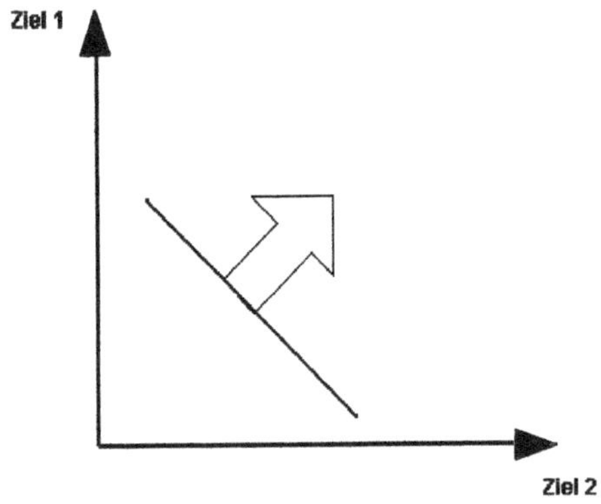


Quelle: In Anlehnung an Pies (2000), S. 351.

Um im folgenden die Politikberatung auf konstitutionenökonomischer Plattform für die orthogonale Positionierung der Arbeitsvermittlung fruchtbar machen zu können, wird in Kapitel I unter Rückgriff auf den vertragstheoretischen Ansatz zunächst untersucht, welche Aufgaben dem Staat von den Mitgliedern einer Gesellschaft im Konsens zuerkannt werden können. In Kapitel II wird die Theorie einer Sozialpolitik mit konstitutionenökonomischer Perspektive erarbeitet. Hieraus ab-

[3] Vgl. Pies (1999), S. 140 ff.; Pies (2000), S. 353 ff., insbesondere S. 362 ff.

geleitet wird das Geflecht derjenigen Bedingungen, die für eine konsensuelle Reform der Arbeitsvermittlung berücksichtigt werden müssen.

## I. Vertragstheoretischer Ansatz

Grundlegend für den vertragstheoretischen Ansatz ist die Idee, die Verfassung im allgemeinen sowie die staatlichen Institutionen eines Gemeinwesens im besonderen als das Ergebnis einer vertraglichen Einigung darzustellen. Das Erkenntnisziel besteht darin, die Strukturen einer vernünftigen, weil legitimen Ordnung der Gesellschaft zu analysieren. Als höchstes, unverzichtbares Legitimitätskriterium gilt dabei, daß die Mitglieder einer Gesellschaft die Regeln, die sie für ihr gemeinsames Zusammenleben als verbindlich erklären, einstimmig verabschieden.[4]

Dogmenhistorisch sind die Wurzeln der jüngsten Wiederaufnahme der vertragstheoretischen Konzeption auf die erste Hälfte der 70er Jahre zu datieren. Sie basiert auf den grundlegenden Arbeiten von Rawls (1971), Nozick (1974) und Buchanan (1975).[5] Obwohl von den drei Autoren mit Buchanan nur einer als "professioneller" Ökonom bezeichnet werden kann — die beiden übrigen entstammen der philosophischen Fakultät –, sind die entscheidenden Weiterentwicklungen des vertragstheoretischen Ansatzes innerhalb der ökonomischen Dis-

---

[4] Vgl. Leipold (1987), S. 177.

[5] Als Vorläufer kann die Monographie von Buchanan/Tullock (1962) gelten, die sich grundlegend mit den bei vertragstheoretischen Überlegungen zu berücksichtigenden *Konsensfindungskosten* („decision making costs") beschäftigt. Die Autoren bezeichnen mit der genannten Kostenkategorie den dadurch entstehenden Ressourcenverzehr, daß Individuen innerhalb eines Personenkollektivs eine ihren Präferenzen entsprechende Entscheidung durchzusetzen versuchen. Buchanan/Tullock stellen dabei in plausibler Weise fest, daß die Konsensfindungskosten den Wert Null annehmen, wenn jedes einzelne Individuum allein alle übrigen Mitglieder des Kollektivs bindende Entschlüsse fassen kann. Maximal werden die Konsensfindungskosten bei Entscheidungen, die einstimmig gefällt werden sollen. Um die gesellschaftlich optimale Zustimmungsquote zu bestimmen, ist es den Autoren zufolge darüber hinaus erforderlich, neben den Konsensfindungskosten auch die *zu erwartenden externen Kosten* („expected external costs") in das Kalkül mit einzubeziehen. Letztere entstehen durch die mit nicht-einstimmigen Entscheidungen verbundene Verletzung der individuellen Präferenzen. Dementsprechend nimmt diese Kostenkategorie bei einstimmigen Entscheidungen den Wert Null an; sie wird maximal, wenn jedes einzelne Individuum allein für alle entscheidet. Die gesellschaftlich optimale Zustimmungsquote wird vor diesem Hintergrund bestimmt durch das Minimum der Summe der beiden genannten Kostenarten. Siehe zu den Schwierigkeiten, mit dem Ansatz von Buchanan/Tullock den (einstimmigen) Verfassungskonsens zu begründen, aber auch Kirsch (1997), S. 122 ff., insbesondere S. 132 ff.

ziplin geleistet worden.[6] Dies ist nicht weiter verwunderlich, da die Vertragstheorie als "Modell kollektiver Entscheidungen ... viele Analogien zum Marktmodell aufweist."[7]

Um die Ratio des vertragstheoretischen Ansatzes zu verdeutlichen, soll nachfolgend die Begründung staatlicher Aufgaben an zwei Beispielen nachvollzogen werden. Unter Rekurs auf Buchanan wird gezeigt, wie sich die Institutionen des Rechtsstaates und des Leistungsstaates vertragstheoretisch legitimieren lassen.[8]

Die Überlegungen zur Begründung eines Rechtsschutzstaates ("protective state") setzen an einer Situation an, in der weder ein verbindliches Rechtssystem noch ein seiner Durchsetzung dienender Staat existieren. Der dem Hobbesschen Dschungel der Anarchie entsprechende Zustand führt zu einer menschlichen Lebensweise, die Hobbes als "solitary, poor, nasty, brutish, and short"[9] charakterisiert. Hintergrund dieser Einschätzung ist die Erkenntnis, daß Menschen auch in einer rechtlosen und staatsfreien Gesellschaft gezwungen sind, für ihren Lebensunterhalt zu sorgen. Sie werden somit Güter produzieren und ggf. lagern. Die insoweit verfügbaren Güter stellen für andere Gesellschaftsmitglieder einen Anreiz dar, sich ihrer qua Gewalt zu bemächtigen. Jene werden sich dementsprechend verhalten, solange die Grenzkosten der gewaltgestützten Aneignung unterhalb der Grenzkosten der Eigenproduktion liegen. Beeinflußt wird das Kostenkalkül dabei durch die Schutzvorkehrungen, die die Güter besitzenden Individuen zur Verteidigung ihres Besitzes ergreifen.

Auf der Basis der geschilderten Prozesse bildet sich eine "natürliche Verteilung" heraus, die durch das "Recht des Stärkeren" bestimmt wird. Die Verteilung dürfte relativ ungleich sein, wenn in plausibler Weise unterstellt wird, daß auch das verfügbare Gewaltpotential ungleich verteilt ist. Es kann aber davon ausgegangen werden, daß ein solcher Zustand vergleichsweise instabil ist: Es wird sich unter

---

6 Vgl. Gordon (1976), S. 574. Zur einführenden Darstellung der grundlegenden Ansätze siehe ebenda, S. 575 ff. Vgl. auch Fritsch (1983), S. 71 ff.; Bund (1984), S. 14 ff.

7 Leipold (1987), S. 177.

8 Vgl. zum folgenden ebenda, S. 177 ff.; Homann/Pies (1996), S. 212 ff.

9 Hobbes (1651), S. 186, zitiert nach Homann/Pies (1996), S. 212.

den Individuen der Gesellschaft die Erkenntnis durchsetzen, daß eine pareto-superiore Situation erreichbar ist, wenn zwischen allen Gesellschaftsmitgliedern eine Übereinkunft zum Schutz des individuellen Eigentums getroffen wird.

Eine solche Eigentumsgarantie führt dazu, daß die dem Raub und Schutz von Gütern gewidmeten Ressourcen in den Dienst der Produktion neuer (zusätzlicher) Güter gestellt werden können, wovon alle Gesellschaftsmitglieder profitieren. Voraussetzung hierfür ist allerdings, daß das im Zuge einer kollektiven Einigung installierte Recht auf Eigentum auch durchgesetzt wird. Die Notwendigkeit erwächst aus der Überlegung, daß es für den einzelnen zwar vorteilhaft ist, für ein Recht auf Eigentum zu plädieren, es aber gleichwohl lohnenswert bleiben kann, selbst gegen die Regel zu verstoßen.[10] Es bedarf somit eines mit dem Gewaltmonopol ausgestatteten (Rechtsschutz)Staates, der Verstöße gegen das Recht auf Eigentum unter solche Sanktionen stellt, daß Raub und/oder Diebstahl für den einzelnen unrentabel werden.[11]

Wird der an dieser Stelle vertragstheoretisch legitimierte Rechtsschutzstaat als Institution auch von der klassisch liberalen Sozialphilosophie eingefordert, so gehen die folgenden Überlegungen zum Leistungsstaat („productive state") über die Tradition des Liberalismus hinaus. In konstitutioneller Perspektive läßt sich der Leistungsstaat aber wieder als Ergebnis eines kollektiven Tausches darstellen, bei dem alle Beteiligten „gains from trade" realisieren. Dabei besteht ein Potential für Tauschgewinne immer dann, wenn bestimmte Bedürfnisse durch den Leistungsstaat als „Agentur zur kollektiven Selbstversorgung"[12] zu einem höheren Grad als durch private Tauschakte befriedigt werden können.[13]

---

[10] Dieser Zusammenhang wird abgebildet durch die Figur des Gefangenendilemmas. Vgl. Berg/Cassel/Hartwig (1999), S. 176 ff.
[11] Siehe hierzu auch Watrin (1996), S. 265.
[12] Homann/Pies (1996), S. 213.
[13] Im Paradigma der Wohlfahrtsökonomik werden Defekte der Güterversorgung über Märkte unter dem Begriff des „Marktversagens" thematisiert. Neuere Ansätze erkennen aber, daß Probleme auch mit der staatlichen Güterversorgung verbunden sein können („Staatsversagen"). Geleistet werden muß deshalb ein Vergleich über das im Hinblick auf die Bedürfnisbefriedigung relativ günstigere institutionelle Arrangement. Solche Überlegungen beziehen sich aber auf eine konkrete Entscheidungssituation und ändern nichts an der konstitutionenökonomischen Quintessenz, daß *grundsätzlich* Fälle vorstellbar sind, in denen die staatlich

Schließlich läßt sich durch die vertragstheoretische Argumentation auch der Umverteilungsstaat rechtfertigen.[14] Nutzbar machen läßt sich der hierzu entwickelte Ansatz auch zur Begründung einer alternativen Theorie der Sozialpolitik, die die konzeptionelle Begrenztheit bisheriger Theorien überwindet. Eine solche konstitutionenökonomisch fundierte Theorie der Sozialpolitik soll im nächsten Kapitel dargestellt werden. Vorgeschaltet werden soll aber die Beschreibung der bisher vertretenen Ansätze, um hierdurch insbesondere zu zeigen, warum hierauf basierende Reformvorschläge eines „re-engineering" sozialpolitischer Institutionen wenig Aussicht auf Erfolg haben.

## II. Theorie der Sozialpolitik in dualistischer und konstitutionenökonomischer Perspektive

Die Beschäftigung mit den verschiedenen Ansätzen der theoretischen Grundlegung von Sozialpolitik zeigt, daß *die* Theorie der Sozialpolitik nicht existiert.[15] Bisweilen wird in der Literatur sogar die kritische Frage gestellt, ob es überhaupt irgendeine Theorie der Sozialpolitik gebe.[16] Die Autoren, die gleichwohl den Versuch unternommen haben, eine Theorie der Sozialpolitik zu entwerfen, lassen sich grundsätzlich zwei unterschiedlichen Theorierichtungen unterordnen: den traditionellen Ansätzen, die maßgeblich durch Arbeiten von Heinz Lampert geprägt worden sind,[17] sowie den neueren Ansätzen, die sich insbesondere auf Norbert Berthold beziehen.[18]

Heinz Lampert versteht unter Sozialpolitik jenes „politische Handeln, das darauf abzielt, die wirtschaftliche und/oder gesellschaftliche Stellung von als schwach

---

organisierte Güterversorgung komparative Vorteile aufweist. Siehe zum Problemfeld des Markt- und Staatsversagens unten C.II.2.a.

[14] Vgl. zu den diesbezüglichen Überlegungen der drei Begründer des vertragstheoretischen Ansatzes Fritsch (1985), insbesondere S. 161 ff.

[15] Vgl. Homann/Pies (1996), S. 205.

[16] Vgl. Lampert (1990), S. 9. Lampert selbst macht Theoriedefizite der Sozialpolitik lediglich während der ersten beiden Nachkriegsjahrzehnte aus. Vgl. ebenda, S. 15.

[17] Vgl. Lampert (1977; 1990; 1991). Das in diesen Schriften dargestellte Konzept bestimmt weitgehend die klassischen Lehrbuchinhalte. Vgl. hierzu statt anderer Kath (1992).

[18] Vgl. Berthold (1991; 1997; 1998); Berthold/Schmid (1997).

angesehenen Gruppen durch den Einsatz geeignet erscheinender Mittel im Sinne der in einer Gesellschaft verfolgten wirtschaftlichen und sozialen (Grund-)Ziele zu verbessern."[19] Bei seinen Bemühungen, Sozialpolitik in einem so verstandenen Sinne theoretisch abzugrenzen, stellt er als wesenszentralen Kern der Sozialpolitik ihre „Eigenständigkeit" heraus. Mit dem Begriff der Eigenständigkeit charakterisiert Lampert die Notwendigkeit der Multi- bzw. Interdisziplinarität, die seiner Auffassung nach den wissenschaftlichen Zugang zur Sozialpolitik kennzeichnen sollte. Sie sei geeignet, die Dominanz der wirtschaftswissenschaftlichen Perspektive bei der theoretischen Grundlegung der Sozialpolitik zu verhindern.[20]

Mit der für die Sozialpolitik reklamierten Eigenständigkeit kontrastiert Lampert zugleich den ökonomischen Kontext, aus dem sich ihm zufolge theoretisch die Entwicklungsbedingungen sozialpolitischer Aktivitäten ableiten lassen.[21] Dabei wird sein Denkansatz von der Auffassung geprägt, daß die wirtschaftlichen Rahmenbedingungen sowohl den Grund für die Notwendigkeit sozialpolitischer Interventionen als auch das ökonomische Fundament für die Realisierung von Maßnahmen der Sozialpolitik darstellen. Hieraus folgt für das theoretische Grundverständnis, daß zusammen mit der Theorie der Sozialpolitik auch die Theorie der Grenzen staatlicher Sozialpolitik zu formulieren ist.[22]

Die dergestalt konzeptionierte Theorie der Sozialpolitik wird von Homann/Pies als „dualistischer Ansatz" charakterisiert: In ihm träfen sich mit der *sozialen Gerechtigkeit* und der *wirtschaftlichen Leistungsfähigkeit* zwei Werte, die zwar im Kontext realer Gegebenheiten nicht voneinander zu trennen seien, gleichwohl aber in einer Konkurrenzbeziehung zueinander stünden.[23] Der hiernach zwischen beiden Größen bestehende trade-off bedeutet mithin, daß ein „Mehr" an sozialer Gerechtigkeit durch ein „Weniger" an wirtschaftlichem Output erkauft werden muß.

---

[19] Lampert (1977), S. 61.

[20] In diesem Sinne unterstreicht Lampert (1990, S. 17) die Eigenständigkeit der Sozialpolitik durch das Aufstellen methodologischer Postulate, mit denen er insbesondere die „Unzulässigkeit aprioristischer disziplinärer Einengungen" sowie die „Unzulässigkeit der Überbetonung bestimmter Dimensionen und Aspekte, etwa ökonomischer gegenüber solchen des sozialen Schutzes" einfordert.

[21] Vgl. Lampert (1990), S. 30 ff.

[22] Vgl. ebenda, S. 56 ff.

[23] Vgl. Homann/Pies (1996), S. 207 f.

Welche Kombination schließlich in einer Gesellschaft realisiert und welche Beeinträchtigung der wirtschaftlichen Leistungsfähigkeit somit gerade noch akzeptiert wird, hängt von der Gewichtung der gesellschaftlichen Wertvorstellungen ab: „Wenn die Überwindung ökonomischer Knappheiten in einer Gesellschaft besonders hoch bewertet wird, Werte wie Wahrung der Menschenwürde, Solidarität und Verteilungsgerechtigkeit dagegen weniger, wird eine Grenze der Belastbarkeit enger gezogen sein als dann, wenn der wirtschaftliche Wohlstand und seine Erhöhung weniger stark gewichtet werden."[24]

Ebenfalls als „dualistisch" bezeichnen Homann/Pies die insbesondere durch die Arbeiten von Berthold geprägten neueren Ansätze zu einer Theorie der Sozialpolitik.[25] Berthold entwirft eine Theorie der Sozialpolitik unter Rückgriff auf das wohlfahrtstheoretisch fundierte Konzept des Marktversagens: Hiernach sollen die Güter „Sicherheit" und „Gerechtigkeit" in einer Marktwirtschaft – soweit möglich – durch funktionierende Versicherungs- und Arbeitsmärkte bereitgestellt werden. Ansatzpunkte für sozialpolitische Aktivitäten des Staates ergeben sich lediglich da, wo aufgrund von Marktversagen allokative Unzulänglichkeiten zu beobachten sind. „Dualistisch" kann auch dieser Ansatz genannt werden, da er gleichfalls dem Credo folgt, daß für die Umsetzung sozialpolitischer Aktivitäten ein Preis zu entrichten ist: „Die Leistungsfähigkeit der Marktwirtschaft wird beeinträchtigt."[26]

Daß sowohl die orthodoxen als auch die neueren Ansätze einer Theorie der Sozialpolitik grundsätzlich dem dualistischen Konzept folgen, ist nach Homann/Pies mit zwei schwerwiegenden Problemen verbunden:[27] Zum einen mündet die wissenschaftliche Befassung mit der Sozialpolitik schon in einem frühen Diskussionsstadium in normative Fragestellungen ein und findet damit ihr Ende, will sie sich nicht der Gefahr der Verletzung wissenschaftlicher Seriositätsstandards aussetzen. Zum anderen bieten dualistisch angelegte sozialpolitische Konzeptionen

---

[24] Lampert (1990), S. 58 f.
[25] Vgl. Homann/Pies (1996), S. 208 f.
[26] Berthold (1991), S. 157.
[27] Vgl. Homann/Pies (1996), S. 211.

in der wissenschaftlichen Politikberatung nicht die erforderlichen Orientierungsleistungen: Sie betonen vielmehr die in der politischen Diskussion bestehenden Konfliktlinien, indem sie verdeutlichen, daß eine Steigerung des sozialpolitischen Aktivitätsniveaus zu Lasten der wirtschaftlichen Leistungsfähigkeit resp. Effizienz und damit jener Wirtschaftssubjekte geht, die von einem höheren volkswirtschaftlichen Output mehr profitieren als von höheren Sozialleistungen. „Die Frontstellungen im politischen Grabenkampf werden auf diese Weise eher verfestigt."[28]

Den beschriebenen Problemen dualistisch konzipierter Theorien der Sozialpolitik setzen Homann/Pies einen sozialpolitischen Ansatz entgegen, der der konstitutionenökonomischen Perspektive verpflichtet ist. Kennzeichnend für ihr Konzept, das nach eigenem Bekunden auf einer Interpretation der Schriften von Buchanan und Brennan/Buchanan basiert,[29] ist die Absicht, die nach dualistischer Lesart als „Sozialpolitik *gegen* den Markt" angelegten Ansätze durch eine „Sozialpolitik *für* den Markt" zu ersetzen.[30] Die konstruktive Kritik setzt dabei insbesondere am Begriff der „Umverteilung" an, der für die dualistischen Theorien von besonderer Bedeutung ist.[31] Er verdeutlicht die für die dualistische Perspektive typische soziale Dilemma-Situation,[32] die zu überwinden die konstitutionenökonomisch fundierte Sozialpolitik antritt.

Um die Kernelemente der von ihnen entwickelten Theorie der Sozialpolitik herauszuarbeiten, reflektieren Homann/Pies – in vertragstheoretischer Tradition – auf verschiedene Formen der gesellschaftlichen Organisation, die auf ihre sozialpolitischen Bezüge durchleuchtet werden. Ausgangspunkt ihrer Betrachtungen ist der Naturzustand der Hobbesschen Anarchie.[33] Die damit einhergehende schrankenlose Freiheit aufzugeben werden die Individuen einstimmig nur bereit sein, wenn jedermanns Anteil am Koordinationsgewinn groß genug ist, die mit den frei-

---

[28] Ebenda.

[29] Vgl. ebenda. Die maßgeblichen Publikationen sind Buchanan (1975; 1986) sowie Brennan/Buchanan (1985).

[30] Vgl. zum folgenden Homann/Pies (1996), S. 216 ff.

[31] Vgl. statt anderer Hamm (1989), S. 364: „Sozialpolitik wird gleichgesetzt mit Einkommensumverteilung."

[32] Die dilemmatische Struktur der Umverteilung besteht darin, daß einem als belastbar geltenden Wirtschaftssubjekt etwas zugunsten eines als sozial bedürftig definierten Individuums „weggenommen" wird.

[33] Dieser war auch schon den vertragstheoretischen Überlegungen zum Schutz- und Leistungsstaat zugrunde gelegt worden. Vgl. B.I.

willigen, von allen konsentierten Verhaltenseinschränkungen gleichwohl verbundenen Nachteile überzukompensieren.[34] Wie groß der Anteil für ein Individuum in der Gesellschaft ist und wie sich infolgedessen die Unterschiede in der Gesellschaft darstellen, hängt von der Gesellschaftsordnung ab, auf die sich die Individuen im Verfassungskonsens einigen.

Um die Auswirkungen unterschiedlicher Ordnungsformen ausloten zu können, unterstellen Homann/Pies mit Buchanan in einem *ersten Schritt*, daß sich die Bürger – ausgehend vom Naturzustand – auf ein deterministisches Koordinationsverfahren verständigen. Es folgt dem Prinzip der *Ergebnissteuerung*, die durch eine auf einem umfassenden Plan fußende Wirtschafts- und Gesellschaftsordnung zu realisieren ist. In einer solchen Ordnung werden sich die Gesellschaftsmitglieder auf ein vergleichsweise egalitäres Verteilungsmuster einigen, da jeder gesellschaftliche Unterschied, der von nur einem Bürger als zu groß empfunden wird, wegen des auf dem Prinzip der Einstimmigkeit basierenden Verfassungskonsenses verhindert werden kann.

Gleichwohl wird es auch in der beschriebenen Wirtschafts- und Gesellschaftsordnung Verteilungsunterschiede geben, da die Leistungsschwächeren in der Gesellschaft erkennen werden, daß es vorteilhaft sein kann, den Leistungsstärkeren einen Verteilungsvorsprung zu konzedieren. Das Zulassen eines solchen Vorsprungs wird die Leistungsstärkeren zum Einbringen ihres wirtschaftlichen Potentials motivieren, von dem letztlich auch die Leistungsschwächeren profitieren werden. Vor dem Hintergrund dieses Wirkungszusammenhangs ist es folglich für die Leistungsschwächeren rational, freiwillig eine Verringerung ihres *relativen* Anteils am wirtschaftlichen Output vorzunehmen, um hierdurch ihren *absoluten* Anteil zu erhöhen. Insoweit fungiert die konsentierte Ungleichheit als „Quasi-Produktionsfaktor".

[34] Daß das Potential hierzu insgesamt ausreicht, kann – wie schon oben festgestellt – wegen des beträchtlichen Ausmaßes des Koordinationsgewinns in plausibler Weise unterstellt werden.

Da der beschriebene Ansatz einer deterministischen Gesellschaftsordnung nicht die einzige Alternative zum Naturzustand ist, untersuchen Homann/Pies in einem *zweiten Schritt* die distributionspolitischen Auswirkungen eines Koordinationsverfahrens, das stark stochastische Züge trägt. In ihm wird die Ergebnissteuerung durch eine *Regelsteuerung* ersetzt, die bewußt darauf verzichtet, den Einzelfall zu optimieren.

Wenngleich auch in einer solchen Gesellschaftsordnung gesellschaftliche Ungleichheit als Produktionsfaktor fungiert, ergeben sich zu einer Gesellschaft, die durch ein deterministisches Koordinationsverfahren geprägt ist, doch erhebliche Unterschiede. So ist es zum einen nicht mehr ein ex ante definierter Ertrag, sondern die *erwartete* Ertragsverteilung, die die Leistungsstärkeren zur Abgabe ihres Leistungspotentials motiviert. Zum anderen wird der Koordinationsgewinn gegenüber der Gesellschaft mit deterministischem Koordinationsverfahren deutlich höher ausfallen, da die durch Regeln gesteuerte Wirtschafts- und Gesellschaftsordnung marktvermittelte Wettbewerbsprozesse ermöglicht, die letztlich zu größeren „potential gains from trade" führen.

Zu bedenken ist schließlich aber auch, daß die zu erwartenden höheren Erträge durch ein größeres Risiko „erkauft" werden. Letzteres wird von den Bürgern nur dann konsentiert werden, wenn die Gesellschaftsordnung risikoadäquate (Ver)Sicherungen vorsieht. Diese können etwa in einem Steuer-Transfer-System bestehen, das den Individuen staatliche Zuwendungen gewährt, die im Wettbewerb nicht reüssieren.[35] Solche Leistungen staatlicher Sozialpolitik können dabei als *Duldungsprämie* für die Bürger interpretiert werden, die gleichwohl der Einführung einer durch Regeln gesteuerten Gesellschaft im Verfassungskonsens zugestimmt haben.

[35] Grundsätzlich vorstellbar ist, daß die Absicherung der Individuen gegen existenzgefährdende Risiken durch private Versicherungen – ggf. gekoppelt mit einem (staatlich verordneten) Versicherungszwang – erfolgt. Dies setzt allerdings funktionierende Versicherungsmärkte voraus, die die gewünschte Risikoallokation sicherstellen. Die Funktionsfähigkeit ist aber nicht immer gegeben und wird insbesondere bei der Versicherung gegen das Risiko „Arbeitslosigkeit" durch systematische Informationsasymmetrien und die Einschränkung der erforderlichen (statistischen) Unabhängigkeit der Einzelfallrisiken bedroht. Vgl. Berthold (1998), S. 957 ff.; Berg/Cassel/Hartwig (1999), S. 206.

Der erforderliche Sicherungsmechanismus kann aber auch durch eine staatlich (mit)finanzierte Ausbildung ergänzt werden, die im Rahmen staatlicher Sozialpolitik als *Investitionshilfe* fungiert. Sie versetzt die Individuen in den Stand, erfolgreich an den marktvermittelten Wettbewerbsprozessen teilnehmen zu können, um so ihren Anteil am Koordinationsgewinn zu sichern. Entscheidend ist hierbei, Duldungsprämie und Investitionshilfe so zu dimensionieren, daß niemand in der Wettbewerbsgesellschaft gegenüber der Situation eines deterministischen Koordinationsverfahrens Nettoverluste erleidet. Nur dann ist sichergestellt, daß im Rahmen der Verfassungsfrage das Wettbewerbssystem einstimmig konsentiert wird.[36] Vor diesem Hintergrund wird die „Produktivität" der durch Duldungsprämie und Investitionshilfe abgebildeten staatlichen Sozialpolitik bestätigt, da nur sie die einstimmige Akzeptanz des zu höherer Leistungsfähigkeit führenden Wettbewerbssystems ermöglicht.[37]

Um abschließend die auf konstitutionenökonomischem Fundament ruhende Theorie der Sozialpolitik noch einmal deutlich gegen ihr dualistisches Gegenstück abzugrenzen, weisen Homann/Pies darauf hin, daß die im Rahmen des Steuer-Transfer-Systems erfolgende „technische" Umverteilung nicht eine Umverteilung ist, bei der einem Individuum ohne Gegenleistung etwas „weggenommen" wird.

---

[36] In diesem Zusammenhang merkt Priddat (1996, S. 244) kritisch an, daß die Individuen versucht sein könnten, „strategische Sozialspiele (zu) spielen". Ihnen stünde die Möglichkeit offen, ihre aus dem Veto-Recht erwachsende starke Verhandlungsposition dazu zu nutzen, die Gesellschaft auszubeuten und eine möglichst große Duldungsprämie auszuhandeln. Priddats Einwendung kann aber mit Nienhaus (1985, S. 137 ff.) entgegnet werden, daß unter Knappheitsbedingungen nicht ein realer, sondern nur ein hypothetischer Konsens zur vertragstheoretischen Rekonstruktion zugrunde gelegt werden dürfe. Wichtig sei es hierbei, einen elitären Ansatz zu vermeiden. Dementsprechend stellt Nienhaus (1985, S. 138) fest, „daß nicht nur eine kleine Gruppe von Experten aufgrund einer rein abstrakt 'rekonstruierten' Vertragssituation mögliche Ergebnisse konsensualer Entscheidungen herausarbeiten und zur Bewertung bereits gegebener Ordnungen verwenden (soll). Vielmehr sollte auch der Konsensfindungsprozeß in einer Weise simuliert werden, daß er ... für die Allgemeinheit ... sowohl dem Inhalt wie seinem Zustandekommen nach einsichtig wird."

[37] Eine vergleichbare Perspektive nimmt Sinn (1995) in seiner „Theory of the Welfare State" ein. Er stellt fest, daß sich der Wohlfahrtsstaat als „insurance against the randomness in career opportunities and in nature's lottery draw of innate abilities" (ebenda, S. 496) durch die Erhöhung der allgemeinen Risikobereitschaft positiv auf die Produktivität einer wettbewerblich organisierten Wirtschaftsordnung auswirke: „Under the protection of the welfare state, more can be dared" (ebenda, S. 507). Als wichtigste Instrumente des Wohlfahrtsstaates führt auch Sinn ein redistribuierendes Steuer-Transfer-System (S. 496) sowie die (anteilige) staatliche Finanzierung von Investitionen in Humankapital (S. 515) an. Da Sinn gleichzeitig unterstellt, daß eine zu hohe staatliche Risikoabsorption über ein exzessives Risikoverhalten zu Wohlfahrtsminderungen führt, kann er (modelltheoretisch) die Bedingungen eines „optimalen Wohlfahrtsstaates" ableiten. Vgl. ebenda, S. 520 ff.

Sie ist vielmehr zu verstehen „als 'postkonstitutionelle' Gegenleistung für 'konstitutionelle' Vorleistungen bzw. als Investition in höhere 'potential gains'"[38].

Worin bestehen nun aber konkret die Vorteile einer aus der konstitutionenökonomischen Perspektive konzeptualisierten Theorie der Sozialpolitik? Insgesamt vier Aspekte sind erwähnenswert.[39]

(1) Die durch den wertkonfliktären Ansatz der dualistisch konzipierten Theorien der Sozialpolitik provozierten Reformblockaden werden überwunden. Dies gelingt durch die Klarstellung, daß auch die vermeintlichen Nettozahler für ihr finanzielles Engagement wertvolle Gegenleistungen erhalten. Letztere werden sogar von Individuen erbracht, die sich konsequent der Teilnahme an den Marktprozessen verweigern. Ihr Beitrag besteht darin, in der Verfassungsfrage zu kooperieren und eine auf Wettbewerb ausgerichtete Wirtschafts- und Gesellschaftsordnung zu konsentieren. Damit die erklärte Absicht, Bewegung insbesondere in die politischen Diskussionsprozesse zu bringen, realisiert werden kann, muß zusätzlich beachtet werden, daß das konstitutionelle „do ut des" in der Öffentlichkeit auch als ein solches dargestellt wird. Hierdurch kann die Akzeptanz geschaffen werden, die für die Umsetzung konstitutionell begründeter Reformen der Sozialpolitik erforderlich ist.[40]

(2) Mit der Einnahme der konstitutionenökonomischen Perspektive kann die Debatte um die Ausgestaltung der Sozialpolitik und der Struktur des Sozialstaates von der Ziel- auf eine Mitteldiskussion umgestellt werden. Es geht somit nicht mehr länger darum, in normativer Weise ökonomischen Argumenten mit solchen

[38] Homann/Pies (1996), S. 223.
[39] Vgl. zum folgenden ebenda, S. 225 ff.
[40] Die Erkenntnis, daß nicht nur durch objektive Gegebenheiten, sondern auch durch Wahrnehmungen gesellschaftliche Veränderungen initiiert werden können, wird in der Soziologie durch das „Thomassche Theorem" ausgedrückt: „Wenn die Menschen Situationen als real definieren, sind sie in ihren Konsequenzen real." Vgl. hierzu Merton (1972), S. 144 ff.

des sozialen Schutzes und umgekehrt zu begegnen. Ziel ist es vielmehr, die Dynamik einer wettbewerblich organisierten Marktwirtschaft durch gesellschaftlich konsentierte Maßnahmen der Sozialpolitik funktional zu machen.

(3) Das Konzept einer konstitutionenökonomisch fundierten Sozialpolitik ist in der Lage, die gegenwärtig auf die bloße Frage der Finanzierbarkeit verengte Kostendiskussion zu erweitern. Es erlaubt die Einbeziehung volkswirtschaftlicher Kostenkategorien wie etwa der Opportunitätskosten, die durch die Unterlassung möglicher sozialpolitischer Reformen entstehen. Machbar wird dies, da die Konstitutionenökonomik alle relevanten Alternativen sozialstaatlicher Konstruktionen ins Blickfeld rückt. Die größte analytische Leistung einer insoweit erweiterten Betrachtung besteht in der Erkenntnis, daß eine wettbewerblich organisierte Marktwirtschaft – wie oben festgestellt - durch Sozialpolitik „produktiv" gemacht werden kann.

(4) Der wichtigste Vorzug einer konstitutionell ausgerichteten Sozialpolitik liegt schließlich darin, *realisierbare* Vorschläge zur Reform des Sozialstaates zu entwickeln. Um zunächst das Reformpotential zu bestimmen, sind „die bestehenden Institutionen daraufhin zu überprüfen, ob sie sich als Bestandteil eines kollektiven Tauschakts rekonstruieren"[41] und damit in konstitutioneller Hinsicht rechtfertigen lassen.

Sollen aus dem in der beschriebenen Weise abgegrenzten *Reformpotential* schrittweise[42] konkrete *Reformvorschläge* abgeleitet werden, so sind nach Homann/Pies verschiedene Bedingungen zu berücksichtigen:

- Ökonomische Reformvorschläge haben unbedingt am zuvor in der Bestandsaufnahme erhobenen Status quo anzusetzen. Maßgeblich für diese Forderung ist zum einen, daß Reformen kein raum- und zeitunabhängiges Vorhaben darstellen, sondern den aktuell vorzufindenden Kontext verändern sollen. Zum

---

[41] Homann/Pies (1996), S. 228.
[42] Für eine solche Vorgehensweise plädiert auch Watrin (1996), S. 256.

anderen sind mit dem Status quo (Rechts-)Ansprüche und Erwartungen wegen der auf ihm gründenden Lebensentwürfe verbunden, die wenn auch keinen vollständigen Vertrauensschutz, so doch eine besondere Berücksichtigung verdienen.[43]

- Die insoweit vorzunehmende Beachtung der Interessen der von den Reformvorschlägen betroffenen Individuen entspricht der auf umfassenden Konsens angelegten Methode der konstitutionellen Ökonomik. Die Vorschläge haben folglich der Bedingung der Pareto-Superiorität zu genügen oder zumindest sicherzustellen, daß die bei einigen Individuen möglicherweise auftretenden Verluste kompensiert werden (erweiterte Pareto-Superiorität).[44]
- Schließlich ist bei der Beantwortung der Frage, ob für einen Reformvorschlag ein einstimmiger Konsens zu erwarten ist, zu bedenken, daß auch eine gegenüber dem Status quo eintretende Verschlechterung pareto-superior sein kann, wenn sich für das betreffende Individuum in der Situation ohne Umsetzung der Reform eine noch schlechtere Position ergeben würde.[45]

Die hiermit abzuschließende Würdigung der aus der konstitutionenökonomischen Perspektive entwickelten Theorie der Sozialpolitik hat sich nunmehr am Versuch zu bewähren, für einen Ausschnitt der sozialstaatlichen Problemstellungen beispielhaft einen konsensfähigen Lösungsvorschlag zu entwickeln. Welchen Vorschlag die konstitutionelle Ökonomik dabei für die Reform der Arbeitsvermittlung entwickeln kann, soll im folgenden Kapitel eingehender beleuchtet werden.

## III. Ansatz einer konsensuellen Reform der Arbeitsvermittlung

Soll ein konsensfähiges Reformmodell der Arbeitsvermittlung entwickelt werden, so ist zunächst auszuloten, welche möglichen individuellen Interessen durch die

---

[43] Vgl. Homann/Pies (1996), S. 229.

[44] Vgl. ebenda. Auf diesen grundlegenden Ansatz der Konstitutionenökonomik ist schon im einführenden Abschnitt dieser Arbeit hingewiesen worden.

[45] Vgl. ebenda, S. 223. Hierbei ist zudem zu beachten, daß ausschließlich die *relevanten* Alternativen, also die Regelalternativen und nicht die Einzelergebnisse zum Vergleich herangezogen werden. Siehe hierzu auch Pies (1996), S. 11 f.

unterschiedlichen Ausgestaltungsformen der Arbeitsvermittlung betroffen sein könnten. Um die hierzu erforderliche Analyse handhabbar zu machen, werden die Interessen in zwei Interessengruppen typisiert.

Die *erste* Gruppe umfaßt all diejenigen, die Anhänger einer weitreichenden staatlichen, also auch sozial- und arbeitsmarktpolitischen Enthaltsamkeit sind. Für sie ist der dominante Maßstab die volkswirtschaftliche Effizienz. Verknüpft mit der Auffassung, daß der Markt gegenüber dem Staat komparative Produktivitätsvorteile aufweist, führt dieser Ansatz zur Priorisierung des Koordinationsverfahrens Markt. Staatliche Eingriffe werden demnach nur unter dezidiert vorgegebenen Rahmenbedingungen akzeptiert. Notwendige Bedingung für staatliche Interventionen ist, daß das in Rede stehende Gut durch den Markt nicht in ausreichendem Umfang angeboten wird, der Markt mithin versagt. Hinreichend legitimiert ist der Staatseingriff aber erst, wenn zusätzlich sichergestellt ist, daß die staatliche Bereitstellung eines Gutes zu besseren Allokationsergebnissen führt als der defektierende Markt.[46]

Vor diesem Hintergrund ist für die erste Gruppe eine staatliche Sozialpolitik nur in dem Umfang zu rechtfertigen, in dem die Güter „Sicherheit" und „Gerechtigkeit" nicht in befriedigender Weise durch den Markt „produziert" werden. Arbeitsmarktpolitische Eingriffe - gleich welcher Art - werden nur konzediert, soweit der Arbeitsmarkt versagt. Nach dieser Ratio wird eine staatliche Arbeitsvermittlung ausschließlich dann akzeptiert, wenn ein Defekt des Marktes für Arbeitsvermittlung nachweisbar ist und dieser Defekt gegenüber den möglichen Defekten einer staatlichen Arbeitsvermittlung stärker ins Gewicht fällt. Der ersten Gruppe sind die oben genannten Vertreter der neueren sozialpolitischen Ansätze Bertholdscher Ausprägung zuzurechnen. Wegen der besonderen Bedeutung, die sie in ihrem Politikansatz dem Markt einräumen, sollen sie im folgenden als „Marktpriorisierer"[47] bezeichnet werden.

---

[46] Siehe zu den Bedingungen eines Markt- bzw. Staatsversagens unten C.II.2.a.

[47] Der Verfasser ist sich der grundsätzlichen Problematik bewußt, die die Zusammenfassung eines differenzierten Meinungsspektrums unter einen plakativen Begriff mit sich bringt. Verloren geht hierdurch etwa die Möglichkeit zur Unterscheidung solcher *Marktpriorisierer*, die unter bestimmten Bedingungen arbeitsmarktpolitische Interventionen akzeptieren (vgl. Berthold, 1992, S. 11) von jenen, die weder allokationspolitische

Der *zweiten* Gruppe können all jene zugeordnet werden, die Anhänger einer eingriffsintensiven Sozial- und Arbeitsmarktpolitik sind. Sie vertreten insoweit den oben skizzierten traditionellen Ansatz Lampertscher Ausrichtung, nach dem eine als eigenständiges Phänomen definierte Sozialpolitik dem Marktwirtschaften zugrunde liegenden Prinzip der wirtschaftlichen Effizienz gleichberechtigt gegenübergestellt wird. Mit ihrer Auffassung leugnen sie nicht die Notwendigkeit privatwirtschaftlichen Handelns, erkennen sie doch an, daß die Finanzierung sozialpolitischer Maßnahmen einer wirtschaftlichen Basis bedarf. Mit Blick auf den von ihnen postulierten gleichberechtigten Stellenwert sozialpolitischer Ziele stellen sie jedoch heraus, „daß unter bestimmten Umständen soziale Ziele nur mit marktwirtschaftsinkonformen Instrumenten erreicht werden können".[48] Wegen der hieraus resultierenden Präferenz für staatlich-diskretionäre Maßnahmen sollen die Vertreter dieses Ansatzes im folgenden als „Sozialstaatspriorisierer" bezeichnet werden.

Für die Einstellung der *Sozialstaatspriorisierer* zur Reform der Arbeitsvermittlung bedeutet das Bekenntnis zu einem ggf. aus (sozial)politischen Gründen erforderlich werdenden marktinkonformen Verhalten, daß sie der Einführung eines auf wohlfahrtstheoretischer Konstruktion beruhenden marktkonformen Systems der Arbeitsvermittlung grundsätzlich nichts entgegenzusetzen haben, erweitern die entsprechenden Effizienzgewinne doch die wirtschaftliche Basis zur Finanzierung sozial- und arbeitsmarktpolitischer Maßnahmen. Sie lehnen eine marktkonforme Arbeitsvermittlung jedoch ab, wenn sich die von ihnen vertretenen sozial- und arbeitsmarktpolitischen Ziele mit ihr nicht mehr realisieren lassen.

Aus der Charakterisierung der beiden Gruppen läßt sich schlußfolgern, daß alternative Möglichkeiten zur „Produktion" der gewünschten sozialen Standards nicht rundheraus abgelehnt werden. Wäre dies so, könnte eine konsensfähige Reform der Arbeitsvermittlung nicht gelingen. Der entscheidende Unterschied zwischen

---

Gründe (vgl. Soltwedel et al., 1990, S. 159 ff.) noch sozialpolitische Aspekte (vgl. Soltwedel, 1984, S. 158 f.; 1986, S. 389) als hinreichend für arbeitsmarktpolitische Aktivitäten erachten. Dieser Informationsverlust ist aber für die weiteren Überlegungen unschädlich, da bei der hier vorgenommenen Analyse das Bekenntnis zum *Konzept* des Marktversagens und nicht das analytische *Einzelergebnis* im Vordergrund steht.

[48] Lampert/Bossert (1987), S. 121.

den abgegrenzten Gruppen ist vielmehr der jeweilige *Ausgangspunkt* der Argumentation. Ein Konsensmodell ist demnach unter der Bedingung darstellbar, daß eine gemeinsame Schnittmenge erreicht wird. Zu prüfen ist deshalb, ob der Umfang der von den *Marktpriorisierern* konzedierten staatlichen Interventionen bzw. das Ausmaß der von den *Sozialstaatspriorisierern* akzeptierten marktwirtschaftlichen Elemente zu einem solchen allseitig konsentierten Modell der Arbeitsvermittlung führen kann.

Werden diese Überlegungen zugrunde gelegt, ergibt sich für die Konstruktion eines konsensuellen Reformmodells der folgende Arbeitsplan: Im nächsten Abschnitt wird – nach der theoretischen Grundlegung des Gutes Arbeitsvermittlung – das Konzept eines (marktkonformen) Arbeitsvermittlungssystems entwickelt, das sich durch maximale Effizienz auszeichnet. Ein solches System entspricht den Präferenzen der *Marktpriorisierer* und wird auch von den *Sozialstaatspriorisierern* konsentiert, wenn sich mit ihm die von den *Sozialstaatspriorisierern* verfolgten sozial- und arbeitsmarktpolitischen Ziele realisieren lassen. Ob dies zutrifft oder ob ggf. zu prüfen ist, in welcher Weise die Instrumente (konsensuell) geändert werden müssen, um die zugrunde gelegten arbeitsschutzpolitischen und arbeitsmarktpolitischen Ziele auch mit einer marktkonformen Arbeitsvermittlung verfolgen zu können, muß die im weiteren vorzunehmende Analyse zeigen.

# C. Ökonomik der Arbeitsvermittlung

Gegenstand der nachfolgenden Überlegungen ist die Entwicklung einer Ökonomik der Arbeitsvermittlung. Um den oben bezeichneten vielschichtigen Aspekten des Phänomens Arbeitsvermittlung gerecht werden zu können, wird die Untersuchung in zwei Teile gegliedert. Im ersten Kapitel wird die Arbeitsvermittlung unter der Bedingung eines freien Marktes theoretisch durchleuchtet. Hiermit wird die Voraussetzung dafür geschaffen, sie für den Fortgang der Betrachtungen analytisch handhabbar zu machen. Im zweiten Kapitel werden die politischen Dimensionen der Arbeitsvermittlung untersucht, indem die aus allokations- und sozialpolitischer Perspektive an die Arbeitsvermittlung herangetragenen Anforderungen erarbeitet werden. Auf dieser Grundlage läßt sich – entsprechend dem zugrunde liegenden Arbeitsplan – das Potential für eine Reform der Arbeitsvermittlung bestimmen, die der Bedingung eines die zuvor definierten Interessengruppen übergreifenden Konsenses genügt.

## I. Theorie der Arbeitsvermittlung – Arbeitsvermittlung in einem freien Markt

Arbeitsvermittlung - hier verstanden als "jede planmäßige, vermittelnde Tätigkeit, die darauf gerichtet ist, arbeitsuchende Personen mit arbeitanbietenden oder beschäftigungsbereiten Arbeitgebern in Verbindung zu bringen, damit sie in freier Vereinbarung ein Arbeitsverhältnis begründen"[1] - figuriert in der deutschen Wirtschaftsgeschichte als ein mittlerweile säkulares Phänomen.[2] Wegen des in der Bundesrepublik Deutschland erst 1994 aufgegebenen Alleinvermittlungsrechts der Bundesanstalt für Arbeit ist sie bislang wissenschaftlich vornehmlich in ihrer öf-

---

[1] Wilrodt (1956), S. 372.

[2] "Die ersten hundert Jahre der Arbeitsvermittlung begannen nach 1860, nach der verwirrenden Revolutionszeit von 1848, nach der Auflösung der Zünfte, nach der Aufhebung der grundherrlichen Rechte, in einem politisch zerfallenden und sich wieder formenden Deutschland, in den Anfängen der nüchternen Kapital-Wirtschaft, der beginnenden Gewerbefreiheit, der praktischen Liberalisierung" (Uhlig, 1970, S. 9). Rudimentäre Ansätze einer sich entwickelnden Arbeitsvermittlung waren in Deutschland allerdings schon um 1400 zu beobachten, als auf den Gesindemärkten bereits die sog. "Gesindemäkler" Stellenvermittlungen gegen Entgelt anboten. Vgl. Kuster (1976), S. 214.

fentlichen Variante sowie als Instrument der Arbeitsmarktpolitik rezipiert worden.[3] Diese Perspektive hat sich mit dem ersten Schritt der Deregulierung des Marktes für Arbeitsvermittlung gewandelt. Nunmehr wird Arbeitsvermittlung zunehmend auch als privates Gut aufgefaßt und theoretisch durchleuchtet.[4]

In diesem Kapitel wird der letztgenannte Blickwinkel übernommen und eine Theorie der Arbeitsvermittlung konzipiert. Um hierdurch einen verwertbaren Rahmen für weitergehende Analysen zu erhalten, erfolgt die theoretische Grundlegung unter der Annahme eines freien Marktes. Dies bedeutet, daß zunächst von einer weiterhin bestehenden öffentlichen Arbeitsvermittlung sowie von Regelungen, die die Betätigung privater Arbeitsvermittler beeinflussen, abstrahiert wird.

Die Entwicklung der Theorie setzt bei der Überlegung an, daß es sich bei der Arbeitsvermittlung um eine Dienstleistung in der Funktion eines „mittelbaren" Produktionsfaktors handelt,[5] der für die als Matching bezeichnete Zusammenführung von Angebot und Nachfrage auf dem Arbeitsmarkt von Bedeutung ist.[6] An diesem Grundverständnis ansetzend werden zunächst die Informationsprobleme empirischer Arbeitsmärkte untersucht, die grundlegend für das Entstehen von Vermittlungsmärkten sind. Es wird gezeigt, welche unterschiedlichen Verhaltensmuster in der Lage sind, die durch Informationsprobleme erhöhten Transaktionskosten von Arbeitsmärkten zu reduzieren. Im Anschluß wird der Markt für Arbeitsvermittlung als Informationsmarkt charakterisiert und unter Rückgriff auf ein Rentabilitätskalkül untersucht, ob sich das Gut Arbeitsvermittlung im Wettbewerb zu den anderen Möglichkeiten der Informationsbeschaffung behaupten kann und somit die Existenz eines privatwirtschaftlich organisierten Vermittlungsmarktes erwartet werden darf.

---

3 Vgl. etwa Rauschhofer (1974); Bieback (1978); Laine/Massar (1984); Marelli (1985).
4 Vgl. Klein (1993), S. 60 ff.; Walwei (1995); Buttler/Walwei (1995); Walwei (1996).
5 Mit Schüller (1967, S. 19) kann die Arbeitsvermittlung als *indirekte* Dienstleistung bezeichnet werden. Indirekte Dienstleistungen zeichnen sich dadurch aus, daß sie nicht vom Endverbraucher konsumiert, sondern auf den verschiedenen Stufen des Wirtschaftsprozesses (hier: Leistung zur Nutzbarmachung des Produktionsfaktors Arbeit) nachgefragt werden.
6 „Denknotwendige Voraussetzung für die Stellenvermittlung (i. e. Arbeitsvermittlung, M. H.) ist das Auftreten von Arbeitsangebot und –nachfrage, das heißt das Vorhandensein von Arbeitsmärkten überhaupt." Rauschhofer (1974), S. 18.

## 1. Informationsprobleme empirischer Arbeitsmärkte

Der Arbeitsmarkt wird hier "definiert als ein *Markt für Arbeitsleistungen*, die zur Herstellung marktfähiger Produkte erbracht werden."[7] Arbeitsmärkte sind *empirisch* als eine Erscheinung des wirtschaftlichen Lebens von historischer Dimension[8] einzuordnen und sind in den westlichen Industriegesellschaften von einer erheblichen Dynamik gekennzeichnet. Diese Dynamik ergibt sich aus einer deutlichen Arbeitskräftefluktuation, die sich mit Hilfe der vom IAB im Rahmen seiner Arbeitskräftegesamtrechnung entwickelten *Fluktuationsrate* abbilden läßt; sie wird definiert als das durch die Gesamtzahl der in den Betrieben Beschäftigten dividierte arithmetische Mittel der Summe der p. a. in den Betrieben registrierten Einstellungen und Entlassungen. In der Bundesrepublik Deutschland nahm die Fluktuationsrate für den Zeitraum 1977 bis 1980 einen jahresdurchschnittlichen Wert von 33,3 % an, was bei konstant gehaltener Gesamtzahl der Beschäftigten bedeutet, daß ein Beschäftigungsverhältnis im Durchschnitt drei Jahre aufrechterhalten wird, oder m. a. W.: Die Beschäftigten werden im Mittel alle drei Jahre einmal "umgeschlagen". Mit Blick auf das Gesamtniveau der Beschäftigung führte diese Fluktuationsrate dazu, daß in ihrem o. a. zeitlichen Geltungsbereich knapp 6 Mio. Arbeitnehmer pro Jahr ihren Arbeitsplatz wechselten.[9]

Eine wichtige Einflußgröße für das Ausmaß der Arbeitsmarktbewegungen sind die Transaktionskosten realer Arbeitsmärkte, die nachfolgend analysiert werden. Anschließend werden verschiedene auf Arbeitsmärkten beobachtbare Verhaltensweisen untersucht, die eine kostengünstige Informationsbeschaffung und hierdurch die Verringerung von Transaktionskosten ermöglichen.

---

[7] Mertens (1973), S. 229. Mit der Bedingung der Marktfähigkeit soll der Bereich des öffentlichen Dienstes ausgeklammert werden.

[8] "Jedenfalls steht außer Zweifel, daß der Arbeitsmarkt - in seiner Realität, wenn schon nicht dem Begriff nach - nicht erst im Industriezeitalter entstanden ist. Das Wort umschreibt jenen Markt, auf dem der Mensch, woher er auch kommen mag, ohne seine traditionellen 'Produktionsmittel' wie Acker, Webstuhl, Pferd, Karren (sofern er je dergleichen besessen hat) vorstellig wird, um anzubieten, was ihm noch verblieben ist - nämlich seine Arme und Hände, seine 'Arbeitskraft'. Und natürlich seine Geschicklichkeit und Anstelligkeit" (Braudel, 1986, S. 46). Dementsprechend geformte, auf reiner Lohnarbeit basierende Arbeitsmärkte lassen sich mit Hilfe von urkundlichen Eintragungen und Arbeitsverträgen, die aus dieser Zeit erhalten geblieben sind, bis ins 13. Jahrhundert zurückverfolgen. Vgl. ebenda, S. 47.

[9] Vgl. Cramer/Koller (1988), S. 363; Franz (1991), S. 199 ff.

## a. Transaktionskosten realer Arbeitsmärkte

Im neoklassischen Modell der vollständigen Konkurrenz und der hierin eingebetteten neoklassischen Mikrotheorie des Arbeitsmarktes werden die Pläne der Wirtschaftssubjekte ausschließlich über Preise koordiniert.[10] Als Preis der Arbeit leisten dies auf dem Arbeitsmarkt die Löhne; „and thus, in the absence of control, they are determined, like all prices, by supply and demand."[11] Kennzeichnend für das Modell ist, daß Angebot und Nachfrage durch den Walrasianischen Auktionator zeit-, reibungs- und damit kostenlos zusammengeführt werden.

Ein Modell mit dieser Prämisse ist nicht geeignet, die Koordinationsprobleme realer Güter- und Arbeitsmärkte abzubilden. Leistbar ist dies aber mit einem auf Coase (1937) zurückgehenden Ansatz, der erstmalig eine die Produktionskosten ergänzende Kostenkategorie beschrieben hat, die als „costs of running the economic system"[12] später mit dem Begriff *Transaktionskosten* belegt wurde. Transaktionskosten können empirisch in verschiedenen Formen in Erscheinung treten[13] und werden analytisch vor allem zur Beurteilung der ökonomischen Vorteilhaftigkeit unterschiedlicher transaktioneller Arrangements herangezogen.[14] Für das Ausmaß der Transaktionskosten werden die Einflußgrößen Faktorspezifität, Unsicherheit und Häufigkeit der Transaktionsdurchführung verantwortlich gemacht.[15]

Welche Transaktionskosten auf empirischen Arbeitsmärkten virulent werden, hängt u. a. von der Form der zwischen Arbeitsanbieter und –nachfrager geschlossenen Verträge ab. Sie auszugestalten gibt es unterschiedliche Möglichkeiten, die die zur „Neuen Institutionenökonomik" (NIÖ) gehörende „Ökonomische Vertragstheorie" untersucht. Die Ökonomische Vertragstheorie beschäftigt sich „vor allem mit Verträgen, in denen *Leistung und Gegenleistung zeitlich auseinanderfallen* oder mit *Austauschverträgen, die eine bestimmte Abfolge der Leistungen vorse-*

---

[10] Vgl. statt anderer den Beitrag von Pfriem (1978).
[11] Hicks (1932), S. 1.
[12] Arrow (1969), S. 48, zitiert nach Ernst (1990), S. 32.
[13] Die maßgeblichen Komponenten sind – geordnet nach den einzelnen Phasen einer Transaktion – die Anbahnungs-, Vereinbarungs-, Kontroll- und Anpassungskosten. Vgl. Picot (1982), S. 270; Bössmann (1982), S. 664; Bössmann (1983), S. 106 f.
[14] Vgl. aber kritisch hierzu Schneider (1985). Siehe als Entgegnung zusätzlich Windsperger (1987).
[15] Vgl. Williamson (1990), S. 59 ff.

*hen und daher zu ihrer Erfüllung Zeit brauchen.*"[16] Aus dem zeitlichen Auseinanderfallen von Leistung und Gegenleistung folgt unmittelbar die grundsätzliche Notwendigkeit, daß Verträge eigentlich alle denkmöglichen Entwicklungen einer prinzipiell kontingenten Umwelt zu berücksichtigen haben. Der Abschluß eines in diesem Sinne „vollständigen" Vertrages würde jedoch mit Blick auf positive Transaktionskosten prohibitiv teuer.[17] Darüber hinaus wird der Vertragsabschluß und dessen Erfüllung hinsichtlich der Transaktionskosten durch zwei individuelle Verhaltensweisen belastet, die in der NIÖ als für die menschliche Natur wesentlich eingestuft werden: „eingeschränkte Rationalität" und „Opportunismus".[18] Ziel ökonomisch rationaler Vertragskonfiguration ist, unter Berücksichtigung der genannten Bedingungen die Transaktionskosten ceteris paribus zu minimieren.

Eine Möglichkeit, auf die Situation einer kontingenten Umwelt transaktionell zu reagieren, stellt nach Alchian/Demsetz der Werkvertrag dar:[19] Die Autoren interpretieren den Leistungsaustausch zwischen Arbeitgeber und Arbeitnehmer als eine Folge einzelner "Quid-pro-quo"-Kontrakte, die jeweils wegen ihrer geringen (zeitlichen) Reichweite spezifizierbar sind. Hieraus folgern Alchian/Demsetz, daß "long-term contracts, therefore, are not an essential attribute of the firm."[20] Wenngleich diese (hypothetische) Form der Organisation arbeitsmarktlicher Transaktionen den Vorteil aufweist, geringe Anpassungskosten zu bedingen, berücksichtigt sie doch nicht die erheblichen Anbahnungs- und Vereinbarungskosten, die eine Vielzahl hintereinander abzuschließender Verträge verursacht.[21] Mit Blick auf diese Überlegungen stellen sich langfristige Arbeitsverträge als der günstigere Transaktionsmodus dar,[22] da bei ihm die einmal anfallenden Anbahnungs- und

---

[16] Richter/Furubotn (1996), S. 142.

[17] Vgl. ebenda, S. 149.

[18] Siehe zu diesen Verhaltensprämissen Williamson (1981), S. 553 f. Die These von der „eingeschränkten Rationalität" geht auf Simon (1955) zurück, der das menschliche Individuum als „a choosing organism of limited knowledge and ability" (ebenda, S. 114) charakterisiert. Neoklassisch adaptiert worden ist dieser Ansatz von Meckling (1976, inbesondere S. 548 ff.), der das Modell einer individuellen Nutzenfunktion einführt, die unter der Nebenbedingung positiver Informationskosten maximiert wird. – Unter „Opportunismus" versteht Williamson (1990, S. 34) „die Verfolgung des Eigeninteresses unter Zuhilfenahme von List".

[19] Vgl. Alchian/Demsetz (1972).

[20] Ebenda, S. 783.

[21] Diese theoretischen Betrachtungen abstrahieren von arbeitsrechtlichen Bestimmungen. Da in diesem Bereich "die Vertragsfreiheit aber vom Staat durch nicht abdingbare Gesetze eingeschränkt" (Brox, 1989, S. 2) ist, dürften insbesondere die Vereinbarungskosten weniger von den Verhandlungen über die Form des Arbeitsvertrages als von denjenigen über die Höhe des entsprechenden Entgelts abhängen.

[22] Auch Alchian hat mittlerweile seine diesbezügliche Auffassung revidiert. Vgl. hierzu Williamson (1990), S. 61.

Vereinbarungskosten ebenso wie transaktionsspezifische Investitionen über einen längeren Zeitraum "abgeschrieben" werden können. Die bei langfristigen Verträgen potentiell höheren Anpassungskosten werden reduziert, indem durch den Arbeitsvertrag nicht exakte Tätigkeitsabläufe, sondern das "Direktionsrecht" des Arbeitgebers normiert wird. Der Arbeitgeber wird hierdurch ermächtigt, den Arbeitnehmer in einer kontingenten ökonomischen Umwelt jeweils situationsangemessen im Produktionsprozeß einzusetzen.[23]

Gleichwohl bleibt auch bei langfristigen Verträgen das Problem bestehen, welche – möglichst transaktionskostengünstigen – Vorkehrungen getroffen werden können, um das Problem des Opportunismus kontrollierbar zu machen. Hierbei ist zu berücksichtigen, daß opportunistisches Verhalten grundsätzlich sowohl *vor* als auch *nach* Vertragsabschluß wirksam werden kann.[24] Beide Formen des Opportunismus beruhen im wesentlichen auf der zwischen Arbeitgeber und Arbeitnehmer bestehenden asymmetrischen Informationsverteilung, die im folgenden beispielhaft hinsichtlich des die Qualität des Arbeitsangebots betreffenden Informationsgefälles untersucht wird. Die Erkenntnisse können aber ohne weiteres auf dasjenige Informationsproblem übertragen werden, das in gleicher Weise für die von den Arbeitsnachfragern bereit gestellten Arbeitsplätze besteht.

Vor diesem Hintergrund gilt für Arbeitnehmer, daß sie vor Vertragsabschluß die asymmetrische Informationsverteilung dergestalt auszunutzen versucht sein können, dem Arbeitgeber ihre Arbeitsattribute in einer nicht den tatsächlichen Gegebenheiten entsprechenden Weise darzustellen. Nach Vertragsabschluß besteht für den Arbeitnehmer ein Anreiz, die Arbeitsintensität in dem Maße zu reduzieren, das vom Arbeitgeber nicht wahrgenommen werden kann.

Eine Möglichkeit, opportunistisches Verhalten der erstgenannten Kategorie zu reduzieren, besteht darin, das Informationsgefälle flacher zu gestalten. Dies kann bewerkstelligt werden, indem entweder der Arbeitgeber zusätzliche Informationen über die Eigenschaften eines potentiellen Arbeitnehmers beitreibt oder der Arbeit-

---

[23] Dementsprechend kategorisiert Simon (1951, S. 293) den Arbeitsvertrag als eine Übereinkunft, die ein „Autoritätsverhältnis" zwischen Arbeitnehmer und Arbeitgeber begründet.
[24] Vgl. zum folgenden Richter/Furubotn (1996), S. 150 f.

nehmer durch eigene Aktivitäten den Informationsstand des Arbeitgebers erhöht, um sich hierdurch im Einstellungsprozeß gegenüber den Mitbewerbern einen komparativen Vorteil zu verschaffen.[25] Wegen der im folgenden noch zu würdigenden hohen Heterogenität des Produktionsfaktors Arbeit muß aber von einer erheblichen Steigung des Informationsgefälles ausgegangen werden, so daß der Qualität der Informationsbeschaffungstechniken eine besondere Bedeutung zukommt.

Die Wahrscheinlichkeit eines opportunistischen Verhaltens nach Vertragsabschluß kann neben der Intensivierung der Kontrollaktivitäten grundsätzlich durch zwei weitere Vorkehrungen verringert werden. Zum einen besteht die Möglichkeit, Arbeitsverträge so auszugestalten, daß sie selbst die erforderlichen Anreize zu ihrer Einhaltung entfalten. So ist denkbar, daß ein über dem Gleichgewichtswert liegender Lohn die opportunismusbedingte Leistungsreduktion („shirking") verringert, da das „shirking" zusammen mit dem Risiko entdeckt und damit gekündigt zu werden im geschilderten Fall Opportunitätskosten impliziert.[26]

Zum anderen können analog zum Opportunismus vor Vertragsabschluß auch der Opportunismus nach Vertragsabschluß – wahlweise die erforderlichen Kontrollaktivitäten – verringert werden,[27] indem der Informationsaufwand bei der Auswahl der gesuchten Arbeitnehmer gesteigert wird. Hierdurch wird die Selektion solcher Arbeitnehmer möglich, die wegen ihrer persönlichen Eigenschaften einen geringeren Grad an Opportunismus erwarten lassen. Dies gilt für Arbeitnehmer, die in besonderem Maße sog. „extra-funktionale" Qualifikationen aufweisen. Unter den Begriff subsumiert Dahrendorf all jene Eigenschaften, die sich positiv auf die Produktivität eines Arbeitnehmers auswirken, wie dies für eine intrinsische Motivation, Loyalität und ein hohes betriebszentriertes Verantwortungsgefühl, die Anpassungsbereitschaft an die Betriebsdisziplin oder etwa die Bereitschaft zur Einfügung in hierarchische Beziehungen unterstellt werden kann.[28] Dabei ist der hierdurch ermöglichten Form der "inneren" Kontrolle gegenüber äußeren Kontroll-

---

25 Letzteres wird mit dem Begriff „signaling" belegt. Siehe hierzu C.I.1.b.
26 Vgl. Shapiro/Stiglitz (1984).
27 Auf die Existenz des zwischen Kontroll- und Selektionskosten bestehenden trade-offs haben Barron/Mellow (1982, S. 383 f.) hingewiesen.
28 Vgl. Dahrendorf (1956), insbesondere S. 553 ff.

maßnahmen ein unbedingter Vorrang einzuräumen, da sich - insonderheit extensiv durchgeführte - Kontrollaktivitäten negativ auf die betriebliche Atmosphäre und damit auf die betriebliche Produktivität auswirken können und folglich das eigentliche Ziel der Kontrolle konterkarieren.[29]

Auf der Basis der bisherigen Überlegungen läßt sich festhalten, daß es zur Reduktion opportunismusbedingten Verhaltens notwendig ist, Informationen über die Beschaffenheit des Produktionsfaktors Arbeit zu erhalten. Die hierzu erforderlichen Aufwendungen und damit die Transaktionskosten realer Arbeitsmärkte werden entscheidend von der Heterogenität des Produktionsfaktors Arbeit beeinflußt. Um diese Heterogenität sowie die übrigen matchingrelevanten Informationen erschließen zu können, soll anhand von unterschiedlichen Arbeitsmarktmodellen die Komplexität des arbeitsmarktlichen Transaktionsprozesses veranschaulicht werden.

Übersicht 1: Matchinganforderungen bei unvollkommener Information und vollständiger Homogenität der Marktteilnehmer

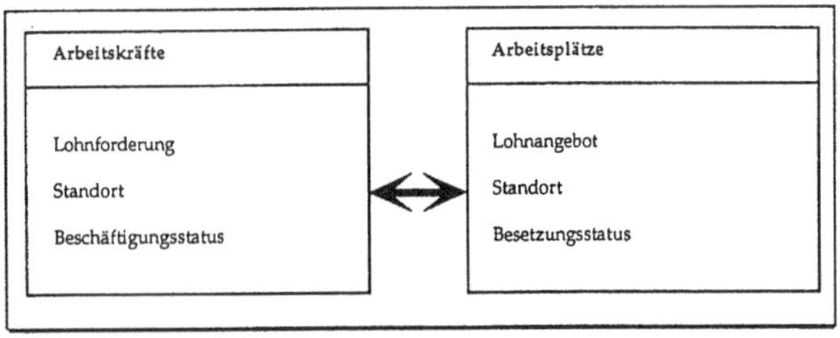


Quelle: Klein (1993), S. 40.

So gilt für das bereits erwähnte neoklassische Ausgangsmodell des Arbeitsmarktes, daß hier lediglich der Lohn als die zwischen Angebot und Nachfrage "vermit-

[29] Vgl. Windolf/Hohn (1984), S. 123 ff. In diesem Sinne hat auch Leibenstein (1982) gezeigt, daß eine Strategie verschärfter Kontrollen und Sanktionen, die ihrerseits von den Arbeitnehmern mit einer gerade noch nicht die Kündigung verursachenden Strategie der Leistungsminderung beantwortet wird, zu einer "Gefangenendilemma"-Situation führt, die das kollektiv schlechteste Ergebnis zeitigt. Einen Ausweg bietet ein bilateral "verantwortungsvolles" Verhalten und eine hiermit korrespondierende "faire" Leistung-Entlohnungs-Konvention.

telnde" Variable auftritt. Wird das suchtheoretische Modell des Arbeitsmarktes unterstellt, so ergeben sich die in *Übersicht 1* dargestellten Matchinganforderungen bei unvollkommener Information und vollständiger Homogenität der Marktteilnehmer: Hierbei muß nach dem für Angebot und Nachfrage akzeptablen Lohnsatz gesucht, die Lokalisierung harmonisiert sowie die Frage geklärt werden, ob ein kontaktierter Arbeitgeber eine Vakanz aufweist resp. ein ausfindig gemachter Arbeitnehmer/Arbeitsloser arbeitsuchend ist.[30]

Übersicht 2: Matchinganforderungen bei unvollkommener Information und Heterogenität der Marktteilnehmer

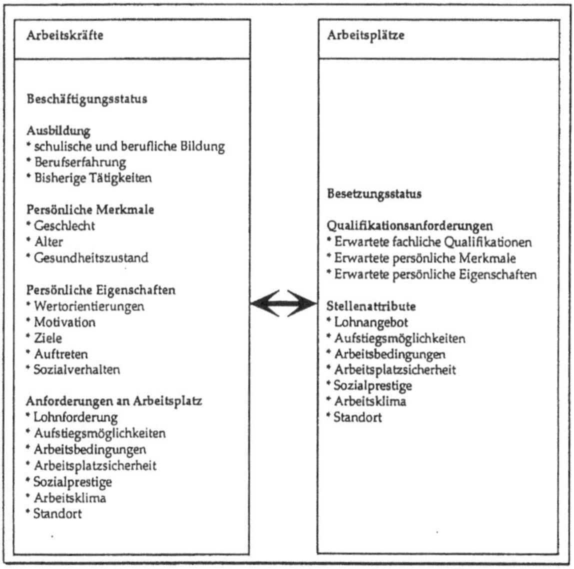


Quelle: Sehringer (1989), S. 20; übernommen aus Klein (1993), S. 53.

Eine weitere Steigerung der Komplexität der Matchinganforderungen ergibt sich, wenn beim Arbeitsmarktausgleich die unterschiedlichen berufsfachlichen Qualifi-

[30] Vgl. zur Suchtheorie des Arbeitsmarktes die Artikel von Stigler (1961, 1962) sowie grundlegend die Beiträge von König (1979) und Mortenson (1986). Einen Überblicksartikel bieten Lippman/McCall (1976). Zur Dar-

kationen berücksichtigt werden. Werden dem Matching-Prozeß schließlich auch die extra-funktionalen Qualifikationen zugrunde gelegt, so resultieren die in *Übersicht 2* dargestellten Matchinganforderungen bei unvollkommener Information und Heterogenität der Marktteilnehmer,[31] die einen Eindruck von den beim Ausgleich realer Arbeitsmärkte virulent werdenden Transaktionsschwierigkeiten vermitteln.

Zusammenfassend läßt sich festhalten, daß die heterogenitätsbedingte Komplexität des arbeitsmarktlichen Matching-Vorganges das Funktionieren der Arbeitsmärkte mit hohen Transaktionskosten belastet. Von den vier Komponenten der Transaktionskosten – Anbahnungs-, Vereinbarungs-, Kontroll- und Anpassungskosten – werden hierfür insbesondere die der Verringerung von Informationsdefiziten dienenden Anbahnungskosten verantwortlich gemacht.[32] Aus der Höhe der Transaktionskosten erwächst ein Anreiz, sie durch geeignete Maßnahmen zu reduzieren. Welche auf Arbeitsmärkten beobachtbare Verhaltensmuster hierzu in der Lage sind, soll im folgenden näher betrachtet werden.

### b. Transaktionskostensparende Verhaltensmuster auf Arbeitsmärkten

Als Folge der hohen Transaktionskosten haben sich auf Arbeitsmärkten unterschiedliche Verhaltensweisen entwickelt, mit deren Hilfe die Wirtschaftssubjekte versuchen, die Transaktionskosten zu reduzieren. Ansatzpunkt hierfür ist der Prozeß der Informationsbeschaffung, den die Beteiligten möglichst kostengünstig zu gestalten trachten. Um die Effektivität der einzelnen Verhaltensmuster beurteilen zu können, ist es zuvor allerdings erforderlich, die verschiedenen Dimensionen der Informationsbeschaffung eingehender zu beleuchten.

Die Beschaffung relevanter Marktinformationen, die dem im Vertragsabschluß kulminierenden Matching von Angebot und Nachfrage vorangeht, weist nach einer

stellung der Suchtheorie in der Lehrbuchliteratur siehe Sesselmeier/Blauermel (1990), S. 41 ff.; Schmid/Dosky/Braumann (1996), S. 15 ff.

[31] Das Ausmaß des zuvor thematisierten opportunistischen Verhaltens dürfte eine Funktion der „Persönlichen Eigenschaften" und dort insbesondere der „Wertorientierungen" sein.

[32] Diese Auffassung wird von Dahlman (1979) geteilt, der die Transaktionskosten konsequent als "resource losses incurred due to imperfect information" (ebenda, S. 148) definiert.

von Rees vorgenommenen Unterscheidung sowohl eine extensive als auch eine intensive Dimension auf. Der Begriff der *extensiven* Informationsbeschaffung hebt innerhalb dieses terminologischen Ansatzes auf das Ausfindigmachen potentiell geeigneter Kontraktpartner ab; *intensive* Informationsbeschaffung meint dahingegen die Sammlung weiterer Informationen über diese grundsätzlich als "kontraktwürdig" befundenen Vertragsanwärter. Die jeweilige Bedeutung der beiden Facetten der Informationsbeschaffung ergibt sich aus den Eigenschaften des auf dem betrachteten Markt gehandelten Gutes: Während extensive Informationsbeschaffung vor allem auf Märkten für hoch standardisierte, quasi-homogene Güter und Faktoren wichtig ist, rückt bei zunehmender Heterogenität des Gutes die intensive Informationsbeschaffung in den Vordergrund der Bemühungen.[33]

In einer hierzu analogen Weise können auch - beispielhaft aus der Sicht eines Arbeitgebers betrachtet - die dem Abschluß eines Arbeitsvertrages dienenden Aktivitäten der Informationsbeschaffung "als zweistufiger Prozeß begriffen werden, in dem zunächst nach potentiellen Arbeitsvertragspartnern gesucht wird. Aus dem dergestalt gebildeten Pool von prinzipiell geeigneten Aspiranten ist mit Hilfe eines Selektionsverfahrens der produktivste Bewerber zu bestimmen"[34]. Hierbei ist mit Blick auf die unten vorzunehmende Beurteilung der Vorteilhaftigkeit verschiedener Matching-Techniken allerdings zu beachten, daß die bei den beiden Formen der Informationsbeschaffung jeweils anfallenden Kosten in einem interdependenten Verhältnis zueinander stehen. So kann eine zunächst als kosten-günstig erscheinende Form der extensiven Informationsbeschaffung sich bei genauerer Betrachtung als unwirtschaftlich erweisen, wenn sie etwa durch ihr wenig selektives Moment hohe Kosten der sich anschließenden intensiven Informationsbeschaffung bedingt.[35]

Als Folge der stark ausgeprägten Heterogenität des Produktionsfaktors Arbeit besitzt für die Zusammenführung von Angebot und Nachfrage auf dem Arbeitsmarkt vor allem die intensive Informationsbeschaffung einen hohen Stellenwert. Die hierdurch angestrebte Reduzierung der Qualitätsunsicherheit muß dabei als das

---

[33] Vgl. Rees (1966), S. 560.
[34] Heidinger (1993), S. 69.
[35] Vgl. Klein (1993), S. 42.

relativ schwierigere Problem gelten: Dies ergibt sich nicht nur aus der Multidimensionalität der Größe "Qualität"[36], sondern auch aus dem Umstand, daß die "Güte" der bei der Informationsbeschaffung genutzten *Informationsquellen* kritisch hinterfragt werden muß.[37] Wie Kruse aufgezeigt hat, kann die Validität einer Informationsquelle u. a. durch eine fehlende Interessenkonvergenz von Informationsquelle und -nutzer beeinträchtigt werden.[38] Eine derartige Interessendivergenz könnte etwa zwischen einem an unbedingter Arbeitsaufnahme interessierten Arbeitslosen und einem Arbeitgeber auftreten, für den der Arbeitslose mit Blick auf die verfügbaren Alternativen nicht den optimalen Match darstellt; dementsprechend kritisch wären die in einem Vorstellungsgespräch gemachten Aussagen zu würdigen.[39]

Die Möglichkeit der intensiven, auf die Qualität des Faktors Arbeit bezogenen Informationsbeschaffung wird durch ein weiteres Problem erschwert, das sich an der auf Nelson zurückgehenden Unterscheidung von Inspektions- und Erfahrungsgütern festmachen läßt.[40] Hiernach können als *Inspektionsgüter* solche Güter und Faktoren gelten, deren Beschaffenheit zumindest in der theoretischen Perspektive die *vollständige* Bestimmung der entscheidungsrelevanten qualitativen Eigenschaften erlaubt. Wenngleich hiervon als Folge positiver Informationskosten regelmäßig kein Gebrauch gemacht wird, ist dies bei *Erfahrungsgütern* grundsätzlich nicht möglich, da sich Erfahrungsgüter gerade dadurch auszeichnen, daß sich dem Nutzer ein bestimmtes Quantum der Qualitätsmerkmale erst während der Verwendung erschließt.

Vor dem Hintergrund dieser Terminologie muß der Faktor Arbeit als ein ausgeprägtes Erfahrungsgut klassifiziert werden: Zwar können aus Sicht der Arbeitgeber Informationen über die berufsfachliche Qualifikation eines Arbeitsplatzbewerbers i.

---

36 Siehe hierzu noch einmal die in *Übersicht 2* aufgeführten Matchinganforderungen.
37 Vgl. hierzu Hirshleifer (1973), S. 37.
38 Vgl. Kruse (1979), S. 129 f.
39 Eine hierbei zum Einsatz kommende professionelle Interviewtechnik müßte demzufolge versuchen, Informationen über die Qualität eines Bewerbers auf der "Meta-Ebene" zu gewinnen. Dies bedeutet, daß Informationen nicht durch die isoliert betrachteten Äußerungen des betreffenden Kandidaten, sondern durch deren kontextabhängige Interpretation gewonnen werden.
40 Vgl. Nelson (1970). In seinem Originalbeitrag differenziert Nelson zwischen "search" und "experience goods". In der Literatur hat sich aber unter Bezug auf Hirshleifer (1973, S. 37) für erstere der gebräuchlichere Begriff der "inspection goods" durchgesetzt.

d. R. vor dem Vertragsabschluß erhoben werden. Dies dürfte aber nicht für dessen extra-funktionale Qualifikationen gelten, die nach dem oben Gesagten für den "Erfolg" eines Matches von besonderer Bedeutung sind. In derselben Weise kann unterstellt werden, daß sich auch dem Arbeitsuchenden bestimmte Merkmale eines Arbeitsplatzes erst während des Arbeitsprozesses erschließen, wie dies etwa für die ihn umgebende "betriebliche Atmosphäre" oder für die sich tatsächlich ergebende Arbeitsbelastung erwartet werden kann.

Nicht zuletzt wegen des Erfahrungsgutcharakters des Faktors Arbeit ist das bereits erwähnte Phänomen der "asymmetrischen Informationsverteilung" auf dem Arbeitsmarkt von besonderer Bedeutung. Die mit ihr verbundenen allokativen Probleme sind grundlegend von Akerlof analysiert worden:[41] Die dem Käufer von Inspektionsgütern wegen positiver Informationskosten und dem Käufer von Erfahrungsgütern *grundsätzlich* nicht offen stehende Möglichkeit, sich bereits vor Vertragsabschluß vollständig über die für den Kauf eines Gutes relevanten Qualitätseigenschaften zu informieren, führt dazu, daß der Verkäufer regelmäßig besser über die Qualitätseigenschaften informiert sein wird als der Käufer. Demzufolge ist der Käufer ceteris paribus nicht in der Lage, die Güter eines Marktes qualitativ hinreichend genau einzuschätzen: Er wird somit seine Zahlungsbereitschaft an einer so von ihm wahrgenommenen *durchschnittlichen* Qualität der auf dem betrachteten Markt gehandelten Güter ausrichten. Bei diesem Preis werden die Besitzer von Gütern höherer Qualität zum Verkauf ihrer Produkte nicht bereit sein und werden sie konsequenterweise vom Markt zurücknehmen. Hierdurch wird wiederum die durchschnittliche Qualität der jetzt noch auf dem Markt gehandelten Güter reduziert: In der Folge wird auch die Zahlungsbereitschaft der potentiellen Käufer nach unten angepaßt. Dieser als "Akerlof-Prozeß" bzw. als "adverse selection" bezeichnete Vorgang[42] der Verdrängung guter durch schlechte Qualitäten kann dabei so weit voranschreiten, daß der betreffende Markt ohne Gegenmaßnahmen zusammenbricht oder gar nicht erst konstituiert wird.[43]

---

[41] Vgl. Akerlof (1970).
[42] Vgl. Ernst (1990), S. 128.
[43] "For it is quite possible to have the bad (goods, M. H.) driving out the not-so-bad driving out the medium driving out the not-so-good driving out the good in such a sequence of events that no market exists at all." Akerlof (1970), S. 490.

In analoger Anwendung besitzen auch die auf dem Arbeitsmarkt als Verkäufer ihrer "Arbeitsleistungen" auftretenden Arbeitsuchenden einen gegenüber den Arbeitsnachfragern grundsätzlich höheren Informationsstand über die Qualität des von ihnen angebotenen "Produktes".[44] Folgerichtig sieht sich auch aus dieser Perspektive der Arbeitsmarkt erheblichen Funktionsschwierigkeiten ausgesetzt, so daß die Bildung von Arbeitsmärkten nicht ohne weiteres unterstellt werden darf. Vor diesem Hintergrund suchen Wirtschaftssubjekte nach Möglichkeiten, die aus der Qualitätsunsicherheit resultierenden hohen Transaktionskosten zu reduzieren. Sie haben deshalb verschiedene auf Arbeitsmärkten beobachtbare Verhaltensmuster ausgebildet, von denen nachfolgend einige ausgewählte veranschaulicht werden.

Eine vergleichsweise einfache Vorkehrung stellt das vertraglich vereinbarte *Rücktrittsrecht* dar, von dem die Transaktionsbeteiligten bei qualitativen „Überraschungen“ Gebrauch machen können. Auf dem Arbeitsmarkt wird diese Funktion von der *Probezeit* übernommen, während der die Vertragspartner sich gegenseitig besondere Kündigungsrechte und -fristen einräumen.[45] Eine solche vertragliche Übereinkunft muß allerdings nicht unbedingt transaktionskostengünstig sein, da die eingesparten Anpassungskosten durch die bei der Auswahl des nachfolgenden Vertragspartners wiederum anfallenden Anbahnungskosten kompensiert werden können.

Ein transaktionelles Arrangement, das auf die Reduzierung von bestehenden Qualitätsunsicherheiten abzielt, gleichzeitig aber den beschriebenen negativen Effekt vermeidet, wird unter dem Begriff der "Selbst-Selektion" diskutiert:[46] Sie funktioniert bei Zugrundelegung von Vertragskonditionen, die einen Vertragsabschluß für den potentiellen Transaktionspartner nur dann vorteilhaft werden lassen, wenn er die erwünschten Qualitätseigenschaften aufweist.[47] Soll mit Blick auf das transaktionskostenbegründete Interesse eines Arbeitgebers an langfristigen

---

[44] Der spiegelbildliche Blickwinkel, aus dem die Arbeitgeber besser über die non-pekuniären Eigenschaften der von ihnen "angebotenen" Arbeitsplätze informiert sind, soll hier unberücksichtigt bleiben, da bei dieser Betrachtung ein dem genau spezifizierbaren Lohn vergleichbares Äquivalent fehlt.

[45] Die Vereinbarung einer Probezeit ist im Arbeitsrecht eine gängige Regelung. Vgl. Brox (1989), S. 100.

[46] Vgl. hierzu grundlegend Salop/Salop (1976).

[47] Vgl. zur Anwendung dieses Mechanismus auf den Versicherungsmarkt auch den Beitrag von Rothschild/ Stiglitz (1976).

Vertragsbeziehungen ein Arbeitnehmer mit einer geringen Neigung zu häufigem Job-Wechsel selektiert werden, so ist den Vertragsaspiranten ein Arbeitsvertrag zu offerieren, der bei einem vergleichsweise niedrigen Anfangslohn erst im Falle längerer Betriebszugehörigkeit eine Steigerung der Entlohnung vorsieht. Diese Form der Vertragsgestaltung ist nur für denjenigen Arbeitsuchenden interessant, dem an einem stabilen Vertragsverhältnis gelegen ist; abweichend strukturierte Arbeitsuchende werden aus Eigeninteresse von einem Kontrakt zu diesen Bedingungen Abstand nehmen und sich selbst als potentielle Vertragspartner ausgrenzen.

Darüber hinaus weist das Vertragskonstrukt den Vorteil auf, "that it makes the firm relatively indifferent to the truth (about workers' quality being in concern, M. H.), since the firm no longer bears the onus of being wrong"[48]; dementsprechend ist der Mechanismus der Selbst-Selektion nicht nur "(a)nother technique of gathering information"[49], sondern dient den Arbeitgebern auch als ein Instrument des Risikotransfers. Insgesamt bleibt aber auch diese Methode der Reduzierung von Qualitätsunsicherheiten rudimentär, da mit ihrer Hilfe jeweils nur ein Ausschnitt des Qualitätsspektrums verifizierbar wird, in dem zuweilen wichtige Entscheidungsparameter fehlen können.

Die insofern nur in begrenztem Umfang bestehenden Möglichkeiten, Qualitätsunsicherheiten durch eine strategische Gestaltung der Vertragskonditionen zu reduzieren, werden durch das "screening" erweitert. Unter *screening* wird die Identifikation transaktionsrelevanter Qualitätseigenschaften von Gütern und Faktoren verstanden, die sich auf unterschiedliche, als "screening devices" bezeichnete Medien der intensiven Informationsbeschaffung stützt.[50] Da die Differenzierung nach disparaten Qualitäten bei dem als Erfahrungsgut kategorisierten Faktor Arbeit nicht durch eine direkte Beobachtung bewerkstelligt werden kann, haben sich entsprechende screening-Aktivitäten solcher Indikatoren zu bedienen, bei denen eine Korrelation zu den einschlägigen Qualitätseigenschaften zu vermuten ist:

---

[48] Salop/Salop (1976), S. 620.
[49] Ebenda.
[50] Vgl. zu dieser Nomenklatur Stiglitz (1975), S. 283. Wie oben dargestellt, zielt dieser Prozeß auf die Eindämmung von opportunistischem Verhalten vor und nach Vertragsabschluß ab.

Durch den Rekurs auf diese Indikatoren soll folglich eine Prognose über die matching-relevanten Qualitätsmerkmale möglich werden. Typische Beispiele solcher arbeitsmarktbezogenen, indikatorgestützten Prognoseüberlegungen sind "predictions of behavior or ability of an individual based on his caste, class, race, sex, organizational membership, religion, friends, possessions, personal appearance, or job."[51]

Die aus der prognostischen Nutzung von Indikatoren resultierenden ökonomischen Effekte werden unter dem Rubrum der "statistischen Diskriminierung" diskutiert.[52] Kennzeichnend für den Mechanismus der statistischen Diskriminierung ist, daß die mit einem Indikator assoziierten Qualitätsvoraussagen *allen* Merkmalsträgern attestiert werden: Die durch das Merkmal des betrachteten Indikators abgegrenzten Gruppen werden demzufolge als homogene Einheit interpretiert. Hieraus folgt, daß die indikatorfundierten, in bezug auf die Auswahl eines Transaktionspartners getroffenen "Einzelentscheidungen möglicherweise falsch, d. h. diskriminierend, jedoch in bezug auf die Gruppen wahrscheinlichkeitstheoretisch richtig"[53] sind.

Die Bedeutung der auf der Nutzbarmachung von Indikatoren basierenden screening-Aktivitäten liegt vornehmlich darin, daß sie etwa für die sie nutzenden Arbeitgeber mit sehr geringen Kosten verbunden sind, da die als Indikator fungierenden Merkmale relativ leicht beobachtet werden können; dementsprechend wird die Beurteilung eines Arbeitsuchenden auf der Grundlage der genannten Indikatoren auch als "cheap screening device" bezeichnet.[54] Den geringen Kosten der transaktionsunterstützenden screening-Aktivitäten steht allerdings auch nur ein sehr niedriger Ertrag der Gesamttransaktion gegenüber, da eine hierauf fußende Selektion nur wenig trennscharf sein dürfte und in der Konsequenz mit hoher Wahrscheinlichkeit einen suboptimalen Match bedingen wird. Dies gilt um so mehr, als das Risiko einer Fehlentscheidung mit steigender Gruppengröße und -varianz

---

[51] Akerlof (1976), S. 600.
[52] Vgl. u. a. Phelps (1972); Akerlof (1976), insbesondere S. 606 ff.; Aigner/Cain (1977).
[53] Priewe (1984a), S. 87. Diese Behauptung korrespondiert mit der Auffassung von Schwab (1986, S. 228, Fußnote 2), wonach in einem kompetitiven Umfeld nur eine statistische Diskriminierung Bestand haben kann, die wahrscheinlichkeitstheoretisch gerechtfertigt, also "wahr" ist.
[54] Vgl. Warner/Poindexter/Fearn (1980), S. 216; Marelli (1985), S. 120.

wachsen wird.[55] Mit Blick auf das hohe Transaktionsvolumen, das der Abschluß eines Arbeitsvertrages darstellt, kann eine solche Fehlentscheidung große Verluste bedeuten. Folglich können durch genauere Instrumente der intensiven Informationsbeschaffung deutliche Ertragszuwächse realisiert werden, die entsprechend höhere Informationskosten rechtfertigen.[56]

Eine Möglichkeit, die transaktionskostenreduzierende Wirkung des screening zu steigern, stellt das "signaling" dar. Unter *signaling* werden mit Spence all diejenigen Aktivitäten eines Anbieters von Gütern und Dienstleistungen verstanden, die den Nachfrager bei der Identifikation der produktbezogenen Qualitätseigenschaften unterstützen.[57] Es vermag die Trennschärfe des isoliert betriebenen screening bei der Identifikation der Qualitätsmerkmale von Arbeitnehmern zu erhöhen, indem es an dessen Schwäche ansetzt: der Heranziehung von Indikatoren, die von Spence als "Indizes" bezeichnet werden. Spence spezifiziert *Indizes* als beobachtbare, aber nicht willentlich veränderbare Attribute eines Gutes.[58]

Die Nicht-Beeinflußbarkeit der Attribute charakterisiert Spence als den entscheidenden Grund für die hohe Varianz der durch das entsprechende Charakteristikum abgegrenzten Gruppe der Güter oder Faktoren und der hierdurch verursachten transaktionsempfindlichen Fehler bei der Prognose transaktionsrelevanter Qualitätseigenschaften. Die Fehler können maßgeblich reduziert werden, wenn das screening nicht mehr an den unveränderlichen Indizes ausgerichtet wird, sondern sich an den von den Anbietern bewußt produzierten "Signalen" orientiert; damit letztere für die Qualitätsidentifikation effektiv sind, müssen sie jedoch bestimmten Bedingungen genügen.[59]

Um ihre transaktionskostenreduzierende Wirkung entfalten zu können, haben die als Signale verwendeten Attribute zunächst einmal für den Nachfrager im Rahmen

---

[55] Vgl. hierzu sowie zu einer allgemeinen Kritik der statistischen Diskriminierung Priewe (1984a), S. 87 f.
[56] "The hiring of an employee is a transaction analogous in size to the purchase of a car or even a house by a consumer and justifies substantial costs of search." Rees (1966), S. 561.
[57] In diesem Sinne kann auch die zuvor besprochene „Selbst-Selektion" den signaling-Aktivitäten untergeordnet werden, da der Arbeitsanbieter durch die Auswahl eines bestimmten Vertrages dem Arbeitsnachfrager seine matchingrelevanten Qualitätseigenschaften offenlegt.
[58] Vgl. hierzu Spence (1973), S. 357.
[59] Vgl. zum folgenden ebenda, S. 358 ff.

seiner screening-Aktivitäten mit geringem Aufwand beobachtbar zu sein. Ein zentrales Funktionserfordernis stellt darüber hinaus die Voraussetzung dar, daß die Kosten der "Produktion" des Signals negativ mit dem durch das Signal angezeigten Qualitätsniveau einer Qualitätseigenschaft korreliert sein müssen. Diese Vorkehrung ist notwendig, da ansonsten auch Anbieter von Gütern und Faktoren eines geringeren Qualitätsniveaus zur Stärkung ihrer Wettbewerbsposition das Signal produzieren würden. Als "Signalkosten" können dabei alle entscheidungsrelevanten Kosten fungieren, so daß hier neben rein pagatorischen Kosten auch Opportunitätskosten zu berücksichtigen sind. Schließlich haben signaltaugliche Attribute die Bedingung zu erfüllen, daß sie im "relevanten" Kostenbereich unterscheidbare Ausprägungen annehmen können.

Als Beispiel für ein Signal zur Identifizierung der Qualität, i. e. Produktivität, eines Arbeitsuchenden kann nach Spence die Investition in eine mit einem Zertifikat abschließende Ausbildung angesehen werden: Dieses Signal genügt den oben genannten Forderungen, da es im Rahmen des screening-Prozesses eines Arbeitsnachfragers leicht zu beobachten ist. In gleicher Weise entspricht das Signal auch der Notwendigkeit einer negativen Beziehung zwischen Signalkosten und Qualitätsniveau; denn es ist unmittelbar plausibel, daß "befähigtere" Arbeitsuchende ein Ausbildungszertifikat *schneller* (niedrigere Opportunitätskosten in Form eingesparter Zeit) und *mit einem geringeren intellektuellen Aufwand* (niedrigere "psychische" Kosten) erreichen können.[60] Schließlich dürften auch die mit der Produktion des Signals "zertifizierte Ausbildung" verbundenen Kosten in einem günstigen Verhältnis zum entsprechenden Ertrag stehen, wenn ersteren der diskontierte Wert der durch das Signal erhaltenen Beschäftigung gegenübergestellt wird.

Sollen abschließend Informationsmärkte als transaktionskostenreduzierendes Phänomen betrachtet werden, so ist das Spektrum der von den Wirtschaftssubjekten bei der Informationsbeschaffung gezeigten Verhaltensweisen zu erweitern. Wird grundsätzlich die Möglichkeit zugelassen, den Prozeß der Informationsbeschaffung auf Dritte zu delegieren, muß die Frage beantwortet werden, ob die für

---

[60] Vgl. hierzu auch Stiglitz (1975), S. 293 f. Das Konzept des signaling entspricht weitgehend der gedanklichen Logik der sog. Filtermodelle. Zur Filtertheorie siehe den grundlegenden Beitrag von Arrow (1973) sowie Möhle (1982), S. 15 ff.; Gerlach/Lorenz (1992), Sp. 177.

ein Engagement auf Güter- und Faktormärkten unabdingbaren Informationen durch eigene Anstrengungen eingeholt oder gekauft werden: Es erwächst mithin ein typisches "make-or-buy"-Problem,[61] das zugunsten des Kaufs entschieden wird, wenn dieser ceteris paribus kostengünstiger als die "Eigenfertigung" ist oder bei gleichem Preis der "Fremdbezug" einen höheren Informationswert aufweist, wobei letzterer etwa durch den Zuwachs des Zielbeitrags aufgrund der eingekauften Information gemessen werden kann.[62]

Grundsätzlich treten bei der durch dieses Kalkül begründeten Wahl der Kauf-Variante sowohl die Anbieter als auch die Nachfrager der originären Güter- und Faktormärkte auf dem Informationsmarkt als Nachfrager in Erscheinung, da ja gerade das Matching der beiden Marktteilnehmer die auf dem Informationsmarkt angebotene Leistung darstellt. *Daß* Informationsmärkte überhaupt in der Lage sind Transaktionskosten einzusparen, läßt sich durch Losgrößenvorteile begründen, die für die Anbieter von Informationsdienstleistungen die Spezialisierung auf die Informationsbeschaffung mit der hierdurch verursachten Effizienzsteigerung lohnend machen.[63]

Einmal installiert üben die Informationsmärkte einen erheblichen Einfluß auf die Marktergebnisse der Güter- und Faktormärkte aus. Für die Auswirkungen von Informationsmärkten auf den Arbeitsmarkt ist der zu beobachtende Effekt wichtig, daß "*(m)arkets with high costs of information may, as a result of intermediation, have better informed buyers than markets with low costs of information.*"[64] Dieses Phänomen basiert auf einem "Schwelleneffekt". Er liegt darin begründet, daß sich für Anbieter von Informationsdienstleistungen die Spezialisierung auf die Aktivität der Informationsbeschaffung erst bei den als Gewinnpotential fungierenden Transaktionskosten eines bestimmten Ausmaßes lohnt.[65] Wird dieser Grenzwert

---

[61] Vgl. hierzu auch Mag (1975), Sp. 1889.

[62] Vgl. zu dieser Definition des Informationswertes Mag (1990), S. 154 sowie zu einer Diskussion verschiedener Ansätze ebenda, S. 149 ff. Als Ziel kann z. B. aus Konsumentensicht angeführt werden, mit dem Transaktionspartner zu kontrahieren, der das gewünschte Produkt bei gleicher Qualität am preiswertesten oder bei gleichem Preis mit der höchsten Qualität anbietet, wenngleich sich dieser Ansatz in der konkreten Entscheidungssituation nur schwer operationalisieren lassen dürfte.

[63] Vgl. zum folgenden Ernst (1990), S. 172 ff.

[64] Hänchen/Ungern-Sternberg (1985), S. 408.

[65] Der Effekt verweist auf ein Theorem von Adam Smith, nach dem die beobachtete Arbeitsteilung eine Funktion der Größe des zugrunde liegenden Marktes ist (vgl. Williamson, 1990, S. 69). Der Schwelleneffekt selbst

aber überschritten, so werden die Transaktionskosten der Güter- und Faktormärkte deutlich reduziert, wodurch nachhaltig die Bedeutung der Institution *Informationsmärkte* für solche Märkte unterstrichen wird, die sich - wie Arbeitsmärkte - als Folge ihrer strukturellen Besonderheiten durch die Existenz hoher Transaktionskosten auszeichnen.

Unterschiedliche Charakteristika der originären Güter- und Faktormärkte führen schließlich auch dazu, daß auf Informationsmärkten unterschiedliche Methoden der Informationsbeschaffung zum Einsatz kommen. Die verschiedenen Techniken stehen dabei in einem mehr oder weniger stark ausgeprägten substitutiven Verhältnis zueinander. Konsequenterweise unterliegen die durch sie abgegrenzten Informationsmärkte einer kompetitiven Beziehung. Als Medien der zwischen Angebot und Nachfrage originärer Güter- und Faktormärkte tretenden Informationsvermittlung können u. a. Makler, Testzeitschriften, Zeitungsanzeigen, aber auch mündliche Empfehlungen dienen.[66] Mit der Maßgabe einer solchen Typologisierung kann auch der Markt für private Arbeitsvermittlung als ein Informationsmarkt interpretiert werden, der dem originären Faktormarkt für Arbeit vorgeschaltet ist. In welcher Weise Arbeitsvermittlung in der Lage ist, die als hoch ausgewiesenen Transaktionskosten des Arbeitsmarktes zu reduzieren, und aufgrund welcher Umstände sie gegenüber anderen Techniken der Informationsbeschaffung komparative Vorteile aufweist, wird im nächsten Gliederungspunkt eingehender betrachtet.

## 2. Der Markt für private Arbeitsvermittlung

Für die theoretische Grundlegung des Gutes *Arbeitsvermittlung* ist es wesentlich zu erhellen, warum Arbeitsvermittlung als informationsvermittelnder Intermediär des Arbeitsmarktes nachgefragt wird. Hierfür hilfreich ist die Abgrenzung der Arbeitsvermittlung zu den Informationsmärkten, zu denen sie in einem kompetitiven Verhältnis steht. Deshalb sieht dieses Kapitel zunächst die Beschreibung der verschiedenen informationsvermittelnden Intermediäre des Arbeitsmarktes vor. Im

---

ist von Ungern-Sternberg (1984, S. 41 ff., insbesondere S. 48 ff.) mit Hilfe einer modellgestützten, nach eigener Einschätzung allerdings "stark stylisierten Analyse" (ebenda, S. 55) nachgewiesen worden.

[66] Vgl. Hänchen/Ungern-Sternberg (1985), S. 407.

Anschluß wird auf der Basis der zuvor entwickelten Überlegungen ein allgemeines Rentabilitätskalkül aufgestellt, mit dessen Hilfe die ökonomische Vorteilhaftigkeit unterschiedlicher Informationsmärkte aufgedeckt werden kann. Das Kalkül ist schließlich für jeden einzelnen Intermediär zu konkretisieren, um so die relative ökonomische Bedeutung des Gutes Arbeitsvermittlung und damit letztlich ihre Legitimation nachzuweisen.

### a. Informationsmärkte als Such- und Rekrutierungskanäle

Auch auf dem Arbeitsmarkt können Informationsmärkte als ein transaktionskostensparender Intermediär fungieren, der zwischen Angebot und Nachfrage dieses speziellen Faktormarktes tritt. Demzufolge werden auf Informationsmärkten, sofern sie in den Matching-Prozeß eingeschaltet sind, all diejenigen Informationen gehandelt, die für das Zusammenführen von Angebot und Nachfrage des Arbeitsmarktes unabdingbar sind: Es sind Informationen über jene Kriterien, die oben für den Arbeitsmarktausgleich als wesentlich isoliert worden sind.[67] Wie unten noch zu zeigen sein wird, können sich dabei für verschiedene Teilarbeitsmärkte unterschiedliche Informationsmärkte als jeweils vorteilhaft herausstellen.

Wird der Matching-Prozeß des Arbeitsmarktes aus der Sicht der Informationsnachfrager, also aus der Perspektive der Arbeitsanbieter und –nachfrager, betrachtet, so können letztere über verschiedene *Kanäle* zueinander finden. Hierzu gehören sowohl die "unvermittelte" Kontaktaufnahme als auch die unterschiedlichen Informationsmärkte. Wie in der *Übersicht 3* ausgewiesen, erstrecken sich die Kanäle - je nachdem, wo die Initiative zur Informationsbeschaffung liegt - sowohl vom Arbeitsangebot zur Arbeitsnachfrage als auch in der umgekehrten Richtung; dementsprechend werden sie in *Such-* (angebotsseitige Perspektive) und *Rekrutierungskanäle* (nachfrageseitige Perspektive) differenziert.[68] Die Informationsmärkte - informelle Kanäle, Stellenanzeigen und Arbeitsvermittlung - werden zusammen mit dem nach wie vor bedeutsamen "Direktkontakt" sowohl in theoreti-

---

[67] Vgl. zu diesen Kriterien die der *Übersicht 2* zu entnehmende Dokumentation der matchingrelevanten Eigenschaften von Arbeitskräften und Arbeitsplätzen.

[68] Vgl. hierzu Blaschke (1987), S. 165; Deeke (1991), passim, insbesondere S. 67 ff.; Heidinger (1993), S. 69.

schen als auch empirischen Untersuchungen als die entscheidenden Informationskanäle des Matching auf dem Arbeitsmarkt dargestellt.[69] Sie sollen im folgenden in ihrer jeweiligen Erscheinungsform etwas schärfer konturiert werden, ohne hierdurch der unter C.I.2.c. vorzunehmenden Analyse vorzugreifen.

Übersicht 3: Informationskanäle auf dem Arbeitsmarkt

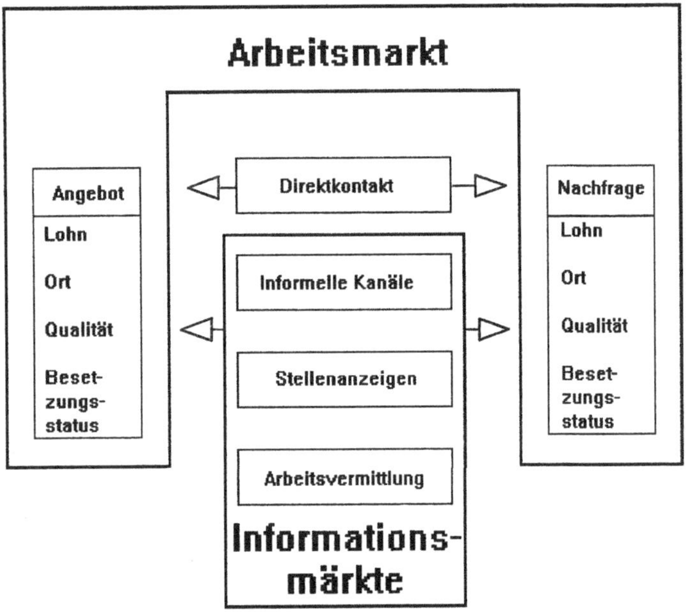


Der Informationskanal *Direktkontakt* umfaßt alle Bemühungen zur Suche bzw. Rekrutierung des jeweils komplementären Transaktionspartners, die ohne die Einschaltung eines Informationsvermittlers durchgeführt werden. Hierzu gehört die

[69] Vgl. Reid (1972), S. 479; Schiller (1975), S. 57; Rudolph (1984), S. 174; Deeke/Fischer (1986), S. 1 ff.; Deeke/Fischer (1987), S. 71 f.; Blaschke (1987), S. 166; Deeke/Fischer (1988), S. 74; Eberwein/Tholen (1990), S. 347 f.; Deeke (1991), S. 68 ff.; Walwei (1991a), S. 3. Einige Autoren weisen "Gewerkschaften" als einen eigenen, allerdings nur mit einer marginalen Bedeutung ausgestatteten Informationskanal aus, der aber - wie unten noch deutlicher werden wird - den informellen Kanälen untergeordnet werden kann. In ähnlicher Weise können die anderenorts genannten "Aushänge am Werkstor" den Direktkontakten subsumiert werden. Deeke/Fischer (1988, S. 74) unterscheiden u. a. die Kanäle "ehemalige Mitarbeiter", "Bewerbung aus wirtschaftlich verbundenem Betrieb", "Kunden/Geschäftspartner" und "Betriebsangehörige"; diese Such- und Rekrutierungswege machen aber gerade die informellen Kanäle aus. Vgl. hierzu weiter unten.

Kontaktaufnahme von Arbeitsuchenden mit verschiedenen Arbeitgebern, um die für ein potentielles Transaktionsverhältnis erforderlichen Informationen einzuholen. Das Aufsuchen der Arbeitgeber erfolgt dabei ohne jedwede Vorinformation, so daß der Direktkontakt auch als "Initiativbewerbung"[70] resp. "Bewerbung auf Verdacht"[71] bezeichnet wird. Alternativ zur unmittelbaren Kontaktierung des Arbeitgebers, die für den Arbeitsuchenden durch Aushänge am Werkstor vereinfacht werden kann, kann der Direktkontakt auch mit Hilfe einer schriftlichen oder telefonischen Kontaktaufnahme realisiert werden.[72] In einer hierzu analogen Weise kann auch ein Arbeitgeber potentielle Arbeitsuchende direkt kontaktieren; stehen diese zum Zeitpunkt der Kontaktaufnahme in einem anderen Arbeitsverhältnis, so erfüllt der Vorgang den Tatbestand der Abwerbung, der allerdings auch bei den übrigen Informationskanälen auftreten kann.[73]

Die *informellen Kanäle* werden als Informationsweg charakterisiert, indem sie von den formellen Kanälen abgegrenzt werden. Zu letzteren zählen neben den noch zu erwähnenden Stellenanzeigen und der Arbeitsvermittlung auch der Direktkontakt. Das maßgebliche Unterscheidungskriterium zwischen beiden ist, daß die formellen Informationskanäle - zumindest vom Grundsatz her - allen Informationsnachfragern zugänglich sind, während die informellen Kanäle nur personengebunden genutzt werden können. Der entscheidende Grund hierfür liegt darin, daß die informellen Informationskanäle mit den sozialen Netzwerken identisch sind, in denen sich der einzelne Arbeitsuchende befindet: Diese Netzwerke bezeichnen die lebensweltlichen, *auf ein spezielles Individuum konzentrierten* Beziehungsstrukturen, die eben durch ihre Individualität die Austauschbarkeit unterbinden.

Die personelle Basis der sozialen Beziehungsgeflechte bilden im wesentlichen Verwandte, Nachbarn und Bekannte, wozu insbesondere auch die durch die Mitgliedschaft in Organisationen konstituierten Beziehungen zählen. Über diese Informationsschiene kann der Arbeitsuchende Informationen über alle matchingrelevanten Eigenschaften der Arbeitsplätze gewinnen, die in den Betrieben, denen die

---

[70] Vgl. Walwei (1991a), S. 3.
[71] Vgl. Blaschke (1987), S. 165.
[72] Siehe zum Verhältnis von schriftlicher und telefonischer Bewerbung Scheib (1987), S. 75.
[73] Vgl. zum Problem der Abwerbung weiter unten C.II.2.a.i.

Individuen des sozialen Netzwerkes des Arbeitsuchenden angehören, als Vakanzen potentielle Beschäftigungschancen eröffnen. Auch die Arbeitgeber nutzen die informellen Kanäle als informationsvermittelnde Instanz, indem sie zur Rekrutierung sowohl auf die sozialen Netzwerke der Betriebsangehörigen als auch auf diejenigen von Kunden und Geschäftspartnern zurückgreifen; nach Manwaring wird dabei der der Nutzung der informellen Kanäle zugrunde liegende Personenkreis auch als "erweiterter interner Arbeitsmarkt" bezeichnet.[74] Obwohl die informellen Kanäle keinen (Informations)Markt im formalisierten Sinne darstellen, können sie in struktureller Hinsicht doch der Gruppe der Informationsmärkte zugeordnet werden, da auch hier - wie unten noch verdeutlicht werden wird - die Informationsvermittlung im Rahmen eines reziproken Austauschprozesses erfolgt.

*Stellenanzeigen* figurieren als ein Informationsmarkt im formalisierten Sinne: Als Informationsanbieter können die Herausgeber von Zeitungen und Zeitschriften gelten, in denen Stellenanzeigen geschaltet werden können; als Informationsnachfrager treten Arbeitsanbieter und -nachfrager in Erscheinung. Im Regelfall wird dabei der Arbeitsnachfrager die Stellenanzeige aufgeben, die den Arbeitsuchenden qua Erwerb des Trägermediums zur Kenntnis gelangt; möglich ist aber auch der umgekehrte Fall, in dem der Arbeitsuchende ein Stellengesuch zur Anzeige gibt. Der Inhalt der etwa von einem Arbeitgeber lancierten Stellenanzeige kann sich sowohl auf erwünschte funktionale als auch extra-funktionale Eigenschaften beziehen; dabei dürfte zwischen dem Detaillierungsgrad des dargestellten Anforderungsprofils und der Größe des sich aus der Anzeige ergebenden Bewerberpools eine reziproke Beziehung bestehen. Maßgeblich für die Güte des Pools, also für den Tatbestand, unter den erreichbaren Arbeitsuchenden möglichst den am besten geeigneten in der Bewerberschar zu haben, ist die Auswahl des richtigen Trägermediums für die Anzeige.[75] So wird die Anzeige zur Akquisition einer Führungskraft wegen der hohen Reichweite in einer überregionalen Zeitung zu plazieren sein, während die Anzeige zur Rekrutierung eines Arbeitnehmers für

[74] Vgl. Windolf/Hohn (1984), S. 139; Deeke (1991), S. 41 ff.
[75] Vgl. hierzu Nelson (1974), S. 734.

einfache, ausführende Tätigkeiten günstigerweise in einer lokalen Zeitung geschaltet wird, da ansonsten die im Vergleich zur erzielbaren Entlohnung hohen Mobilitätskosten zu einer geringen Ausbeute der Anzeige führen würden.

Schließlich stellt auch der Informationskanal *Arbeitsvermittlung* einen dem Arbeitsmarkt vorgelagerten Informationsmarkt dar, auf dem die Informationsanbieter professionelle Makler sind, die gegen Entgelt den Arbeitsmarktausgleich durchführen; dementsprechend figurieren als Informationsnachfrager auch hier Arbeitsanbieter und -nachfrager, die jeder für sich einen Arbeitsvermittler zum Ausfindigmachen des gewünschten Transaktionspartners beauftragen können. Neben informationsvermittelnden Maklern kann Arbeitsvermittlung auch in einer anderen Form in Erscheinung treten. Eine solche ist die *gewerbsmäßige Arbeitnehmerüberlassung*, die "als ein nahes Substitut der gewerbsmäßigen Arbeitsvermittlung angesehen werden"[76] kann.

Für den Einsatz der hier in aller Kürze skizzierten Informationskanäle gilt, daß er auch in kombinierter Form erfolgen kann.[77] So hat etwa auch der von einem Arbeitgeber eingeschaltete Arbeitsvermittler die Möglichkeit, zur extensiven Informationsbeschaffung auf den Informationskanal der Stellenanzeigen zurückzugreifen. Darüber hinaus können die Informationskanäle auch mit anderen transaktionskostensparenden Informationsbeschaffungstechniken verbunden werden, indem z. B. aus dem qua Stellenanzeige gewonnenen Bewerberpool durch den Einsatz von screening-Aktivitäten der am besten geeignete Arbeitsuchende selektiert wird. Welche Kombinationslösungen dabei letztendlich realisiert werden, kann als die schlichte Konsequenz der ökonomischen Vorteilhaftigkeit des jeweiligen transaktionellen Arrangements interpretiert werden.

---

[76] Walwei (1991b), S. 394. Im Gegensatz zur Arbeitsvermittlung, bei der ein Makler für das Zustandekommen eines Arbeitsvertrages zwischen Arbeitsanbieter und -nachfrager Sorge trägt, nimmt im Rahmen der Arbeitnehmerüberlassung der "Mittler" als Verleiher den Arbeitsuchenden als Leiharbeitnehmer selbst unter Vertrag, um letzteren dann dem als Entleiher auftretenden (originären) Arbeitsnachfrager zeitweilig gegen eine Entleihgebühr zur Verfügung zu stellen. Vgl. zur institutionellen Ausgestaltung der Arbeitnehmerüberlassung in der Bundesrepublik Deutschland den Beitrag von Becker (1992).

[77] Auf die prinzipiell bestehende Möglichkeit, verschiedene Methoden der Informationsbeschaffung miteinander zu verkoppeln, weist auch Mag (1975, Sp. 1889) hin.

### b. Zum Rentabilitätskalkül der Kanalwahl

Voraussetzung für die Notwendigkeit, Überlegungen zur relativen Vorteilhaftigkeit der unterschiedlichen Informationskanäle anstellen zu müssen, ist der Tatbestand, daß überhaupt ein Transaktionspartner über den externen Arbeitsmarkt gesucht wird. Dies bedeutet, daß nach Beendigung aller betriebsinternen personellen Umsetzungsprozesse Vakanzen verbleiben, die nicht aus dem betrieblichen Personalkörper besetzt werden können.[78]

Wenn im nächsten Gliederungspunkt die relativen Vorteile des Gutes Arbeitsvermittlung als transaktionskostensparendes Phänomen aufgezeigt werden, so muß dieser Analyse ein *umfassendes* ökonomisches Kalkül zugrunde gelegt werden. Die Prüfung der Vorteilhaftigkeit unterschiedlicher transaktioneller Arrangements darf sich dabei allerdings nicht allein auf die Transaktionskosten beschränken, wenn erstere auch die Produktionskosten beeinflussen.[79] Wird die ceteris-paribus-Bedingung darüber hinaus weiter aufgebohrt, so ist auch der Transaktionsertrag in die Betrachtung mit einzubeziehen, da die "Ertragsseite ... nämlich nicht unabhängig vom institutionellen Arrangement"[80] ist. Dementsprechend muß den weiteren Überlegungen das extensiv ausgelegte, in *Abbildung 2* dargestellte Entscheidungsmodell unterlegt werden, das den Modus zur Berechnung des Nettoertrages einer Transaktion sowie die Bedingung zur Auswahl des transaktionsgünstigsten Informationskanals ausweist.[81] Die dort aufgeführten Größen besitzen dabei für Arbeitsuchende und Arbeitgeber eine je unterschiedliche Bedeutung.

---

[78] Streng genommen muß über die hier vorgenommenen Betrachtungen hinaus auch die vom Arbeitgeber zu leistende Entscheidung, intern oder extern einen Arbeitsplatz zu besetzen, auf ein ökonomisches Entscheidungskalkül zurückgeführt werden (vgl. Klein, 1993, S. 60 ff.). Diese Möglichkeit wird vernachlässigt, da hier die relative Vorteilhaftigkeit der Arbeitsvermittlung gegenüber anderen Kanälen der externen Rekrutierung nachgewiesen werden soll.

[79] Vgl. hierzu noch einmal Williamson (1990), S. 69. Zur Veranschaulichung beispielhaft angeführt werden kann der Fall, in dem es mit dem alleinigen Blick auf die Überwachungs- und Kontrollkosten vorteilhaft ist, die Herstellung eines für die Qualität des Gesamtproduktes sensiblen Vorproduktes vertikal zu integrieren. Die Vorteilhaftigkeit dieser Organisationsweise kann kippen, wenn in einer erweiterten Betrachtung auch die Produktionskosten in das Kalkül einbezogen werden. Bedingung für die relative Vorteilhaftigkeit der alternativen Organisationsform ist, daß die als Folge von Skalen- und Verbundvorteilen geringeren Produktionskosten des Fremdbezugs zuzüglich der entsprechenden Transaktionskosten in der Summe niedriger sind als die Gesamtkosten der Eigenfertigung.

[80] Windsperger (1987), S. 65.

[81] Vgl. ähnlich Klein (1993, S. 70 f.), der allerdings eine von der hier gewählten abweichende Abgrenzung der einzelnen Variablen des Kalküls bemüht, die nach Auffassung des Verfassers zu Mißverständnissen führen kann.

Abbildung 2: Entscheidungsmodell zur Kanalwahl

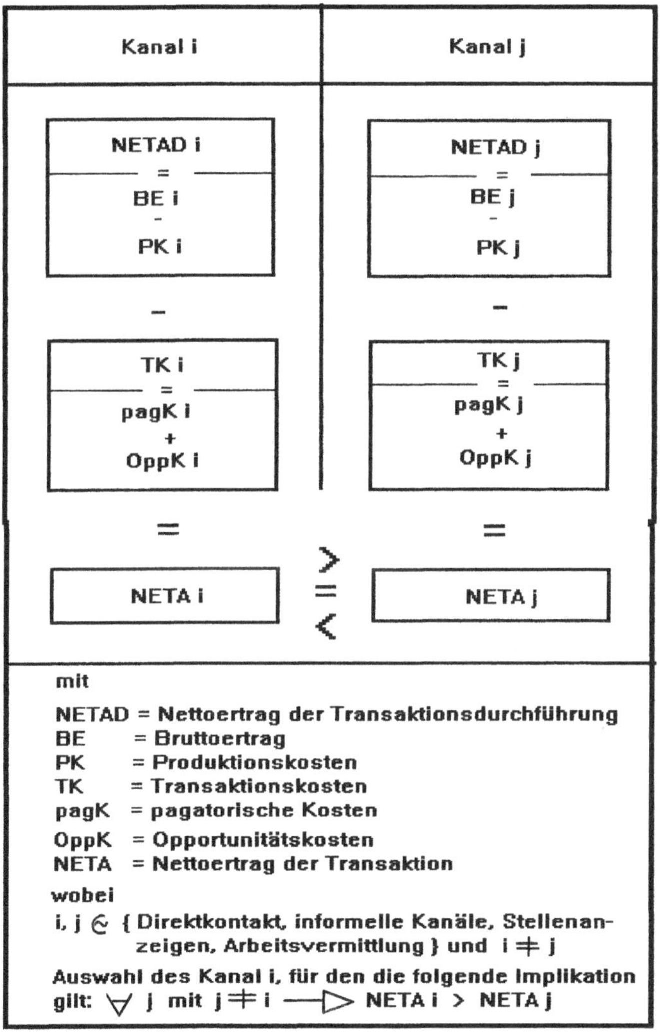

Für den *Arbeitsuchenden* entspricht der Bruttoertrag einer Transaktionsdurchführung am Arbeitsmarkt der mit der Beschäftigungsdauer gewichteten Entlohnung, die der Arbeitsuchende auf dem durch einen bestimmten Informationskanal gefundenen Arbeitsplatz erhält. Als "Produktionskosten" der Transaktionsdurchführung kann aus der Sicht des Arbeitnehmers u. a. das "Arbeitsleid" gelten, das mit der Ausübung der jeweiligen Beschäftigung verbunden ist. Beide Größen können in je unterschiedlicher Weise von den diversen Informationskanälen beeinflußt werden. So hängt der zeitgewichtete Bruttoertrag u. a. davon ab, wie schnell die neue Beschäftigung durch die einzelnen Informationskanäle gefunden wird. Dabei sind die individuell zu erleidenden Ertragseinbußen im Sinne einer Reduktion des Bruttoertrages um so höher, einen je längeren Zeitraum der Matching-Vorgang in Anspruch nimmt: Sie stellen sich bei Arbeitslosen in Höhe der mit der erzielbaren Entlohnung abzüglich einer eventuell erhaltenen Arbeitslosenunterstützung multiplizierten Suchdauer ein, während sie bei Beschäftigten durch das Produkt von Suchdauer und der Differenz zwischen erreichbarer und aktueller Entlohnung beziffert werden können.

Die Länge der Suche wird im wesentlichen durch drei Faktoren bestimmt, die Warner/Poindexter/Fearn einem Modell zugrunde gelegt haben, "that combines both the demand- and the supply-side forces"[82]. Bei diesen Einflußgrößen handelt es sich um die Zahl der Vakanzen $\Theta$, die der Arbeitsuchende pro Zeitintervall kontaktiert, die Wahrscheinlichkeit $\delta$, daß das eine Vakanz aufweisende kontaktierte Unternehmen dem Arbeitsuchenden ein Angebot unterbreitet, sowie die Wahrscheinlichkeit $\alpha$, daß der Arbeitsuchende dieses Angebot annimmt; dabei wird die Frequenz $\mu$ eines akzeptierten Angebots, i. e. die Zahl der pro Zeiteinheit abgeschlossenen Arbeitsverträge, durch das Produkt dieser Faktoren bestimmt, so daß gilt: $\mu = \Theta * \delta * \alpha$. Dementsprechend läßt sich die Dauer D der Suche als Kehrwert der Frequenz ermitteln, so daß sich für sie ergibt: $D = 1 / \mu$.[83] Für den hier interessierenden Zusammenhang ist dabei entscheidend, daß alle drei Faktoren durch die Wahl des jeweiligen Informationskanals beeinflußt werden.

[82] Warner/Poindexter/Fearn (1980), S. 213.
[83] Vgl. hierzu ebenda, insbesondere S. 214 ff.

Darüber hinaus wirkt die Wahl des Informationskanals sowohl auf den Bruttoertrag als auch auf die Produktionskosten, indem sie für die "Güte" eines Matches maßgeblich ist. Hierunter ist zu verstehen, daß es von der Wahl des Informationskanals abhängen kann, ob der realisierte Match tatsächlich der mit der potentiell höchsten Entlohnung ist, was entscheidend für den Bruttoertrag ist. Nach dem gleichen Muster können die non-pekuniären Eigenschaften des neuen Arbeitsplatzes kanalabhängig sein, was nach der oben vorgenommenen Abgrenzung die "Produktionskosten" des Arbeitsuchenden beeinflussen wird.

Die für den Arbeitsuchenden mit Blick auf die verschiedenen Informationskanäle in je unterschiedlicher Weise resultierenden Transaktionskosten setzen sich sowohl aus pagatorischen als auch aus Opportunitätskosten zusammen. Die pagatorischen Kosten sind dabei mit jenen Geldaufwendungen gleichzusetzen, die für die Nutzung des jeweiligen Informationskanals zu entrichten sind. Die Opportunitätskosten können mit der lohngewichteten Zeit identifiziert werden, die vom Arbeitsuchenden - abhängig vom jeweiligen Informationskanal - in unterschiedlichem Ausmaß in den Matching-Prozeß eingebracht werden muß und die somit als Freizeit nicht mehr zur Verfügung steht.[84]

In analoger Weise lassen sich die in *Abbildung 2* verwendeten Variablen auch für den *Arbeitgeber* näher spezifizieren. Als Bruttoertrag einer Transaktionsdurchführung am Arbeitsmarkt kann für den Arbeitgeber das mit der Beschäftigungsdauer gewichtete Wertgrenzprodukt des unter Vertrag genommenen Arbeitnehmers gelten, der hierdurch einen Zielbeitrag zum Unternehmensergebnis leistet. Als Produktionskosten ist hiervon der dem Arbeitnehmer zugedachte Lohn abzusetzen. Ähnlich wie bei den Arbeitsuchenden werden beide Größen auch bei den Arbeitgebern durch die Informationskanäle in unterschiedlicher Weise beeinflußt. Dementsprechend erleidet auch der Arbeitgeber bei länger dauernden Matching-Prozessen einen mit der Dauer zunehmenden Ertragsausfall, der sich bei einer Vakanz auf dem Niveau des mit der Rekrutierungsdauer multiplizierten Zielbeitrags des betreffenden Arbeitsplatzes bewegt, während er sich bei einem suboptimal besetzten Arbeitsplatz als Produkt von Matching-Dauer und der konjektura-

---

[84] Vgl. Klein (1993), S. 65 f.

len Produktivitätsdifferenz zwischen potentiellem und aktuellem Arbeitnehmer ergibt. Zur Bezifferung der Suchdauer kann auch in diesem Fall auf das Modell von Warner/Poindexter/Fearn zurückgegriffen werden, da es - wie erwähnt - als ein sich auf Angebots- und Nachfrageseite beziehender Ansatz konstruiert worden ist. Schließlich werden auch bei den Arbeitgebern die beiden Komponenten des Nettoertrages der Transaktionsdurchführung durch die "Güte" des realisierten Matches beeinflußt, indem sie variieren, wenn durch einen Informationskanal etwa nicht der produktivste der potentiell erreichbaren Arbeitnehmer bzw. bei gleicher Produktivität nicht der Arbeitsuchende mit den geringsten Lohnforderungen selektiert wird.

Auch für die Arbeitgeber lassen sich die durch das Matching bedingten Transaktionskosten in eine pagatorische und eine Opportunitätskomponente unterteilen. Erstere entsprechen wiederum dem Cash-flow, der zur Nutzung eines Informationskanals aufgebracht werden muß. Als Opportunitätskosten können sämtliche innerbetrieblichen Ressourcen angesehen werden, die dem Rekrutierungsprozeß gewidmet werden müssen.[85] Hierzu gehören marginale Aufwendungen wie etwa die Botendienste zur Weiterleitung eingehender Bewerbungen an die zuständige innerbetriebliche Stelle, insbesondere - so vorhanden - die Ressourcen zum Unterhalt der Personalabteilung sowie auch alle übrigen Aufwendungen, die bis zur Personalentscheidung durch den hierzu autorisierten dispositiven Faktor anfallen.[86] Entscheidend ist auch hier, daß beide Kostenarten mit Blick auf die unterschiedlichen Informationskanäle variabel sind.

Auf der Grundlage der hier vorgenommenen Spezifizierung der entscheidungsrelevanten Kostengrößen können sowohl Arbeitsuchende als auch Arbeitgeber den jeweils transaktionsgünstigsten Informationskanal auswählen: Dies wird der Kanal sein, der den in *Abbildung 2* ausgewiesenen Nettoertrag der Transaktion maximiert. Als Referenzgröße fungiert dabei der Informationskanal "Direktkontakt", der die "make-Variante" der hier zu treffenden Entscheidung darstellt: Ist der bei Nut-

---

[85] Vgl. Klein (1993), S. 67.

[86] In komplexen Unternehmungen können Personalentscheidungen - jeweils abhängig von der Tragweite - von unterschiedlichen hierarchischen Ebenen getroffen werden. So ist vorstellbar, daß nachrangige Personalentscheidungen wie die Einstellung eines Boten zur Einsparung innerbetrieblicher Transaktionskosten in der Hierarchie delegiert werden.

zung dieses Informationskanals sich einstellende Nettoertrag der Transaktion positiv, so wird sie in jedem Fall durchgeführt. Als Informationskanal wird entsprechend dem obigen Maximierungskalkül derjenige ausgewählt, der gegenüber diesem Bezugspunkt die größte erwartete Ertragssteigerung aufweist.

Bei der Anwendung des hier vorgestellten Kalküls zur Wahl des Informationskanals ist schlußendlich zu beachten, daß auch die in diesem Zusammenhang zu treffende Entscheidung eine Entscheidung unter Unsicherheit ist. Dies bedeutet, daß sowohl Arbeitsuchende als auch Arbeitgeber die Werte der ihrem Entscheidungsmodell zugrunde liegenden Variablen prognostisch zu schätzen haben. Eng hiermit verbunden ist der Umstand, daß der zur Suche/Rekrutierung ausgewählte Informationskanal nicht mit dem Kanal identisch sein muß, aufgrund dessen der Match letztendlich zustande kommt. So kann etwa der Fall eintreten, daß für einen Arbeitgeber nicht die von der eingeschalteten Arbeitsvermittlung vorgeschlagenen Bewerber, sondern eine zeitgleich auf dem Kanal "Direktkontakt" eingegangene Bewerbung die optimale Alternative zur Besetzung seiner Vakanz darstellt. Voraussetzung hierfür ist allerdings, daß sowohl Arbeitsuchende als auch Arbeitgeber nicht nur auf dem initiativ erwählten, sondern auch auf allen übrigen Informationskanälen "empfangsbereit" sind.

### c. Arbeitsvermittlung im Wettbewerb der Informationskanäle

Auf der Grundlage des zuvor abgeleiteten Rentabilitätskalküls zur Kanalwahl soll nunmehr die Theorie der Arbeitsvermittlung durch den Nachweis abgeschlossen werden, in welcher Weise und unter welchen Bedingungen Arbeitsvermittlung im Wettbewerb der Informationskanäle als transaktionsgünstigster Intermediär des arbeitsmarktlichen Matchings zum Einsatz kommt.[87] Da als Folge nicht überwindbarer Schwierigkeiten der Operationalisierung ein bloßes Einsetzen der disparaten Schätzwerte in das Kalkül nicht in Betracht kommt, soll hierbei so vorgegangen

---

[87] Die mitunter, insbesondere von Soziologen vertretene Auffassung, "daß das ökonomische Kalkül mit der beobachtbaren Arbeitsplatzsuche nur sehr wenig oder auch gar nichts zu tun hat" (Habich, 1987, S. 147), bezieht sich auf die ersten rudimentären Entwürfe der neoklassisch ausgerichteten Informationsökonomik und geht mit Blick auf den hier zugrunde gelegten, durch Integration der Transaktionskosten elaborierten Ansatz fehl.

werden, daß lediglich die spezifischen Vorzüge der einzelnen Informationskanäle bei den jeweiligen Variablen isoliert werden. Durch die Ableitung situationsabhängiger relativer ökonomischer Vorteile wird der Versuch unternommen, ein differenziertes Bild über den Einsatz der Informationskanäle zu gewinnen, das durch - allerdings nur vereinzelt vorhandene - empirische Ergebnisse untermauert wird. Dort, wo theoretisch die Konstituierung eines Marktes für Arbeitsvermittlung zu erwarten ist, muß sich der empirische Nachweis auf solche Länder beschränken, in denen die Entstehung eines Vermittlungsmarktes als Folge der Absenz staatlicher Verbote grundsätzlich möglich ist.

Mit Blick auf das Rentabilitätskalkül entfaltet der Informationskanal *Direktkontakt* für Arbeitsuchende relative Vorteile im Bereich der pagatorischen Transaktionskosten, da hier - wahlweise - nur geringe Reise- oder Telefonkosten bzw. Kosten für die Anfertigung schriftlicher Bewerbungsunterlagen anfallen, wobei letztere i. d. R. auch bei anderen Informationskanälen auftreten werden. Diesen Kostenvorteilen sind allerdings vergleichsweise höhere Opportunitätskosten gegenzurechnen, die als Folge der zeitintensiven "Eigensuche" virulent werden.

Darüber hinaus wird der hier betrachtete Informationskanal von Arbeitsuchenden geschaltet werden, wenn hierdurch ceteris paribus relative Vorteile beim Bruttoertrag der Transaktionsdurchführung möglich sind. Dementsprechend kann erwartet werden, daß von Arbeitsuchenden eine Initiativbewerbung relativ häufiger an größere Betriebe gerichtet wird, da hier die Chance auf eine adäquate Vakanz und damit die Wahrscheinlichkeit höher ist, als Antwort auf die Bewerbung ein Arbeitsangebot zu erhalten. In gleicher Weise impliziert der Informationskanal Direktkontakt insbesondere für Arbeitslose eine relative Erhöhung der Wahrscheinlichkeit, ein Arbeitsangebot zu erhalten, da die durch den Direktkontakt gezeigte Initiative von den Arbeitgebern als positives Signal für das Ausmaß an Arbeitsbereitschaft und Selbständigkeit gewürdigt wird;[88] hierdurch kann es den arbeitslosen Arbeitsuchenden gelingen, das durch den Status der Arbeitslosigkeit ausge-

---

[88] In dieser Hinsicht dürfte die oben aufgestellte Bedingung erfüllt sein, daß die Qualität eines Gutes negativ mit den Signalkosten korreliert ist; denn es ist unmittelbar einsichtig, daß die Entfaltung der hier in Rede stehenden Initiative für arbeitsunwillige resp. unselbständige Arbeitsuchende mit höheren psychischen Kosten verbunden ist.

sandte negative Signal zu kompensieren.[89] Beide theoretisch erwartbaren Phänomene – die relative Vorteilhaftigkeit des Informationskanals Direktkontakt für die Rekrutierungsbemühungen von größeren Betrieben und die Suchbemühungen von Arbeitslosen – werden dabei durch eine vom IAB und dem Bundesinstitut für berufliche Bildung durchgeführte Untersuchung bestätigt, die abhängig Beschäftigte danach befragten, wie sie ihren gegenwärtigen Arbeitsplatz gefunden haben.[90]

In ähnlicher Weise eröffnet der Informationskanal Direktkontakt auch Arbeitgebern relative Vorteile, indem er auch für diese nur geringe pagatorische Transaktionskosten bedeutet. Lohnend ist die Einschaltung dieses Kanals aber nur bei einer vergleichsweise hohen Wahrscheinlichkeit, daß das einem Arbeitsuchenden offerierte Arbeitsangebot auch akzeptiert wird. Aus diesem Grunde werden im wesentlichen solche Arbeitsuchende direkt kontaktiert, die sich auf der sog. "Vormerkliste" befinden.[91] Hierbei handelt es sich um Arbeitsuchende, die ihrerseits das betreffende Unternehmen initiativ kontaktiert haben, denen zum Zeitpunkt ihrer Bewerbung mangels Vakanzen aber kein Arbeitsangebot unterbreitet werden konnte.

Insgesamt führen diese Überlegungen dazu, daß der Direktkontakt im Konzert der unterschiedlichen Informationskanäle einen nicht-marginalen "Marktanteil" aufweist. Dies läßt sich durch eine repräsentative Betriebsbefragung belegen, die Deeke/Fischer im Arbeitsamtsbezirk Dortmund durchgeführt haben.[92] Im Rahmen der Befragung sind sowohl die von den Betrieben eingeschalteten als auch derjenige Informationskanal untersucht worden, durch den letztendlich der tatsächliche

---

[89] Die negative Signalwirkung folgt aus der Interpretation von Arbeitslosigkeit als eines Indizes dafür, auch andere Arbeitgeber seien an der betreffenden Arbeitskraft nicht interessiert. Dementsprechend wird sich die "Stärke" des negativen Signals positiv mit der Dauer der Arbeitslosigkeit verändern. Hieraus folgt, daß auf diesen Effekt insbesondere die Integrationsprobleme der Langzeitarbeitslosen zurückgeführt werden können. Vgl. hierzu Heidinger/Kasprzok (1992), S. 39 f.; Bach (1992), S. 161 f.; Bach/Henning (1993), S. 221 ff.

[90] Vgl. Blaschke (1987), insbesondere S. 170 und 173.

[91] Vgl. hierzu Deeke/Fischer (1986), S. 24.

[92] Vgl. zum Untersuchungsdesign dieser empirischen Recherche ebenda, S. 11 ff.

Match zustande gekommen ist. In der letztgenannten Kategorie hat sich dabei die folgende Marktaufteilung ergeben:[93]

| | |
|---|---|
| Informelle Kanäle: | 35,4 %, |
| Arbeitsvermittlung: | 25,3 %, |
| Stellenanzeige: | 24,1 %, |
| Direktkontakt: | 15,2 %. |

Die Erwartung eines nicht-marginalen Marktanteils für den Informationskanal *Direktkontakt* wird somit bestätigt.[94]

Die *informellen Kanäle* stellen empirisch das bedeutendste informationsvermittelnde Medium des Arbeitsmarktes dar. Dies kann auf die exorbitanten Vorteile zurückgeführt werden, die die Nutzung dieses Informationskanals in bestimmten Arbeitsmarktsegmenten sowohl für Arbeitsuchende als auch für Arbeitsnachfrager aufweist. Die ökonomischen Vorteile erwachsen zunächst einmal daraus, daß bei der Einschaltung dieses Kanals für beide keine pagatorischen Kosten anfallen.

Darüber hinaus resultieren für die Arbeitgeber aus der Nutzung dieses Rekrutierungskanals vergleichsweise geringe Opportunitätskosten, da die informellen Kanäle nicht nur der extensiven Informationsbeschaffung dienen, sondern gleichzeitig auch selektiv im Sinne des betrieblichen Anforderungsprofils wirken und so die der Bewältigung selektiver Aufgaben gewidmeten betrieblichen Ressourcen entlasten. Dies kann gelingen, da der hier untersuchte Kanal vor allem zur Rekrutie-

---

[93] Vgl. Deeke/Fischer (1988), S. 74. Bei den Zahlen ist zu beachten, daß sich die Anteile zu 100 % zu ergänzen haben, da jeweils nur ein Kanal für den letztlich realisierten arbeitsmarktlichen Match verantwortlich ist. Als Folge der zum Zeitpunkt der Untersuchung gültigen Rechtssituation ist der auf den Informationskanal Arbeitsvermittlung fallende Marktanteil ausschließlich der öffentlichen Arbeitsvermittlung der Bundesanstalt für Arbeit zuzuordnen. Schließlich setzen sich die informellen Kanäle - wie in Fußnote 69 dieses Abschnitts bereits angedeutet - aus mehreren Facetten zusammen, die sich aber auch nach Auffassung von Deeke/Fischer zu den informellen Kanälen zusammenfassen lassen. Vgl. zu letzterem ebenda, S. 75.

[94] Dem mit Hilfe der zitierten Studie geführten empirischen Nachweis könnte entgegnet werden, daß er auf Zahlen basiert, die zur Zeit des noch bestehenden Vermittlungsmonopols erhoben worden sind. Die gewählte Vorgehensweise läßt sich gleichwohl mit dem Hinweis verteidigen, daß es hier um die relative Vorteilhaftigkeit der verschiedenen Informationskanäle zueinander geht. Wegen der funktionellen Ähnlichkeit von privater und öffentlicher Arbeitsvermittlung läßt sich vermuten, daß sich diese Anteile in unterschiedlichen Vermittlungssystemen auf einem vergleichbaren Niveau bewegen. Diese Vermutung wird gestützt durch Zahlen, die 1987 in Großbritannien, einem Land mit koexistenter privater und öffentlicher Arbeitsvermittlung, gemessen worden sind. Hiernach beträgt der Anteil der informellen Kanäle 32%, der Anteil der Stellenanzeigen 23%. Der Anteil des Informationskanals Direktkontakt ist in der betreffenden Studie nicht explizit ermittelt worden. Vgl. Butler/Walwei (1995), S. 260.

rung von Arbeitnehmern für einfache repetitive Tätigkeiten genutzt wird. Solche Tätigkeiten erfordern weniger eine formale Qualifikation als vielmehr extrafunktionale Qualitäten wie eine sich in niedrigen Absenzquoten ausdrückende hohe Zuverlässigkeit sowie eine für das Ertragen der monotonen Arbeitsabläufe notwendige große Belastbarkeit. Die sich in diesen Eigenschaften manifestierende Arbeitsproduktivität wird durch die Verwendung der informellen Kanäle sichergestellt, da mit den Arbeitgebern davon ausgegangen werden kann, daß die aus den sozialen Netzen der Beschäftigten stammenden Arbeitsuchenden ähnliche Lebens- und Arbeitseinstellungen aufweisen werden. Außerdem würden produktivitätsschädliche Nachlässigkeiten der betriebsneuen Arbeitnehmer von den dienstälteren sofort diszipliniert werden, da sich letztere als "empfehlende Instanz" für die Leistung der informell Rekrutierten verantwortlich fühlen, indem sie die Möglichkeit, gerade in Zeiten einer angespannten Arbeitsmarktsituation Verwandten und Bekannten eine Arbeitschance eröffnen zu können, als Gratifikation der Betriebsführung auffassen. Schließlich werden Arbeitgeber in der Lage sein, durch den Zugriff auf die informellen Kanäle Vakanzen schnell zu besetzen. Hierfür verantwortlich ist nicht nur die multiplikative Wirkung der sozialen Netze, die den Kontakt zu einer hohen Zahl von Arbeitsuchenden ermöglichen. Maßgeblich ist darüber hinaus die vergleichsweise große Wahrscheinlichkeit, daß der von einem Betriebsangehörigen empfohlene Arbeitsuchende das offerierte Arbeitsangebot auch annimmt.[95]

Auch für die Arbeitsuchenden weisen die informellen Kanäle über die Einsparung pagatorischer Transaktionskosten hinausgehende Vorteile auf. So werden Bekannte/Verwandte über die Arbeitssituation im betreffenden Betrieb i. d. R. unverzerrte Informationen liefern, so daß die Arbeitsuchenden ihre hieraus resultierenden "Produktionskosten" besser taxieren und zum ausgelobten Lohn ins Verhältnis setzen können; außerdem fallen hierbei nur geringe Opportunitätskosten an, da der Informationsaustausch regelmäßig während des Vollzugs von Freizeitakti-

[95] Vgl. Windolf/Hohn (1984), S. 139 ff.; Deeke (1991), S. 73 f.

vitäten erfolgt.[96] Möglich ist die Nutzung informeller Kanäle für Arbeitsuchende allerdings nur, wenn vorher in "soziales Kapital"[97] investiert worden ist.

Die aus diesen Überlegungen ableitbaren Implikationen werden weitgehend durch die vorliegenden empirischen Untersuchungen unterstützt. Sie zeigen, daß die relativen ökonomischen Vorteile der informellen Kanäle vor allem beim Matching innerhalb jenes Arbeitsmarktsegments wirksam werden, in dem die Produktivität der Arbeitnehmer im wesentlichen durch deren extra-funktionale und weniger durch deren formal-funktionale Qualifikationen bestimmt wird. Dementsprechend präsentiert die bereits erwähnte, von IAB und Bundesinstitut durchgeführte Studie als Ergebnis, daß Arbeiter relativ häufiger als Angestellte ihren Arbeitsplatz durch die Nutzung informeller Kanäle erhalten haben. Mit Blick auf die unterschiedlichen Tätigkeitsfelder besitzen erwartungsgemäß die informellen Kanäle für die Berufe eine besondere Bedeutung, die nicht durch formal Qualifizierte, sondern vor allem durch Ungelernte ausgeübt werden, wie dies etwa für Lager- und Transportarbeiter, Maschinisten, Reinigungsberufe sowie andere Hilfsarbeitertätigkeiten gilt. Hiermit korrespondierend hat die Studie außerdem erhellt, daß die informellen Kanäle vornehmlich für die Wirtschaftszweige von Relevanz sind, in denen Hilfsarbeiter in großer Zahl beschäftigt werden.[98] Die eingangs behauptete Dominanz der informellen Kanäle läßt sich mit Hilfe der oben aufgeführten Untersuchung von Deeke/Fischer bestätigen, nach der jene einen Marktanteil von 35,4 % aufweisen.[99]

Das Schalten von *Stellenanzeigen* ist für Informationsnachfrager mit erheblichen pagatorischen Kosten verbunden. Dies sind für den eine Stellenanzeige aufgebenden Arbeitgeber die z. T. massiven Gebühren, die an den als Informationsanbieter auftretenden Herausgeber einer Zeitung/Zeitschrift abzuführen sind und deren Höhe von der "Reichweite" des Trägermediums abhängig ist. Trotz der hohen

96 Vgl. Windolf/Hohn (1984), S. 140.

97 Mit dem Begriff des "sozialen Kapitals" beschreibt Bourdieu (1983) solche Beziehungsgeflechte, die in den Dienst der Verfolgung marktlicher Interessen gestellt werden können.

98 Vgl. Blaschke (1987), S. 166 ff.

99 Siehe oben. Wie bereits anhand der bisher angestellten Betrachtungen deutlich geworden sein dürfte, ist das Ergebnis einer solchen Anteilsrecherche streng von der Wirtschaftsstruktur der untersuchten Region abhängig. Die in Großbritannien durchgeführte, oben bereits zitierte Studie weist den informellen Kanälen einen Marktanteil von 32 % zu. Vgl. Fußnote 94 in diesem Abschnitt.

Kosten ist das Schalten von Stellenanzeigen für Arbeitgeber in bestimmten Arbeitsmarktsegmenten lohnend, da der Informationskanal insbesondere bei der extensiven Informationsbeschaffung relative ökonomische Vorteile aufweist. Sie sind darin begründet, daß der Erwerb der Trägermedien der Anzeige für Arbeitsuchende nur geringe Kosten bedeutet, so daß als Reaktion auf eine Stellenanzeige regelmäßig mit einer hohen Frequenz an Bewerbungen gerechnet werden kann. Dies führt nicht nur zu einer sich positiv auf den Bruttoertrag auswirkenden Verkürzung der Rekrutierungsdauer, sondern erhöht auch die Wahrscheinlichkeit, im Arbeitskräftepool den produktivsten der potentiell erreichbaren Arbeitsuchenden zu haben. Dieser Vorzug muß allerdings durch hohe, in Form von Opportunitätskosten virulent werdende Transaktionskosten bei der intensiven Informationsbeschaffung "bezahlt" werden, da durch den Einsatz verschiedener, dem jeweiligen Selektionsproblem angemessener Instrumente der Personalauswahl aus dem zahlenmächtigen Bewerberpool der bestgeeignete Aspirant zu separieren ist.[100] Dies wiederum kann sich ökonomisch nur rechnen, wenn hierdurch eine entsprechende Steigerung des Bruttoertrags der Transaktionsdurchführung realisiert werden kann; eine solche läßt sich kalkulieren, wenn wegen der hohen Wertschöpfung des zu besetzenden Arbeitsplatzes bei einer bestimmten Varianz entsprechend große *absolute* Ertragsdisparitäten das Sample charakterisieren.

Die relativen Vorteile des Informationskanals Stellenanzeigen für Arbeitsuchende liegen im Umstand, daß er - wie erwähnt - mit äußerst niedrigen pagatorischen Kosten verbunden ist; gleichzeitig ist dieser Kanal nur mit geringen Opportunitätskosten belastet, da hier lediglich die Zeit zum Anfertigen der schriftlichen Bewerbung in Ansatz zu bringen ist. Ein größeres Zeitkontingent beansprucht dahingegen die Wahrnehmung eines Vorstellungsgesprächs. Die hierdurch verursachten Kosten werden allerdings durch eine höhere Wahrscheinlichkeit, ein Arbeitsangebot zu erhalten, kompensiert, da eine Einladung bedeutet, daß der Arbeitsuchende die ersten Selektionsstufen der Personalauswahl erfolgreich durch-

---

[100] Zu den Instrumenten der Personalauswahl gehören die Analyse der Bewerbungsunterlagen, der Einsatz biographischer Fragebögen und graphologischer Gutachten, die Durchführung von Tests und (Kommunikations)Übungen, das Anfertigenlassen von Arbeitsproben, das Einholen von Referenzen, bei Bedarf eine medizinische Untersuchung, Assessment-Center sowie vor allem das Vorstellungsgespräch, das wegen seiner empirischen Bedeutung auch als "Königsweg" der Personalauswahl bezeichnet wird. Vgl. Finzer/Mungenast (1992), Sp. 1586 ff.

laufen hat. In diesem Zusammenhang wird die Chance, zu einem Vorstellungsgespräch geladen zu werden, deutlich erhöht, wenn der Arbeitsuchende sich nur auf solche Stellenanzeigen bewirbt, deren formales Anforderungsprofil in hohem Maße mit seinem Qualifikationsprofil korrespondiert. Hierbei gilt, daß Arbeitsuchenden insbesondere Informationen über die formalen Anforderungen eines Arbeitsplatzes durch Stellenanzeigen kostengünstig zugänglich gemacht werden können. Mit höheren Kosten ist der Informationskanal für Arbeitsuchende verbunden, wenn sie selbst ein Stellengesuch schalten. Aber auch dies kann sich im Einzelfall rentieren, da die hierdurch dokumentierte Initiative - ähnlich wie beim Direktkontakt - von Arbeitgebern als ein positives Signal für eine hohe Arbeitsmotivation und Selbständigkeit gewertet werden kann, so daß der Arbeitsuchende mit einer größeren Wahrscheinlichkeit ein Arbeitsangebot erhält.

Die aus diesen Überlegungen zu ziehenden Folgerungen lassen sich auch für den Bereich der Stellenanzeigen mit den vorliegenden empirischen Ergebnissen in Übereinstimmung bringen. So besitzt der Informationskanal Stellenanzeigen eine besondere Bedeutung für Angestelltenberufe, da für diese - im Gegensatz etwa zu den Hilfsarbeitern - sowohl die formale Qualifikation als auch die positionserforderlichen extra-funktionalen Eigenschaften in bezug auf die Produktivität wichtig sind. Hier greift der für die Stellenanzeigen gültige Vorzug, daß sich auf dem knapp bemessenen Platz einer Stellenanzeige normierte Formalqualifikationen sehr günstig darstellen lassen, so daß im Idealfall mit Blick auf die Formalqualifikation ein homogener Bewerberpool resultiert, aus dem dann der auch hinsichtlich der extra-funktionalen Qualifikationen bestgeeignete Bewerber selektiert werden kann.

Dementsprechend läßt sich der zitierten Studie von IAB und Bundesinstitut für diesen Fall entnehmen, daß Angestellte über den Informationskanal Stellenanzeigen doppelt so häufig wie Hilfsarbeiter ihren Arbeitsplatz gefunden haben.[101] Gleichzeitig läßt sich feststellen, daß Frauen den Kanal häufiger nutzen als Männer. Dies ist dadurch zu erklären, daß jene mit relativ höherem Anteil Angestell-

---

[101] Vgl. Blaschke (1987), S. 170.

tenberufe bekleiden.[102] Auch die theoretisch abgeleitete Behauptung, daß der Informationskanal insbesondere für Positionen höherer Wertschöpfung von Relevanz ist, läßt sich empirisch bestätigen, da über den Kanal vor allem Vakanzen für kaufmännische, Fachhochschul- und Universitätsabsolventen "beschickt" werden.[103] Insgesamt weist die von Deeke/Fischer durchgeführte Untersuchung auch die Stellenanzeigen als einen nicht-marginalen Informationskanal aus, der einen Anteil von 24,1 % auf sich vereinigt.[104] Auffällig ist dabei, daß die Zahl der Fälle, in denen über die Stellenanzeigen der tatsächliche Match zustande kommt, kleiner ist als die Zahl der Fälle, in denen der Informationskanal Stellenanzeigen eingeschaltet wird. Dies läßt sich dadurch erklären, daß die Stellenanzeigen neben ihrer Funktion als Informationskanal auch der unternehmerischen Imagepflege dienen, indem qua Stellenanzeige sowohl der Unternehmensname genannt als auch ökonomische Prosperität indiziert wird.[105]

Der Informationskanal *Arbeitsvermittlung*, der als der hier vor allem interessierende informationsvermittelnde Intermediär abschließend auf seine relative ökonomische Vorteilhaftigkeit untersucht werden soll, figuriert als das Medium, durch das die Arbeitgeber die größte Belastung ihrer pagatorischen Transaktionskosten erfahren, wenn sie durch Einschaltung dieses Informationskanals auf dem Markt für private Arbeitsvermittlung als Informationsnachfrager in Erscheinung treten. Die von den Arbeitgebern zu tragenden Kosten richten sich in ihrer Höhe nach der Gebührenstruktur, die in Abhängigkeit von den Marktverhältnissen von den als Informationsanbietern firmierenden privaten Arbeitsvermittlern zugrunde gelegt wird. Die in den Ländern der Europäischen Union mit zugelassener privater Arbeitsvermittlung zu beobachtenden Gebührenmuster lassen sich auf drei Grundformen zurückführen: eine fixe, erfolgsunabhängig zu entrichtende Gebühr, eine erfolgsabhängige Entlohnung sowie eine sich am Bruttojahresgehalt der zu besetzenden Vakanz orientierende Bezahlung, die auch fällig wird, wenn die vom Arbeitsvermittler unterbreiteten Besetzungsvorschläge vom Arbeitgeber nicht akzeptiert werden. Von den empirisch relevanten Gebührenordnungen, die sich im

---

[102] Vgl. ebenda, S. 171 ff.
[103] Vgl. Deeke/Fischer (1987), S. 74.
[104] Für die britische Studie ergab sich ein Anteil von 23 %. Vgl. Fußnote 94 in diesem Abschnitt.
[105] Vgl. Deeke/Fischer (1988), S. 74 f.

Zeitablauf marktlicher Prozesse entwickelt haben, besitzt die letztgenannte die größte Verbreitung; für diesen Zahlungsmodus hat sich im Durchschnitt der überwiegenden Zahl der Länder der Europäischen Union der Vermittlungspreis auf eine Höhe von 10 % bis 30 % des entsprechenden Bruttojahresgehaltes eingependelt, wobei der tatsächliche Wert etwa mit der Rarität des gesuchten Anforderungsprofils oder der Größe des bedienten Unternehmens variieren kann. Greifen Arbeitsvermittler zur extensiven Informationsbeschaffung zusätzlich auf den Informationskanal Stellenanzeigen zurück, so werden auch diese Gebühren den Arbeitgebern i. d. R. in Rechnung gestellt.[106]

Der vergleichsweise hohe Aufwand kann gleichwohl für Arbeitgeber rentabel sein, da der Intermediär Arbeitsvermittlung Arbeitsnachfrager nicht nur hinsichtlich der extensiven Informationsbeschaffung, sondern weitestgehend auch von den Aufgaben der intensiven Informationsbeschaffung entlastet. Dies kommt einer deutlichen Zurückführung der transaktionellen Opportunitätskosten gleich. Dabei berücksichtigen Arbeitsvermittler dieselben Informationstechniken, die auch von professionellen Personalabteilungen verwendet werden. In diesem Sinne können Arbeitsvermittler zur Akquisition von Arbeitsuchenden etwa auf die Informationskanäle Stellenanzeigen und Direktkontakt zurückgreifen und so von der oben erwähnten Möglichkeit der Kopplung von Informationskanälen Gebrauch machen.

Den letzteren der beiden genannten Informationskanäle werden Arbeitsvermittler nutzen, wenn ihnen aus früheren Vermittlungsaktivitäten ein Arbeitsuchender bekannt ist, dessen Qualifikationsprofil in hohem Maße mit dem Anforderungsprofil der zu besetzenden Vakanz übereinstimmt, während die Stellenanzeigen vornehmlich zur extensiven Informationsbeschaffung geschaltet werden. Aus dem hierdurch gewonnenen Bewerberpool selektieren die Arbeitsvermittler mit Hilfe der oben aufgeführten Instrumente der Personalauswahl die bestgeeigneten Arbeitsanbieter, wobei auch hier als Selektionstechniken vor allem der (erwerbs)biographische Fragebogen sowie das Vorstellungsgespräch zum Einsatz kommen. Mit Blick auf die quantitativen Dimensionen hat in diesem Zusammenhang eine in Frankreich durchgeführte empirische Untersuchung gezeigt, daß Ar-

---

[106] Vgl. Caire (1990), S. 31.

beitsvermittler - abhängig vom Arbeitsmarktsegment - im Rahmen der extensiven Informationsbeschaffung knapp 30 bis gut 50 Bewerber akquirieren, aus denen sie durch den Einsatz der aufgezählten screening-Techniken im Durchschnitt drei bis vier selektieren, die dem betreffenden Unternehmen zur Besetzung der gemeldeten Vakanz vorgeschlagen werden: Die letzte der personalpolitischen Entscheidungen verbleibt demnach beim einstellenden Unternehmen.[107]

Nach dem im vorigen Gliederungspunkt entwickelten Kalkül wird der Informationskanal Arbeitsvermittlung immer dann eingeschaltet, wenn die aufgezeigten Einsparungen im Bereich der transaktionellen Opportunitätskosten zuzüglich der relativen Vorteile dieses Kanals in bezug auf den Nettoertrag der Transaktionsdurchführung die für die Nutzung der Arbeitsvermittlung erhobenen Gebühren überkompensieren. Zur Begründung des empirisch beobachtbaren Ergebnisses, wonach die Rentabilitätsprüfung in nicht-marginalem Umfang zugunsten des Informationskanals Arbeitsvermittlung ausfällt, lassen sich einige Aspekte nennen, die hier im weiteren aufgeführt werden sollen. Dabei sind die Argumente des Rentabilitätskalküls auch heranzuziehen, wenn bei einer grundsätzlichen Entscheidung für die Arbeitsvermittlung aus einer Auswahl verschiedener Arbeitsvermittler der gewünschte Transaktionspartner auf diesem Informationsmarkt zu bestimmen ist.[108]

Der erste Grund, den Informationskanal Arbeitsvermittlung einzuschalten und hierdurch die extensive und große Teile der intensiven Informationsbeschaffung auf einen externen Informationsanbieter zu delegieren, besteht darin, daß ein Unternehmen keine Personalabteilung aufweist. Dies kann bei kleineren Unternehmen die Folge eines Fixkostenproblems sein, wenn der Personalumsatz so gering ist, daß sich die Implementation einer spezialisierten Personalabteilung nicht lohnt. Allerdings kann die Inanspruchnahme der Dienstleistung Arbeitsvermittlung auch für größere Unternehmen profitabel sein, wenn sie im Rahmen eines generellen "Out-sourcing" die betriebliche Funktion der externen Personalbeschaffung nach außen verlagern. Die ökonomische Ratio dieser Vorgehensweise besteht darin,

---

[107] Vgl. ebenda, S. 28 ff.
[108] Vgl. zum folgenden ebenda, S. 36 ff.

betriebliche Kapazitäten zu reduzieren, um hierdurch das Risiko der Kapazitätsauslastung zu externalisieren. Dieses Risiko ist insbesondere für den hier betrachteten Bereich der Personalrekrutierung einschlägig, da professionelle Personalspezialisten rar sind und dementsprechend mit einem hohen Preis zu Buche schlagen, so daß bei vertikaler Integration eine mangelhafte Nutzung zu hohen Leerkosten führt. Werden in größeren Betrieben trotz Auslagerung der Beschaffungsaktivitäten noch Ressourcen in der Personalabteilung belassen, so werden sie zur innerbetrieblichen Karrieresteuerung und somit zur Strukturierung des internen Arbeitsmarktes eingesetzt.

Der zweite, wesentliche Grund für die relative Vorteilhaftigkeit der Arbeitsvermittlung liegt in deren Spezialisierung, die sich nach der hier referierten Studie von Caire empirisch beobachten läßt. Die Spezialisierung erfolgt dabei zum einen branchenbezogen, indem sich die Arbeitsvermittler auf die speziellen, sich auf unterschiedliche Positionen beziehenden personellen Bedürfnisse eines Wirtschaftszweiges konzentrieren; sie wird aber auch funktionsweise ausgerichtet, indem sich Arbeitsvermittler auf eine oder mehrere Positionen konzentrieren, die, wie etwa ein Bilanzbuchhalter, in verschiedenen Wirtschaftszweigen benötigt werden. Wirksam werden können die Spezialisierungsvorteile allerdings nur, wenn die Arbeitsvermittler in der Lage sind, nicht nur hinsichtlich der funktionalen und extrafunktionalen Eigenschaften einen Abgleich zwischen der geeigneten Person und der vakanten Position herzustellen. Sie müssen überdies auch befähigt sein, den mit Blick auf die persönlich gehegten Werte, Normen, Einstellungen, Hintergrundüberzeugungen, Denkmuster und Weltinterpretationen zur "Kultur" des Unternehmens passenden Arbeitsuchenden zu finden.[109] Zur Bewältigung der Aufgabe des "kulturellen Abgleichs" bedarf der Arbeitsvermittler in hohem Maße "idiosynkratischer Erfahrung"[110], die sich nur im Rahmen des Vermittlungs- resp. Rekrutie-

[109] Unter dem Begriff "Unternehmenskultur" wird die für einen Betrieb spezifische Ausprägung der aufgezählten Parameter verstanden. Daß eine fehlende Übereinstimmung zwischen der Persönlichkeitsstruktur der Mitarbeiter und der Unternehmenskultur sich negativ auf die Produktivität auswirken kann, zeigt das anekdotische Beispiel der Fusion eines amerikanischen Unternehmens der Luft- und Raumfahrtindustrie mit einem amerikanischen Hersteller von Konsumgütern. Die hierdurch angestrebte Realisierung von Synergieeffekten konnte nicht erreicht werden, da die von Wissenschaftszentrierung und öffentlicher Subvention geprägten Einstellungen der Mitarbeiter des Forschungskonzerns mit den streng am marktlichen Wettbewerb ausgerichteten Orientierungen der Angestellten des Konsumgüterkonzerns kollidierten. Vgl. hierzu Holleis (1987), S. 14 sowie zu den Grundzügen des Konzeptes der Unternehmenskultur ebenda, S. 17 ff.

[110] Als idiosynkratische Erfahrung bezeichnet Williamson (1975, S. 35) "that intuitive knowledge based upon training and experience that is incapable of translation into written form". Damit ist jenes für bestimmte Tätig-

rungsprozesses gewinnen läßt. Dementsprechend entstammen Arbeitsvermittler in einer Vielzahl von Fällen den Personalabteilungen der unterschiedlichen Unternehmen.[111]

Darüber hinaus können Arbeitsvermittler relativ kostengünstiger als die unternehmensinterne Personalbeschaffung sein, da bei ihnen der durch einen nicht zum Zuge gekommenen "screened job applicant" verursachte Selektionsaufwand nicht regelmäßig verlorengeht; denn während in Personalabteilungen in bezug auf eine bestimmte Vakanz abgelehnte Bewerber wegen des geringeren Personalumsatzes nur in Ausnahmefällen für eine alternative Position in Betracht kommen, wird dies bei Arbeitsvermittlern, die auf eingegrenzte Wirtschaftszweige oder Berufsfelder spezialisiert sind, wesentlich häufiger der Fall sein.

Relative ökonomische Vorteile des Informationskanals Arbeitsvermittlung bleiben schlußendlich nicht auf Arbeitgeber beschränkt, sondern können auch für Arbeitsuchende identifiziert werden. Sie können etwa darin bestehen, daß ihnen bei der Einschaltung der Arbeitsvermittlung keine pagatorischen Kosten entstehen. So hat sich beispielsweise in Frankreich das in einer Organisation zusammengeschlossene Gros der Arbeitsvermittler dazu verpflichtet, Arbeitsuchenden keine Gebühren in Rechnung zu stellen.[112]

Darüber hinaus ist der Informationskanal Arbeitsvermittlung für den Arbeitsuchenden mit äußerst niedrigen Opportunitätskosten verbunden, da die Arbeitsvermittler für die Arbeitsuchenden sowohl die Suche als auch die Selektion einer ihren Vorstellungen entsprechenden Vakanz übernehmen. Attraktiv sind die somit insgesamt geringen Transaktionskosten aber nur, wenn über diesen Kanal überhaupt solche Vakanzen erreichbar sind, die für den Arbeitsuchenden einen relativ höheren Nettoertrag der Transaktionsdurchführung bedeuten. Unter diesem Aspekt kann auch die Einschaltung mehrerer Arbeitsvermittler sinnvoll sein. Ebenso unbe-

---

keiten erforderliche Fingerspitzengefühl gemeint, das sich nicht in formalisierter Form weitergeben läßt, sondern das nur mit dem Aufgabenvollzug gelernt werden kann.

[111] Gleichwohl spricht dies nicht für eine vertikale Integration, da idiosynkratische Fertigkeiten nicht betriebsspezifisch sind und somit in verschiedenen Betrieben ihre Produktivität entfalten können. Schließlich soll gerade durch das Outsourcing der Personalrekrutierung das Risiko der Auslastung betrieblicher Kapazitäten reduziert werden.

[112] Vgl. Caire (1990), S. 46.

rührt bleibt dabei die Möglichkeit, neben dem Informationskanal Arbeitsvermittlung auch andere Informationskanäle zu bemühen.[113]

Die hier angestellten Überlegungen zur Rentabilität des Informationskanals Arbeitsvermittlung machen plausibel, warum sich ein Markt für Arbeitsvermittlung bei einer Absenz staatlicher Verbote etablieren wird. Das Resümee wird durch empirische Ergebnisse gestützt, die den Markt für Arbeitsvermittlung als einen Markt ausweisen, "which has been expanding rapidly since the seventies."[114] Messen läßt sich die zunehmende Bedeutung des Marktes für Arbeitsvermittlung sowohl durch die Zahl der Vermittlungsagenturen als auch durch die Anzahl der durch private Arbeitsvermittlung besetzten Vakanzen, wobei allerdings die erstgenannte Größe ohne großen Aufwand nur dort erhoben werden kann, wo die Ausübung ihrer Tätigkeit ausschließlich den vom Staat lizensierten Arbeitsvermittlern erlaubt ist.[115] Von den auf diese Weise durchgeführten Messungen seien hier zunächst die Resultate von Großbritannien und Irland angeführt: So hat sich die Zahl lizensierter Agenturen in Großbritannien von 5.336 im April 1977 auf 14.137 im April 1988 erhöht;[116] zu Beginn der 90er Jahre stieg diese Anzahl sogar auf einen Wert über 17.000, der sich aber infolge eines Konjunktureinbruchs auf Ende März 1992 gemessene 15.644 Agenturen reduzierte.[117] In Irland dokumentiert das ausgewertete Zahlenmaterial ebenfalls eine deutliche Steigerung der Marktbedeutung der privaten Arbeitsvermittlung: Hier ist die Zahl der über den Informationskanal

---

[113] Klein (1993, S. 78 ff.) hat in einer auf nachvollziehbaren Prämissen beruhenden Beispielrechnung gezeigt, daß unter bestimmten Bedingungen die Heranziehung mehrerer Arbeitsvermittler ökonomisch rational sein kann. Dieses Ergebnis stellt sich in dem von Klein gewählten Ansatz aber nur ein, wenn die verschiedenen Arbeitsvermittler nicht auf denselben Pool potentieller Kontraktpartner zugreifen. Dabei läßt sich das von Klein für die Einschaltung mehrerer Arbeitsvermittler abgeleitete Resultat auch auf die Frage nach der Nutzung mehrerer Informationskanäle übertragen. In gleicher Weise kann der Ansatz auch für die Kanalentscheidungen der Arbeitgeber nutzbar gemacht werden.

[114] Caire (1990), S. 23. Die Gründe für die Ausweitung des Vermittlungsmarktes variieren mit den ökonomischen Rahmenbedingungen der jeweils betrachteten Volkswirtschaft. Siehe zu einem Überblick ebenda, S. 32 ff.

[115] Vgl. zu einem Überblick der für die Länder der Europäischen Union isolierten Ergebnisse ebenda, S. 23 ff. Systematisch ausgeblendet werden müssen die Vermittlungsergebnisse staatlicher Arbeitsvermittlungen, da das erklärte Ziel dieses Abschnitts der Nachweis ist, daß vor dem Hintergrund der Rentabilitätskalküle von Anbietern und Nachfragern das Gut Arbeitsvermittlung unter der *Annahme eines freien Marktes* gehandelt wird. Staatliche Arbeitsvermittlungen wirken bei dieser Fragestellung als Fremdkörper, da insbesondere nur mit einem hohen, durch einen zusätzlichen Erkenntnisgewinn nicht zu rechtfertigenden Aufwand recherchiert werden kann, in welchem Umfang die öffentliche Arbeitsvermittlung durch den Staat subventioniert wird.

[116] Vgl. ebenda, S. 24. Die Auswahl der Referenzjahre ist arbiträr und folgt der dem Verfasser verfügbaren Datenbasis. Gleichzeitig ist das Fehlen einer geschlossenen Zeitreihe unkritisch, da an dieser Stelle lediglich ein zahlengestützter Eindruck vermittelt werden soll, in welcher Größenordnung sich der Markt für Arbeitsvermittlung seit den 70er Jahren ausgeweitet hat.

[117] Vgl. Walwei (1993a), S. 102.

Arbeitsvermittlung besetzten Vakanzen von 14.882 in 1983 auf 21.732 in 1987 um gut 45 % gesteigert worden.[118]

Die erhebliche Dynamik des Marktes für private Arbeitsvermittlung läßt sich schließlich auch für die Bundesrepublik Deutschland nachweisen. Um die auf die Beseitigung des öffentlichen Vermittlungsmonopols zurückzuführende Zunahme der privaten Arbeitsvermittlung beziffern zu können, hat die Bundesanstalt für Arbeit die Zahl der privaten Arbeitsvermittlungen von nach dem 1. April 1994 tätigen Vermittlern statistisch separat erfaßt.[119] Die in Tabelle 1 (Anhang B) für die Jahre 1995 bis 1999 ausgewiesenen Daten zeigen, daß die Zahl privater Arbeitsvermittlungen von 81.465 in 1995 über 139.949 in 1997 auf 303.691 in 1999 zugenommen hat. In besonderer Weise verdeutlicht wird die Marktentwicklung durch die jeweils in Relation zum Vorjahreswert errechnete Veränderungsrate. Sie hat sich von 28,9 % in 1996 über 33,3 % (1997) und 44,0 % (1998) auf 50,7 % in 1999 erhöht.

Zusammenfassend läßt sich aus der hier vorgenommenen Analyse schlußfolgern, daß die theoretisch als transaktionskostensparender Intermediär des Arbeitsmarktes ausgewiesene Arbeitsvermittlung sich im Wettbewerb zu den übrigen Informationskanälen auch empirisch bewährt hat. Als Voraussetzung hierfür ist verschiedentlich genannt worden, daß die Tätigkeit privater Arbeitsvermittler nicht durch den Staat unterbunden wird. Diese Bedingung war in Deutschland für einen langen Zeitraum nicht erfüllt.

---

118 Vgl. Caire (1990), S. 34.

119 Mit dem hier für die statistische Abgrenzung herangezogenen Datum 1. April 1994 wird der Tatsache Rechnung getragen, daß zahlreiche Arbeitsvermittler bereits im Vorgriff auf die erwartete und zum 1. August 1994 qua Gesetz realisierte Aufgabe des staatlichen Alleinvermittlungsrechts ihre Lizenz beantragt haben. Grundsätzlich sinnvoll ist die vorgenommene Unterscheidung, da private Arbeitsvermittlung in Ausnahmefällen auch zu Zeiten des noch bestehenden Vermittlungsmonopols der BA zulässig war. Siehe hierzu unten C.II.1.

## II. Politik der Arbeitsvermittlung – Zur Kontroverse um die öffentliche Arbeitsvermittlung und ihr Monopol

Das vorliegende Kapitel stellt sich der Aufgabe, eine Politik der Arbeitsvermittlung zu entwickeln. Zu diesem Zweck werden die Anforderungen aufgearbeitet, die einerseits aus allokationspolitischer Perspektive sowie andererseits aus der sozialpolitischen Sicht an die Ausgestaltung des Arbeitsvermittlungssystems gerichtet werden. Strukturbildend für die folgende Analyse ist die sowohl im politischen als auch im wissenschaftlichen Bereich geführte Debatte um die öffentliche Arbeitsvermittlung. Der heuristische Wert ihrer Einbeziehung besteht darin, daß sie sämtliche Argumente umfaßt, die im Zuge einer auf Konsens angelegten Reform der Arbeitsvermittlung Berücksichtigung finden müssen.

Die Vorüberlegungen lassen es zweckmäßig erscheinen, eingangs die Historie des staatlichen Alleinvermittlungsrechts in Deutschland mit einem kursorischen Überblick zu beleuchten. Es schließt sich an die allokationspolitische Analyse der Arbeitsvermittlung. Sie folgt dem Ziel, das Konzept einer marktkonformen Arbeitsvermittlung zu entwerfen. Abschließend wird untersucht, ob oder ggf. unter welchen modifizierten Rahmenbedingungen auch die marktkonforme Systemvariante der Arbeitsvermittlung die Realisierung zentraler sozialpolitischer Ziele zuläßt.

### 1. Historischer Abriß

Das in der Bundesrepublik Deutschland bis zum 1.8.1994 gültig gewesene Alleinvermittlungsrecht der Bundesanstalt für Arbeit war gleichbedeutend mit einer nahezu vollständigen Zutrittsbeschränkung zum Markt für Arbeitsvermittlung, die neben der Vermittlungstätigkeit der Bundesanstalt für Arbeit nur wenige Ausnahmebereiche offenließ. Mit Blick auf die hieraus resultierende überragende Bedeutung der BA für den Vermittlungsmarkt wurde das Alleinrecht auch als "Vermittlungsmonopol" apostrophiert, wogegen in der Literatur allerdings Bedenken geltend gemacht worden sind, da diese rechtliche Regelung wegen der engen Substitutionskonkurrenz der Arbeitsvermittlung zu den anderen Informationskanälen des

Arbeitsmarktes kein Monopol im ökonomischen Sinne darstelle. Gleichwohl bedeutete das Alleinvermittlungsrecht einen massiven Eingriff in das marktwirtschaftliche System der Bundesrepublik, da es nicht nur einem Berufsverbot für private Arbeitsvermittler gleichkam, sondern auch eine Einschränkung der arbeitsmarktlichen Informationsmöglichkeiten zur Folge hatte, der Arbeitgeber und Arbeitsuchende gleichermaßen ausgesetzt waren. Diese Eingriffsintensität wird im Rahmen eines europäischen Vergleichs nur noch vom sog. "Stellenbesetzungsmonopol" übertroffen, das bis in die neunziger Jahre hinein in Italien und Spanien realisiert war: Diese Regelung impliziert, daß grundsätzlich jede Einstellung der staatlichen Arbeitsvermittlung anzuzeigen ist und nur durch ihre Vermittlung vorgenommen werden darf.[120]

Ein Blick auf die historische Entwicklung gesetzlicher Regulierungen der Arbeitsvermittlung zeigt, daß auch in Deutschland jede der unterschiedlichen Intensitätsstufen staatlichen Eingreifens in den Markt für Arbeitsvermittlung im Laufe der Geschichte schon einmal realisiert worden ist.[121] Erste Einschränkungen privater Arbeitsvermittlung können auf das 16. Jahrhundert datiert werden, als private Arbeitsvermittler bereits einer Konzession bedurften und Gebührenordnungen sowie Vorschriften für die Berufsausübung erlassen worden sind. Die in den einzelnen Regionen Platz greifenden Regelungen wurden allerdings mit der Einführung der Gewerbefreiheit schrittweise wieder zurückgefahren und sind mit der Gewerbeordnung von 1869 fast vollständig beseitigt worden.

Die in der Folgezeit erheblich an Gewicht gewinnende private Arbeitsvermittlung provozierte zu Beginn des 20. Jahrhunderts wegen der ihr attestierten negativen Begleiterscheinungen („übermäßig" hohe Gebühren, Forcierung des Stellenwechsels, Verleiten zum Kontraktbruch, „gewissenlose Ausbeutung" von Arbeitnehmern

[120] Vgl. Rauschhofer (1974), S. 32 ff.; Walwei (1991c), S. 126 f.; Basedow (1992); Walwei (1994a), S. 53 f. Zu den vom Alleinvermittlungsrecht belassenen Ausnahmebereichen gehörten neben der bereits als nahes Substitut der Arbeitsvermittlung gekennzeichneten Arbeitnehmerüberlassung u. a. die Tätigkeit der "Personalberater", die faktisch Vermittlungsdienstleistungen für höher dotierte Führungskräfte anbieten, sowie die gewerbsmäßigen und nicht-gewerbsmäßigen privaten Arbeitsvermittler, die bei nicht ausreichender Präsenz der BA in einem bestimmten Arbeitsmarktsegment von dieser zur Vermittlung beauftragt worden sind. Vgl. hierzu Rauschhofer (1974), S. 81 ff.; Franke (1990), S. 323 ff.

[121] Vgl. zur Geschichte des Alleinvermittlungsrechts die Beiträge von Eisenträger (1983) und Maier (1993).

u. a.)[122] massive Bestrebungen, die private Arbeitsvermittlung in ihrem Umfang deutlich zu beschneiden. Eine erste Markierung stellte dabei das *Stellenvermittlergesetz* vom 2. Juni 1910 (RGBl. I S. 860) dar; innerhalb der dem Beschluß des Gesetzes vorangehenden parlamentarischen Beratungen wurde explizit die politische Absicht formuliert, in naher Zukunft die private Arbeitsvermittlung flächendeckend zu untersagen. Einstweilen sah man sich zu diesem Schritt aber noch nicht in der Lage, da die öffentliche Arbeitsvermittlung bis zu jenem Zeitpunkt nur lückenhaft entwickelt worden war; dementsprechend regelte das Stellenvermittlergesetz lediglich die Bedingungen der Zulassung privater Arbeitsvermittler.

Als nächste Stufe hin zum Alleinvermittlungsrecht der staatlichen Arbeitsverwaltung ist das *Arbeitsnachweisgesetz* vom 22. Juli 1922 (RGBl. I S. 657) beschlossen worden. Das Gesetz konnte zu seinem Vollzug auf eine deutlich gestiegene Zahl öffentlicher Vermittlungseinrichtungen zurückgreifen. Dabei wurde die erstmalig zentralisiert organisierte und mit dem heute noch gültigen dreistufigen Aufbau versehene staatliche Arbeitsvermittlung weiter gestärkt, indem die dezentral von den Gemeinden betriebenen Vermittlungsstellen der zentralen staatlichen Arbeitsvermittlung einverleibt worden sind. Den Kopf der zentralisierten öffentlichen Arbeitsvermittlung bildete das Reichsamt für Arbeitsvermittlung, das die Kompetenz besaß, allgemeine Bestimmungen zur Kontrolle, Anmeldung und Berichtspflicht der privaten Arbeitsvermittler zu erlassen. Perspektivisch wichtig war die Regelung, die die gewerbsmäßige Arbeitsvermittlung vom 1.1.1931 an verbot. Die Regulierungen des Arbeitsnachweisgesetzes wurden durch das *Gesetz über Arbeitsvermittlung und Arbeitslosenversicherung* (AVAVG; RGBl. I S. 187) vom 16. Juli 1927 weitestgehend übernommen, wobei allerdings die Lehrstellenvermittlung in die einschlägigen Bestimmungen mit einbezogen und die gewerbsmäßige Berufsberatung mit dem Inkrafttreten des Gesetzes untersagt worden ist. Wenngleich Übergangsgesetze die auch vom AVAVG für den Jahresbeginn 1931 vorgesehene Installierung des Alleinvermittlungsrechts hinausgeschoben haben, wurde es doch

[122] Die gegenüber der privaten Arbeitsvermittlung erhobenen Vorwürfe hat Ludwig (1906, S. 9 ff.) empirisch erfaßt, indem er verschiedene Fragebögen an Vertreter von Arbeitgebern und Arbeitnehmern unterschiedlicher Branchen versandt und anschließend ausgewertet hat. Ludwigs Ergebnisse werden unter Gliederungspunkt C.II.3.a. noch einmal aufgegriffen.

mit dem *Gesetz über Arbeitsvermittlung, Berufsberatung und Lehrstellenvermittlung* vom 5. November 1935 (RGBl. I S. 1281) endgültig etabliert, indem § 1 Abs. 1 bestimmte, daß nur noch die Reichsanstalt Arbeitsvermittlung, Berufsberatung und Lehrstellenvermittlung betreiben darf.

In der Folgezeit wurden zusätzlich zu dem hierdurch begründeten Vermittlungsmonopol der öffentlichen Arbeitsvermittlung weitere Monopolregelungen erlassen, die letztlich zum Benutzungszwang und damit zum Stellenbesetzungsmonopol führten. Es unterwarf die Arbeitgeber einem Einstellungszwang, der die Konsequenz der kriegswirtschaftlich motivierten Arbeitskräftelenkung darstellte. Das Stellenbesetzungsmonopol wurde nach dem Krieg durch die Alliierten zunächst aufrechterhalten, ehe es mit der Einführung des Grundgesetzes schrittweise zurückgeführt und mit der Novellierung des AVAVG von 1956 der Status quo ante wiederhergestellt worden ist, indem § 1 Abs. 1 des Gesetzes vom 5.11.1935 sinngemäß als § 35 in das AVAVG übernommen wurde. In gleicher Weise wurde das Alleinvermittlungsrecht auch durch § 4 des *Arbeitsförderungsgesetzes* vom 25. Juni 1969 (BGBl. I S. 582) beibehalten, bis es Artikel 3 des *Gesetzes zur Bekämpfung der Schwarzarbeit und zur Änderung anderer Gesetze* vom 26. Juli 1994 (BGBl. I S. 1792) zum 1.8.1994 endgültig abgeschafft hat.

Die treibende Kraft zu dieser bewegten Rechtsgeschichte stellten die kontrovers angelegten Argumentationsstränge zum Verbot der privaten Arbeitsvermittlung dar. Sie werden im folgenden aufgegriffen, um zu überprüfen, ob die sich hinter ihnen verbergenden Ziele nicht in pareto-superiorer Weise durch alternative institutionelle Vorkehrungen realisieren lassen.

## 2. Allokationspolitische Aspekte der Arbeitsvermittlung

Das Angebot auf dem Markt für Arbeitsvermittlung kann wahlweise durch eine ausschließlich private Arbeitsvermittlung, eine koexistente private und öffentliche Arbeitsvermittlung oder durch ein öffentliches Arbeitsvermittlungsmonopol gekennzeichnet sein. In marktwirtschaftlichen Wirtschaftssystemen ist im Zweifel für die private Arbeitsvermittlung zu entscheiden, da in dieser ordnungspolitischen Konzeption jede staatliche Aktivität zu rechtfertigen ist. Dies gilt auch, wenn bereits eine öffentliche Arbeitsvermittlung existiert, da in Marktwirtschaften nicht das Abschaffen der öffentlichen Arbeitsvermittlung, sondern ihr Betreiben begründungsbedürftig ist.[123]

Als Grund für eine staatliche Intervention können mögliche Defekte des Marktes für Arbeitsvermittlung gelten. Er soll deshalb hinsichtlich seiner allokativen Funktionsfähigkeit untersucht werden. Aus den Ergebnissen der Analyse wird das Konzept eines marktkonformen Arbeitsvermittlungssystems abgeleitet, das aus wohlfahrtstheoretischer Perspektive für sich in Anspruch nehmen kann, ein Vermittlungssystem maximaler Effizienz zu sein.

### a. Marktversagen

Die im folgenden zu leistende allokationspolitische Analyse des Vermittlungsmarktes basiert auf dem Konzept des *Marktversagens*. Obwohl eine einheitliche Theorie des Marktversagens bislang noch nicht existiert,[124] haben sich in der Handhabung des Konzepts doch vergleichbare Vorgehensweisen herauskristallisiert. So gilt für die wohlfahrtsökonomisch fundierte Variante, daß der auf allokative Störungen zu überprüfende Markt dahingehend untersucht wird, ob seine Funktionsbedingungen infolge spezifischer Besonderheiten von den Marginalbedingungen der Wohlfahrtsökonomie abweichen.[125]

Als Gründe, die zu einer systematischen Verletzung der Marginalbedingungen führen, sind schon früh *externe Effekte* und *Unteilbarkeiten* benannt worden.[126] In der neueren Literatur werden zusätzlich *Informationsmängel*, die vor allem auf die

[123] Vgl. zu diesem für die Deregulierungs- und Privatisierungsdebatte wichtigen Argument Grossekettler (1989), S. 439 f.
[124] Vgl. Fritsch/Wein/Ewers (1993), S. 1. Hierfür verantwortlich macht Eickhof (1986, S. 468) u. a. den Umstand, daß der Begriff des Marktversagens in unterschiedlichen theoretischen Kontexten verwendet, also etwa zur Klärung sowohl regulierungs- als auch preistheoretischer Fragestellungen herangezogen wird.
[125] Vgl. Richter/Wiegard (1993), S. 177 ff. Zu den mit einer pareto-optimalen Situation zu vereinbarenden Marginalbedingungen der Wohlfahrtsökonomie siehe Sohmen (1976), S. 32 ff.; Schumann (1992), S. 273 f.
[126] Siehe den grundlegenden Beitrag von Bator (1958).

Probleme der Unkenntnis und der asymmetrischen Informationsverteilung zurückzuführen sind, als Ursache für ein Marktversagen angeführt.[127] Schließlich werden im Rahmen der Deregulierungsdiskussion auch *Anpassungsmängel* für ein potentielles Marktversagen verantwortlich gemacht,[128] so daß insgesamt vier Gründe als für das Problem des Marktversagens wesentlich gelten können.[129]

Bevor jedoch aus den Ergebnissen einer dergestalt vorgenommenen Analyse die wirtschaftspolitischen Implikationen im Sinne möglicher staatlicher Korrekturmaßnahmen abgeleitet werden dürfen, ist zwei grundsätzlichen Bedenken Rechnung zu tragen. Zum einen ist zu berücksichtigen, daß nicht nur die Institution „Markt", sondern auch die Institution „Staat" versagen kann. Dabei kann von einem *Staatsversagen* gesprochen werden, „wenn der Staat die individuellen Verfügungsrechte in bezug auf knappe Güter nicht so definiert, daß ein knappheitsgerechter Gebrauch gesichert ist, oder wenn der Staat Güter, deren Bereitstellung originäre Staatsaufgabe ist, nicht in angemessenem Umfang bereitstellt."[130] Dementsprechend ist auch bei Vorliegen eines Marktversagens die staatliche Lösung des Allokationsproblems nicht immer geboten.

Zum anderen ist bei der allokativen Analyse eines Marktes zu beachten, daß der hierzu zu leistende Abgleich der Existenzbedingungen des betreffenden Marktes mit den wohlfahrtsökonomischen Marginalbedingungen insofern problematisch ist, als der restriktive Prämissenkatalog des neoklassischen Totalmodells, aus dem die Marginalbedingungen abgeleitet werden, von keinem real existierenden Markt erfüllt wird und mit dieser Referenz von einer "Ubiquität des Marktversagens" auszugehen wäre.[131]

Vor diesem Hintergrund wird auch hier die von Demsetz mit dem Begriff des "nirvana approach" bezeichnete Auffassung abgelehnt, wonach *jede* Abweichung von

---

[127] Vgl. Richter/Wiegard (1993), S. 182 ff.

[128] Vgl. u. a. Soltwedel et al. (1986), S. 5 ff.; Neubauer (1988), S. 10; Deregulierungskommission (1991), Tz. 8 ff.

[129] Vgl. Fritsch/Wein/Ewers (1993), S. 46. Ähnlich Brümmerhoff (1987), S. 47; Hartwig (1993), S. 45.

[130] Deregulierungskommission (1991), Tz. 5. Molitor (1992, S. 231) unterscheidet „drei typische Facetten des Staatsversagens": Der Staat zieht Aufgaben an sich, die die Institution „Markt" besser lösen kann; der Staat vernachlässigt Aufgaben, für die er die höhere Problemlösungskapazität besitzt; der Staat führt Aufgaben, um die er sich zu Recht kümmert, ineffizient aus.

[131] Vgl. Eickhof (1986), S. 469 f.; Fritsch/Wein/Ewers (1993), S. 261.

den Voraussetzungen des neoklassischen Bezugsrahmens eine staatliche Intervention rechtfertigt. Es soll im folgenden vielmehr dem von Demsetz präferierten "comparative institution approach" gefolgt werden, der bei diagnostizierten Marktstörungen einen Effizienzvergleich praktisch realisierbarer Allokationsszenarien erfordert;[132] denn "(e)rst wenn realistischerweise zu erwarten ist, daß der Staat die (allokative, M. H.) Situation wirklich verbessern kann, liegt ein relevantes, d. h. zu beseitigendes Marktversagen vor"[133].

Mit dieser Maßgabe wird im folgenden untersucht, ob der Vermittlungsmarkt tatsächlich jene Funktionsstörungen aufweist, die ihm als Folge von externen Effekten, Unteilbarkeiten sowie Informationsmängeln unterstellt werden.[134] Sobald eine Funktionsstörung diagnostiziert wird, ist zu zeigen, durch welche Maßnahmen die Allokation verbessert werden kann.

### *i. Externe Effekte*

Zur Überprüfung der Frage, ob der Vermittlungsmarkt durch externe Effekte beeinträchtigt wird, ist nach *technologischen* externen Effekten zu suchen, die im Gegensatz zu den marktvermittelt wirkenden *pekuniären* externen Effekten den direkten physischen Zusammenhang zwischen den Produktions- resp. Nutzenfunktionen unterschiedlicher Wirtschaftssubjekte beschreiben. Technologische externe Effekte bedeuten für das Allokationsergebnis, "daß Ressourcen nicht mit 'maximaler Effizienz' eingesetzt werden, weil soziale Nutzen und Kosten nicht voll bei denen anfallen, die über den Ressourceneinsatz entscheiden."[135]

---

[132] Vgl. Demsetz (1969), insbesondere S. 1 f.

[133] Fritsch/Wein/Ewers (1993), S. 261.

[134] Die Analyse von möglicherweise auftretenden Anpassungsmängeln ist entbehrlich, da für deren Vorhandensein weder Indizien vorliegen noch Hinweise in der Literatur zu finden sind.

[135] Windisch (1980), S. 311. Zum Problem der externen Effekte vgl. Sohmen (1976), S. 221 ff.; Fritsch/Wein/Ewers (1993), S. 54 ff. Die kategoriale Unterscheidung von pekuniären und technologischen externen Effekten geht auf Scitovsky (1954) zurück. Darüber hinaus werden in der Literatur noch die sog. psychologischen externen Effekte diskutiert, die auf den Tatbestand abheben, daß auch das Nutzenniveau Dritter als Argument in der Nutzenfunktion eines Individuums auftreten kann. Mit Hilfe dieses Ansatzes wird versucht, die empirischen Phänomene "Neid" und "Mitleid" theoretisch zu erfassen. Vgl. hierzu Fritsch/Wein/Ewers (1993), S. 115 ff.

Grundsätzlich vorstellbar ist das Vorhandensein technologischer externer Effekte zwischen den Wirtschaftssubjekten des Marktes für Arbeitsvermittlung und des Arbeitsmarktes. So wird in der Literatur unter dem Thema „Abwerbung" das Problem diskutiert, daß gewinnorientierte private Arbeitsvermittler die zwischenbetriebliche Fluktuation erhöhen könnten.[136] Ein technologischer externer Effekt der Arbeitsvermittlung könnte demnach darin bestehen, daß private Arbeitsvermittler in bestehende Beschäftigungsverhältnisse eingreifen, um sie zugunsten einer neuen, von ihnen ausfindig gemachten Anstellung aufzulösen. Ein Interventionserfordernis könnte aus dieser Situation erwachsen, wenn die Arbeitsvermittler durch ihre Aktivitäten Kosten oder Erträge verursachten, die nicht in ihr Kalkül eingehen.

Dies wäre etwa für die mit einem Arbeitsplatzwechsel verbundenen Mobilitätskosten denkbar, die sich sowohl aus den Kosten der physischen Mobilität als auch aus dem Verlust des im aktuellen Unternehmen akkumulierten betriebsspezifischen Humankapitals zusammensetzen. Wie die beiden folgenden Argumentationsstränge aber nahelegen, werden die Arbeitsvermittler über die Rentabilitätskalküle von Arbeitnehmern und Arbeitgebern gezwungen, die Kosten auch in ihre ökonomischen Dispositionen mit einzubeziehen: Hat der Arbeitnehmer die Investition in das betriebsspezifische Humankapital wirtschaftlich getragen, so wird er nur ein solches der ihm von einem Arbeitsvermittler unterbreiteten Stellenangebote akzeptieren, das sein Nutzenniveau auch unter Abzug der ökonomischen Nachteile, die mit dem vollständigen Verlust des betriebsspezifischen Humankapitals und dem möglicherweise notwendig werdenden Wohnortwechsel einhergehen, erhöht.

In gleicher Weise haben Arbeitsvermittler auch für den Fall die mobilitätsbedingten Kosten zu kalkulieren, da die Arbeitgeber die Investitionen in betriebsspezifisches Humankapital geleistet haben: Bei einer drohenden Abwerbung werden die Arbeitsnachfrager ceteris paribus bereit sein, die diskontierten Kosten der Einarbeitung einer neuen Arbeitskraft als Barwert eines Lohnzugeständnisses an den aktuellen Arbeitnehmer weiterzugeben. Dementsprechend kann auch hier ein Ar-

---

[136] Vgl. Scherl (1990), S. 12; Walwei (1991a), S. 7 f.; Clausnitzer (1994), S. 93 f.

beitsvermittler nur mit einem solchen Stellenangebot bei einem Arbeitnehmer reüssieren, das die anfallenden Mobilitätskosten mit berücksichtigt. Im Ergebnis liegen bei beiden Fallgestaltungen technologische externe Effekte der Arbeitsvermittlung nicht vor.

Unabhängig hiervon wird das Problem der Abwerbung auch in wettbewerbspolitischer Hinsicht thematisiert. So wird in der Literatur ein Verbot privater Arbeitsvermittlung mit dem Hinweis nahegelegt, daß unter einer durch private Arbeitsvermittler forcierten Abwerbung vor allem Klein- und Mittelbetriebe zu leiden hätten, die als Folge ihrer aus strukturellen Gründen im Vergleich zu Großbetrieben schlechteren Arbeitsbedingungen und Entlohnungsverhältnisse Gefahr liefen, die auch von ihnen dringend benötigten Fachkräfte an die Großbetriebe zu verlieren.[137]

Das zugunsten eines staatlichen Vermittlungsmonopols ins Feld geführte Argument läßt sich in zweifacher Weise entkräften: Zum einen stellt auch in diesem Zusammenhang die Reaktion auf bestehende Einkommensdifferentiale eine allokationspolitisch wünschenswerte Verhaltensweise dar, da hierdurch der Produktionsfaktor Arbeit in seine produktivste Verwendungsrichtung gelenkt wird. Zum anderen kann der wettbewerbspolitisch motivierten Forderung nach Einrichtung eines staatlichen Alleinvermittlungsrechts auch mit dem Hinweis auf die Tinbergen-Mundellsche-Zuordnungsregel kritisch begegnet werden, „die ja verlangt, daß man normalerweise zwischen Zielen und Mitteln eine Eins-zu-Eins-Korrespondenz herstellt und dabei jedem Ziel jeweils dasjenige Mittel zuordnet, das am relativ wirksamsten ist."[138] In diesem Sinne stellt ein Verbot privater Arbeitsvermittlung auch für den Fall eines tatsächlich bestehenden Machtgefälles zwischen Klein- und Großbetrieben auf dem Arbeitsmarkt nicht das Mittel der Wahl dar, da es wegen der Existenz konkurrierender Informationskanäle als ein Ansatz geringen Wirkungsgrades angesehen werden muß. Einem Verbot privater Arbeitsvermittlung vorzuziehen sind somit die klassischen Instrumente der Wettbewerbspolitik, die an den Wurzeln des hier in Rede stehenden Problems ansetzen können.

---

137 Vgl. Grundmann (1992), S. 164; Engelen-Kefer (1992), S. 176.

138 Grossekettler (1984), S. 27; siehe auch Grossekettler (1995), S. 543 ff. Zur hierdurch realisierbaren Steigerung der Wirksamkeit wirtschaftspolitischer Maßnahmen siehe Tinbergen (1968), S. 93 ff.

### *ii. Unteilbarkeiten*

Ein Blick auf die Funktionsbedingungen des analytischen Referenzmodells der vollständigen Konkurrenz zeigt, daß die unbegrenzte Teilbarkeit aller Güter und Faktoren zu den wesentlichen Voraussetzungen zu zählen ist.[139] Eine in diesem Sinne eingeschränkte Teilbarkeit kann ein Problem hervorrufen, das ein Verfehlen des Pareto-Optimums und damit in wohlfahrtstheoretischer Sicht ein Marktversagen bedingt: die "Subadditivität" von Kostenfunktionen, die als Teilmenge das Phänomen sinkender Durchschnittskosten umfaßt.[140]

Zur Frage, ob der Markt für Arbeitsvermittlung durch sinkende Durchschnittskosten gekennzeichnet ist, wurde zur Zeit des noch bestehenden staatlichen Alleinvermittlungsrechts darauf hingewiesen, daß das Vermittlungsmonopol der Bundesanstalt für Arbeit ein „natürliches" Monopol darstelle, das allein die erforderliche Arbeitsmarkttransparenz sicherstelle.[141] Grund hierfür seien die beträchtlichen Zentralisierungs- und Betriebsgrößenvorteile, die die BA als flächendeckend angelegte Großorganisation aufweise. Dies impliziere sinkende Durchschnittskosten, wie sie etwa auch für andere Kommunikationsnetze festgestellt werden könnten. Dabei ergäben sich sinkende Durchschnittskosten daraus, daß als Folge des zentralen Zusammenlaufens sowohl die Informationen der Arbeitsnachfrager als auch die der -anbieter - einmal durch die Arbeitsvermittlung erfaßt - bundesweit verfügbar gemacht werden können. Dies gelte um so mehr, als mit dem "Stelleninformationsservice" ein computerunterstütztes Kommunikationssystem eingeführt worden sei, das die zentralisierten Informationen kostengünstig zugänglich mache.[142]

---

139 Vgl. Fritsch/Wein/Ewers (1993), S. 14 f.

140 Vgl. zur analytischen Aufarbeitung Brümmerhoff (1987), S. 47 ff.; Fritsch/Wein/Ewers (1993), S. 123 ff.

141 Vgl. Bundesanstalt für Arbeit (1989x), S. 50; Franke (1990), S. 321 f.; Clausnitzer (1994), S. 93.

142 Vgl. Walwei (1991c), S. 131. Der Stelleninformationsservice stellt ein von der BA an Arbeitgeber gerichtetes Angebot dar, ihn als einen zusätzlichen Rekrutierungskanal zu nutzen. Hierzu werden die maßgeblichen Informationen entsprechender Vakanzen einschließlich der Adresse des Arbeitskräfte suchenden Unternehmens in das EDV-System eingegeben. Sie können sodann von den Arbeitsuchenden unabhängig von den Vermittlungsfachkräften der Bundesanstalt an Terminals eingesehen werden, die in nicht zutrittsbeschränkten Räumen bei mittlerweile fast allen Arbeitsämtern der BA aufgestellt sind. Obwohl technisch die Möglichkeit besteht, Stellenangebote bundesweit zur Kenntnis zu geben, wird hiervon nur im Bereich der für Akademiker vorgesehenen Positionen Gebrauch gemacht. In den übrigen Fällen werden Stellenangebote i. d. R. aus dem sog. "Tagespendelbereich", einem Umkreis von ca. 60 km, ausgewiesen. Vgl. hierzu Franke (1990), S. 367 ff.; Pfuhlmann/Stöhr (1992).

Wenngleich die Argumentation zunächst plausibel erscheint, ist sie doch mit Blick auf die spezifischen Bedingungen des Vermittlungsmarktes nicht haltbar. Als Entgegnung ist zum einen in Erinnerung zu rufen, daß für die Qualität des Gutes Arbeitsvermittlung der Rückgriff auf idiosynkratische Erfahrung wesentlich ist.[143] Dieses Wissen zeichnet sich aber gerade dadurch aus, daß es nicht in formalisierter Form transferiert werden kann, so daß das Vorhandensein einer netzwerkartig strukturierten Großorganisation die Allokation des Gutes Arbeitsvermittlung nicht verbessert, sondern als Monopol verschlechtert.

Zum anderen läßt sich die Behauptung, der Markt für Arbeitsvermittlung zeichne sich durch sinkende Durchschnittskosten aus, mit dem Hinweis widerlegen, daß das Gut Arbeitsvermittlung als Dienstleistung klassifiziert werden kann.[144] Hieraus läßt sich auch theoretisch der empirisch zu beobachtende Tatbestand ableiten, daß "the capital investment required for this type of business is not very large."[145] Dementsprechend kann davon ausgegangen werden, daß sich auf dem Markt für Arbeitsvermittlung allokative Störungen als Folge des Erfordernisses einer Mindesteinsatzmenge von Sachkapital nicht einstellen werden. Das gleiche gilt für den Umfang des Personalkörpers der Dienstleistungsanbieter. So zeigen empirische Erhebungen in Ländern ohne verordnetes staatliches Vermittlungsmonopol, daß im Bereich der Arbeitsvermittlung nahezu ausnahmslos kleine Betriebe mit nur wenigen Mitarbeitern engagiert sind: In Luxemburg konnten nur im Einzelfall Unternehmen ausfindig gemacht werden, die mehr als acht Beschäftigte aufwiesen; in Frankreich liegt die Größe der Belegschaft bei durchschnittlich vier Mitarbeitern, wobei einige Unternehmen aber bis zu 40 Angestellte unter Vertrag haben.[146] In Großbritannien haben entsprechende Untersuchungen ergeben, daß 80 % aller registrierten Anbieter des Gutes Arbeitsvermittlung Eine-Person-Unternehmungen sind, neben dem selbständigen Firmenchef also keine Angestellten mehr beschäftigen.[147]

---

143 Vgl. C.I.2.c.

144 Vgl. zu einer solchen Klassifizierung auch Klein (1993), S. 19.

145 Caire (1990), S. 41; ähnlich Klein (1993, S. 245), der feststellt, daß jedermann "ohne besondere Investitionserfordernisse eine Tätigkeit als privater Arbeitsvermittler aufnehmen" kann.

146 Vgl. Caire (1990), S. 26.

147 Vgl. Walwei (1993a), S. 102.

In analoger Weise läßt sich zeigen, daß für den Arbeitsvermittlungsmarkt neben sinkenden Durchschnittskosten, die auf eine Fixkostendegression zurückzuführen sind, ebensowenig sinkende Durschnittskosten als Folge steigender Skalenerträge (*economies of scale*) relevant sind. Auch hierfür läßt sich als Grund die Bedeutung des spezifischen idiosynkratischen Know-hows für den Vermittlungsprozeß anführen. Der Stellenwert des idiosynkratischen Know-hows führt dazu, daß der Umfang der erbrachten Dienstleistung streng von der zeitlichen Kapazität des jeweiligen Trägers der idiosynkratischen Erfahrung abhängt. Da wegen des idiosynkratischen Moments der Tätigkeit eines Arbeitsvermittlers der direkte Kontakt zwischen Vermittler und Kunden für den Geschäftserfolg von überragender Bedeutung ist, läßt sich die Nutzungsintensität der insgesamt zur Verfügung stehenden Zeit auch durch den Einsatz von Kapital nur begrenzt steigern; in der Konsequenz ist mit einer parallel zu den "Vermittlungsakten" steigenden Produktivität, die sich über den gesamten relevanten Nachfragebereich erstreckt, nicht zu rechnen.[148] Diese Einschätzung läßt sich durch die Datensituation auf dem britischen Markt für Arbeitsvermittlung gut bestätigen: Hier zeigen entsprechende Erhebungen, daß der zahlenmäßige Umfang der Kunden der Vermittlungsunternehmen nur im Einzelfall den Wert 18 pro Mitarbeiter übersteigt.[149]

Mit gleicher Stoßrichtung läßt sich die in der Literatur vorzufindende Behauptung entkräften, economies of scale lägen vor, weil die vermittlerische Bedienung aller Teilarbeitsmärkte durch eine monopolisierte staatliche Arbeitsvermittlung die Ausnutzung der "Unschärfen" des Arbeitsmarktes ermögliche. Argumentiert wird hierbei, daß der breitere, über die Grenzen der berufsfachlich abgegrenzten Teilarbeitsmärkte hinausreichende Zugriff auf den Bewerber- resp. Stellenpool die Berücksichtigung einer größeren Zahl von Alternativen zulasse und damit zu einer höheren Matching-Qualität führe.[150] Träfe dieses Argument zu, so dürfte empirisch keine Spezialisierung auf dem Markt für Arbeitsvermittlung beobachtbar sein. Dies

---

[148] Gleichzeitig liefert diese Überlegung eine weitere plausible Erklärung für die empirisch ermittelte geringe Kapitalintensität der Anbieter auf dem Vermittlungsmarkt.

[149] Vgl. hierzu Caire (1990), S. 41.

[150] Vgl. Müller/Seifert (1991), S. 496 f.; ähnlich Deeke (1995), S. 297. Der Begriff der "Unschärfe" hebt auf den im Rahmen der sog. Flexibilitätsforschung näher untersuchten Tatbestand ab, daß eine bestimmte Position grundsätzlich von Arbeitnehmern unterschiedlicher berufsfachlicher Qualifikation besetzt werden kann: Nach dieser These besteht somit zwischen dem Anforderungsprofil einer Vakanz und der positionserforderlichen berufsfachlichen Komponente des Qualifikationsprofils eines Arbeitsuchenden kein eineindeutiger Zusammenhang. Vgl. hierzu z. B. den Beitrag von Dieckmann (1978).

widerspricht aber den oben aufgezeigten tatsächlich festzustellenden Strukturen der Arbeitsvermittlung, die sich durch eine sektorale bzw. funktionsorientierte Spezialisierung auszeichnen.[151]

Im Gegensatz zu den economies of scale sind *economies of scope* auf dem Markt für Arbeitsvermittlung eine relevante Größe, so daß die Allokation auf dem Vermittlungsmarkt durch einen hierauf zurückzuführenden subadditiven Kostenverlauf beeinträchtigt werden könnte. Economies of scope liegen vor, da die für den Vermittlungserfolg zentrale Akkumulation idiosynkratischer Erfahrung in erheblichem Maße durch die zeitgleiche Übernahme von Aktivitäten, die zur Arbeitsvermittlung in einem komplementären Verhältnis stehen, befördert wird. Zu diesen Tätigkeiten gehört vor allem die Durchführung von arbeitsmarktbezogenen Beratungen, die zum einen die Schärfung des Gespürs für die arbeitsmarktlichen Bedürfnisse von Unternehmen und Arbeitsuchenden bewirken und zum anderen die Kontaktaufnahme zu potentiellen Kunden erleichtern. Eine empirische Bestätigung dieser These liefert das Beispiel Frankreichs, wo sich nur ein Fünftel der Vermittlungsunternehmen allein auf die Tätigkeit der Arbeitsvermittlung kapriziert, während die restlichen 80 % über die Arbeitsvermittlung hinaus Beratungs- und Qualifizierungsdienstleistungen anbieten.[152]

Wie sich analytisch zeigen läßt, führen economies of scope allerdings nur in dem Fall zum allokativen Problem eines natürlichen Monopols, wenn sich mindestens ein Gut des konzertiert produzierten Güterbündels durch sinkende Durchschnittskosten auszeichnet, die sich über den gesamten relevanten Nachfragebereich erstrecken.[153] Wegen der strukturellen Vergleichbarkeit der komplementär zur Arbeitsvermittlung hergestellten Dienstleistungen kann hiervon aber nicht ausgegan-

---

[151] Vgl. C.I.2.c. Die berufsfachliche Spezialisierung privater Arbeitsvermittler kann sogar als säkularer Effizienzvorteil gelten, da eine derartige Spezialisierung bereits im Deutschland der Jahrhundertwende zu beobachten war. Vgl. Ludwig (1906), S. 3.

[152] Vgl. Caire (1990), S. 27. Beratungsofferten ergehen in Frankreich sowohl an Unternehmen als auch an Arbeitsuchende: Erstere werden dabei in Fragen der betrieblichen Personalentwicklung ("human resource management"), letztere im Rahmen ihrer individuellen Karriereplanung ("career guidance") unterstützt. Eingeschränkt für die Produktivität der Arbeitsvermittlung ist die Bedeutung der Qualifizierung ("training"). Dieses Verhältnis ist als Folge einer anderen Gewichtung vielmehr dadurch gekennzeichnet, daß die durch die Tätigkeit der Arbeitsvermittlung gewonnenen Erkenntnisse von besonderer Bedeutung für den Erfolg der Qualifizierungsmaßnahmen sind.

[153] Vgl. Fritsch/Wein/Ewers (1993), S. 131 ff.

gen werden, so daß auf Unteilbarkeiten basierende allokative Störungen des Marktes für Arbeitsvermittlung insgesamt nicht zu erwarten sind.

### *iii. Informationsmängel*

Von den unterschiedlichen Erscheinungsformen der Informationsmängel, die ein wohlfahrtstheoretisches Marktversagen verursachen können,[154] kann für den Vermittlungsmarkt das Problem der Qualitätsunkenntnis wegen asymmetrischer Informationsverteilung relevant werden. Wie oben gezeigt, werden durch diese Funktionsstörung insbesondere Märkte bedroht, auf denen ein Erfahrungsgut gehandelt wird.[155]

Zur Beantwortung der Frage, ob das Gut Arbeitsvermittlung als ein Erfahrungsgut gelten kann, sind die Qualitätseigenschaften des Gutes Arbeit in Erinnerung zu rufen. Das Gut Arbeit ist zuvor als ein klassisches Erfahrungsgut klassifiziert worden, da sich Arbeitgebern zahlreiche Qualitäten eines Arbeitnehmers, wie insbesondere seine extra-funktionalen Qualifikationen, erst im Zuge der Erbringung der Arbeitsleistung erschließen. In gleicher Weise ist festgestellt worden, daß auch Arbeitnehmer bestimmte Eigenschaften des von ihnen besetzten Arbeitsplatzes nur im Rahmen der Tätigkeitsausübung erkennen können.[156] Hieran anknüpfend muß auch die Dienstleistung der Arbeitsvermittlung als ein ausgesprochenes Erfahrungsgut gelten, da ihr Wert maßgeblich von der erbrachten Selektionsleistung abhängt. Für die Qualität des Matchings ist aber die Paßgenauigkeit der in Bezug zum Anforderungsprofil eines Arbeitsplatzes gesetzten Qualität des ausgewählten Arbeitnehmers entscheidend, die sich wiederum nur im Rahmen des Arbeitsvollzuges bestimmen läßt.[157]

Als Folge der Einstufung der Arbeitsvermittlung als Erfahrungsgut sieht sich der Vermittlungsmarkt der Gefahr des Akerlof-Prozesses ausgesetzt. Der Vorgang der

---

154 Vgl. zu einem Überblick ebenda, S. 185 ff.
155 Vgl. C.I.1.b.
156 Vgl. ebenda.
157 Vgl. Walwei (1993b), S. 287 f.

adversen Selektion basiert dabei auf der Annahme, daß sich auf dem Markt für Arbeitsvermittlung Anbieter sowohl von hoher als auch von niedriger Qualität engagieren. Zu letzteren gehören etwa Arbeitsvermittler, die nicht über die als wesentlich für den Vermittlungsprozeß befundene idiosynkratische Erfahrung verfügen. Können die Qualitätsunterschiede, also beispielsweise das Vorhandensein idiosynkratischer Erfahrung, von den Nachfragern der Vermittlungsdienstleistungen nicht durch Inspektion festgestellt werden, so wird sich die Zahlungsbereitschaft an der durchschnittlichen Qualität des auf dem betreffenden Markt gehandelten Gutes ausrichten. Dies veranlaßt die Anbieter hoher Qualität, den Markt zu verlassen: Der von Akerlof beschriebene Prozeß der Verdrängung guter durch schlechte Qualitäten vollzieht sich auch auf dem Markt für Arbeitsvermittlung.

Eine Möglichkeit, den Akerlof-Prozeß zu durchbrechen, besteht im Rückgriff auf das oben erörterte Konzept des *signaling*. Übertragen auf den hier thematisierten Zusammenhang bedeutet dies, daß die Anbieter höherwertiger Vermittlungsdienstleistungen für ihr Unternehmen „Reputation" aufbauen, die es den Nachfragern ermöglicht, die Qualität des Angebots zu erkennen.[158] Der Reputation kommt damit auf der Unternehmensebene die Funktion zu, die auf der Produktebene der „Markenartikel" übernimmt, dessen Bedeutung darin liegt, "den Verbrauchern ein spezifisches Nutzenbündel in einer jederzeit identifizierbaren bzw. wieder erkennbaren Form anzubieten."[159]

Beide Phänomene können als Signale im Spenceschen Sinne fungieren: Sie sind zum einen für Nachfrager leicht verifizierbar. Zum anderen ist der Aufbau der Signale nicht mit einem so hohen Aufwand verbunden, daß er sich durch die erwarteten höheren Erträge nicht mehr amortisieren ließe. Schließlich erfüllen die Signale auch die Bedingung, daß sich ihre Produktion nur für die Anbieter tatsächlich hoher Qualitätsniveaus lohnt. So rechnet sich z. B. der Aufwand zur Begründung von Unternehmensreputation nur, wenn er über einen längeren Zeitraum abgeschrieben werden kann. Dies ist aber nur möglich, wenn die Käufer beim ersten Erwerb der Güter auch die avisierte Qualität *erfahren*, so daß sie als Folge

---

[158] Die Reputation eines Unternehmens wird in der Literatur häufig auch als „goodwill" bezeichnet. Siehe zur Bedeutung des goodwill als transaktionskostensparendem Phänomen Rapold (1988), S. 20 ff.
[159] Dichtl/Diller (1980), S. 99.

einer extrapolativen Erwartungsbildung beim zweiten Mal wieder auf den nunmehr bewährten Artikel zurückgreifen.

Aus den vorstehenden Überlegungen folgt, daß die Anbieter von Vermittlungsdienstleistungen nur dann in den Aufbau von Unternehmensreputation investieren werden, wenn sich die Investition individuell rechnet. Dies setzt u. a. eine zur Amortisation der Investition ausreichende pay-off-Periode und mithin den Umstand voraus, daß die auf dem Markt für Arbeitsvermittlung engagierten Unternehmen eine Strategie der *langfristigen* Gewinnmaximierung betreiben. Folglich muß diese Verhaltensweise einen positiven "return on investment" aufweisen und insbesondere gegenüber der Strategie der *kurzfristigen* Gewinnmaximierung dominant sein.

Kurzfristige Gewinnmaximierung bedeutet dabei, daß ein Anbieter nur eine begrenzte Zeit am Markt für Arbeitsvermittlung verbleibt. Während dieser Zeit wird von Nachfragern, die sich auf dem betreffenden Markt erstmalig engagieren, ein Preis gezahlt, der mit Blick auf die gebotene Qualität bei entsprechender Qualitätstransparenz nicht entrichtet worden wäre. Bricht die Nachfrage zum Zeitpunkt der diffundierten Erfahrungen über die "schlechte", d. h. nicht preisangemessene Qualität zusammen, so verläßt der kurzfristige Gewinnmaximierer den Markt, um ihn unter anderer Bezeichnung wieder zu betreten. Unter welchen Bedingungen diese Strategie relativ erfolgreicher und somit ein Versagen des Marktes für Arbeitsvermittlung zumindest in bestimmten Qualitätssegmenten wahrscheinlich ist, soll mit Hilfe des in *Abbildung 3* dargestellten Modells näher untersucht werden.[160]

---

[160] Der im folgenden entwickelte Gedankengang basiert im weitesten Sinne auf Überlegungen von Rapold (1988, S. 30 ff.), die dieser zum Phänomen der Maximierung des Gewinns aus verdeckter Qualitätsverschlechterung angestellt hat. Ähnliche Überlegungen stellt Shapiro (1983) an; auch dessen modelltheoretische Analyse basiert auf der These, daß „(w)ithout premium for high quality items, sellers would find that a fly-by-night strategy of quality reduction would be profit maximizing" (ebenda, S. 660). Dabei folgt die Grundidee dem spieltheoretischen Konzept, das etwa von Milgrom/Roberts (1982) genutzt wird um zu zeigen, daß die Investition in einen bestimmten Ruf ökonomisch vorteilhaft sein kann. Milgrom/Roberts weisen dies nach an einem Unternehmen mit Monopolstellung, das mit Opportunitätskosten belastet wird, wenn es den Markteintritt eines Konkurrenten mit einer „aggressiven" Preispolitik beantwortet, da in einem Eine-Runde-Spiel das „kooperative" Preisverhalten wirtschaftlich günstiger ist. Gleichwohl ist in langfristiger Perspektive die aggressive Strategie überlegen, wenn hierdurch weiteren potentiellen Konkurrenten glaubhaft gemacht werden kann, daß sich ein Markteintritt wegen der zu erwartenden preispolitischen Reaktion nicht lohnt.

In diesem Modell definiert der untere Strahl den Planungshorizont, der hier zunächst auf sechs Perioden festgelegt wird. Zur Beantwortung der Frage nach der vorteilhaften Strategie unterscheidet das Modell entsprechend dem oben entwikkelten Ansatz zwischen einer langfristigen und einer kurzfristigen Perspektive. Der obere Strahl charakterisiert den Zahlungsstrom eines langfristig orientierten Arbeitsvermittlungsunternehmens: Es betritt den Markt mit Hilfe einer Investition in Höhe von $a_0$ und erzielt in den folgenden sechs Perioden des Planungshorizonts einen gleichbleibenden Deckungsbeitrag in der Größenordnung $DB_l$. Hiervon unterscheidet sich die durch den mittelständigen Strahl abgebildete kurzfristige Geschäftsausrichtung: Sie zeichnet sich durch einen investitionsvermittelten Markteintritt aus, der im hier gewählten Beispiel nur drei Perioden andauert. Der in Höhe von $a_0$ getätigten Investition ist der pro Periode erzielte Deckungsbeitrag $DB_k$ gegenzurechnen. Am Ende der dritten Periode scheidet das hier betrachtete Unternehmen aus dem Markt aus, um ihn mit Hilfe einer neuerlichen Investition in Höhe von $a_0$ unter anderer Bezeichnung wieder für drei Perioden zu betreten.

Abbildung 3: Langfristige versus kurzfristige Gewinnmaximierung

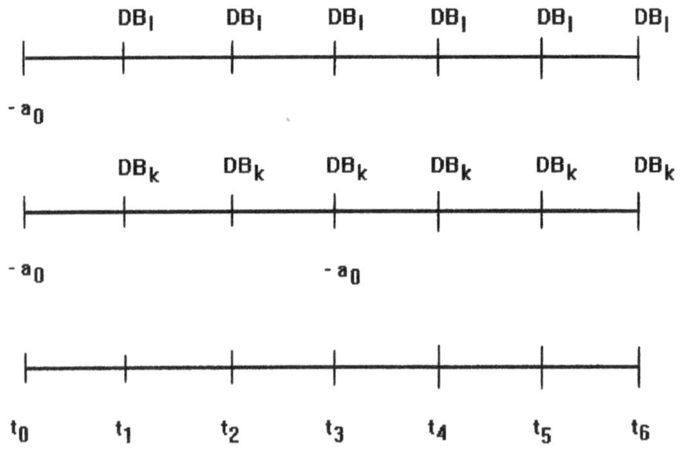

Sollen in dem Modell die Bedingungen für die relative Vorteilhaftigkeit der Strategie der kurzfristigen Gewinnmaximierung analysiert werden, so sind zunächst Vorstellungen zu den modellbestimmenden Größen zu entwickeln. Als erster Wert ist in diesem Sinne das erforderliche Investitionsvolumen $a_0$ zu betrachten, zu dem sich zwei grundlegende Aussagen treffen lassen: Zum einen ist bereits oben festgestellt worden, daß für die Tätigkeit der Arbeitsvermittlung ein nur geringer, praktisch vernachlässigbarer (Sach)Kapitalbedarf konstitutiv ist.[161] Zum anderen folgt aus der Logik des hier zugrunde gelegten Modells, daß es sich bei der Größe $a_0$ um eine Investition handelt, die fix für jeden Markteintritt ist und insofern als transaktionsspezifisch bezeichnet werden kann. Dementsprechend weist die *Abbildung 3* aus, daß der der kurzfristigen Strategie folgende Anbieter beim zweiten Markteintritt in $t_3$ erneut den Betrag $a_0$ investiert. Dies bedeutet, daß der für die langfristige und kurzfristige Strategie identische Betrag $a_0$ bei der kurzfristigen Strategie in nur drei Perioden abgeschrieben werden muß.

Inhaltlich verbirgt sich hinter der Größe $a_0$ etwa der mit dem bürokratischen Akt der Anmeldung eines Gewerbes verbundene Aufwand. Darüber hinaus ist ihr der durch die Vorbereitung der Wahl des geeigneten Standortes und durch die Suche adäquater Räumlichkeiten verursachte Ressourcenverzehr zuzuordnen. Schließlich kann unter $a_0$ auch der Aufwand gefaßt werden, der durch die Weitergabe der Information von der Existenz eines neuen Arbeitsvermittlungsunternehmens an die potentiellen Kunden bedingt ist, wobei dieses Unternehmen durch die spezifische Firmenbezeichnung identifiziert werden kann. Insgesamt dokumentiert die Auswahl der bedeutenderen Komponenten der als transaktionsspezifisch bezeichneten Investition, daß die Größe $a_0$ zu Recht als für die lang- und kurzfristige Strategie identisch beschrieben werden darf, sie gleichzeitig wohl aber als nur von geringer Größenordnung einzustufen ist.

Modellbezogene Überlegungen gilt es weiterhin zur Größe des Deckungsbeitrages anzustellen, der hier für die langfristige und die kurzfristige Strategie wie folgt definiert wird:

---

[161] Vgl. C.II.2.a.ii.

$DB_l := (p_a - c_l)x,$

$DB_k := (p_a - c_k)x.$

Hierdurch wird unterstellt, daß sowohl das langfristig als auch das kurzfristig orientierte Unternehmen zunächst nur den identischen Preis $p_a$ erzielen kann. Dies ist eine plausible Prämisse, da sich der Preis - als Folge der für ein Erfahrungsgut symptomatischen asymmetrischen Informationsverteilung - zunächst an der erwarteten durchschnittlichen Qualität ausrichten wird. Hintergrund ist, daß sich die Kunden außerstande sehen, die qua Inspektion nicht identifizierbaren Qualitätsunterschiede zu berücksichtigen. Im Modell wird diese Zahlungsbereitschaft für den Fall des der langfristigen Strategie folgenden Unternehmens während des gesamten Planungshorizonts von sechs Perioden unterstellt.

Im Fall des Unternehmens mit kurzfristiger Geschäftsausrichtung wird davon ausgegangen, daß die Zahlungsbereitschaft nach drei Perioden abrupt zusammenbricht. Dies läßt sich dadurch begründen, daß die Information von der annahmegemäß exorbitant "schlechten", noch unterhalb selbst geringster Mindestanspruchniveaus liegenden Qualität des betreffenden Unternehmens in diesem Zeitraum voll durch den potentiellen Kundenkreis diffundiert ist.[162] Nach Gründung eines neuen Arbeitsvermittlungsunternehmens in $t_3$ kann das Wirtschaftssubjekt den Preis $p_a$ wieder realisieren, wenn die potentiellen Kunden die mit dem Vorgängerunternehmen gemachten Erfahrungen nicht auf das "neue" Unternehmen projizieren können. Dies läßt sich etwa durch den Wechsel der Firmenbezeichnung und/oder die Veränderung des Standortes sicherstellen.

Des weiteren wird im Modell unterstellt, daß sowohl der langfristige als auch der kurzfristige Anbieter dieselbe Absatzmenge x umsetzen. Die Unterstellung folgt der plausiblen Annahme, daß die Anbieter als kleine Unternehmen Mengenanpasser sind, die jeweils eine positive Deckungsspanne aufweisen[163] und über identische Kapazitätsgrenzen verfügen.

---

162 Da Diffusionsprozesse grundsätzlich Zeit beanspruchen, stellt die Konzentration der Diffusion auf einen Augenblick eine starke Verkürzung der realiter zu erwartenden Vorgänge dar, die hier jedoch zugunsten der Modellvereinfachung akzeptiert werden soll.

163 Dies bedeutet, daß sowohl $(p_a - c_l) > 0$ als auch $(p_a - c_k) > 0$ gelten muß.

Der maßgebliche Unterschied zwischen der Strategie der langfristigen und der kurzfristigen Gewinnmaximierung wird analytisch schließlich durch die Differenz der jeweiligen Stückkosten abgebildet, die durch das unterschiedliche Qualitätsniveau bedingt ist. Dementsprechend sind die im Rahmen der langfristigen Geschäftspolitik anfallenden Kosten der Arbeitsvermittlung $c_l$ als vergleichsweise hoch einzustufen, da hier zur Stabilisierung der Marktpräsenz insbesondere für die intensive Informationsbeschaffung ein großes Know-how eingespeist wird, das wesentlich auf dem Vorhandensein idiosynkratischer Erfahrung basiert.[164] Wie oben gezeigt worden ist, kann idiosynkratische Erfahrung als relativ knapp gelten, so daß ihr Einsatz mit entsprechend hohen Kosten einhergeht.[165]

Die hohen Kosten können im Fall der kurzfristigen Gewinnmaximierung eingespart werden, wenn auf den Faktor idiosynkratische Erfahrung nicht zurückgegriffen wird; demzufolge wird im Rahmen dieser Strategie lediglich eine extensive Informationsbeschaffung durch Zusammenführung von Arbeitsuchenden und Vakanzen geleistet, ohne die für den Erfolg eines Matches unabdingbare, auf qualitativ hochwertiger intensiver Informationsbeschaffung gründende Paßgenauigkeit sicherzustellen.[166] Da die geringe Rentabilität eines derartigen Matches als Folge des Erfahrungsgutcharakters des Faktors Arbeit nicht sofort entdeckt wird, kann eine solche Geschäftspolitik bis zum Ruchbarwerden der geringen Qualität aufrechterhalten werden. Die bei dieser Strategie anfallenden Kosten $c_k$ können dementsprechend im Vergleich zu den Kosten der langfristigen Politik $c_l$ als erheblich niedriger eingeschätzt werden.

Soll unter Rückgriff auf das hier entwickelte Modell nunmehr die Wahrscheinlichkeit eines informationsmängelbedingten Versagens des Marktes für Arbeitsver-

---

164 Die vergleichsweise hohen Kosten $c_l$ resultieren daraus, daß sie die oben erwähnten Investitionskosten zum Aufbau von Reputation umfassen. Die Investitionskosten stellen demnach einen Teil der Kosten $c_l$ dar. Beziffert werden können sie als die Differenz der Kosten $c_l$ und derjenigen Kosten, die zur Produktion des von Nachfragern mit der durchschnittlichen Zahlungsbereitschaft $p_a$ erwarteten Qualitätsniveaus erforderlich sind. Da der Investitionsgedanke bei dem im Modell gewählten Planungshorizont annahmegemäß nicht zum Tragen kommt, ist die Differenzierung der Kosten hier nicht von Bedeutung.

165 Vgl. C.I.2.c. Im empirisch als relevant erkannten Fall der Eine-Person-Unternehmung nehmen diese Kosten die Gestalt von Opportunitätskosten an, die dadurch entstehen, daß die idiosynkratische Erfahrung des Unternehmers z. B. auch in der Personalabteilung eines nicht das Gut Arbeitsvermittlung produzierenden Unternehmens eingesetzt werden könnte.

166 Mit Blick auf die inhaltliche Dimension eines solchen Matching-Vorganges könnte dies etwa bedeuten, daß nur ein berufsfachlicher Abgleich zwischen Angebot und Nachfrage vorgenommen wird, ohne ihn auf den für die Produktivität des Faktors Arbeit entscheidenden extra-funktionalen Bereich auszudehnen.

mittlung abgeschätzt werden, so sind die Bedingungen der Dominanz der Strategie der kurzfristigen Gewinnmaximierung näher zu betrachten. Rentabilitätsdominanz ist gegeben, wenn der Kapitalwert der kurzfristigen Politik $C_0^k$ größer als der der langfristigen Geschäftsausrichtung $C_0^l$ ist.[167] Unter Referenz auf die Modellstruktur errechnen sich die Kapitalwerte in der folgenden Weise, wobei die Größe r den der Diskontierung zugrunde liegenden Zinssatz bezeichnet:

$$C_0^k = -a_0\left[1+\frac{1}{(1+r)^3}\right] + \sum_{i=1}^{6} \frac{(p_a - c_k)\,x}{(1+r)^i},$$

$$C_0^l = -a_0 + \sum_{i=1}^{6} \frac{(p_a - c_l)\,x}{(1+r)^i}.$$

Dementsprechend besteht die Gefahr eines Marktversagens, wenn gilt:

$$C_0^k > C_0^l,$$

$$\Leftrightarrow -\frac{1}{(1+r)^3}\,a_0 > \sum_{i=1}^{6} \frac{(c_k - c_l)\,x}{(1+r)^i},$$

$$\Leftrightarrow a_0 < (1+r)^3 \sum_{i=1}^{6} \{[(c_l - c_k)\,x] / [(1+r)^i]\}.$$

Um die Wahrscheinlichkeit des Eintretens dieser Ungleichung abschätzen zu können, sollen die im Modell verwendeten Variablen durch geeignete empirische Werte ersetzt werden. Hierbei ist zunächst festzulegen, welchen Zeitraum der im Modell mit sechs Perioden veranschlagte Planungshorizont abdeckt. Der Zeitraum darf mit Blick auf die Modellstruktur höchstens die zum Aufbau von Anbieterreputation notwendige Dauer umfassen. Jenseits dieses Zeitpunktes wird die Situation der asymmetrischen Informationsverteilung durchbrochen, und es kann wegen der

[167] Damit ein Markt für Arbeitsvermittlung überhaupt entsteht, muß zusätzlich gewährleistet sein, daß beide Kapitalwerte größer als Null sind: $C_0^k > C_0^l > 0$.

dann möglichen Qualitätsidentifikation ein über $p_a$ liegender Preis erzielt werden. Werden auf der anderen Seite die empirisch zu beobachtenden Schwierigkeiten bei der Etablierung von Vermittlungsunternehmen in Rechnung gestellt, so scheint der Ansatz von zwei Jahren eine plausible Größe zu sein.[168] In der Logik des Modells bedeutet dies, daß der kurzfristig agierende Anbieter nach einem Jahr aus dem Markt ausscheidet.[169]

Die Taxierung der Kostendifferenz ($c_l$ - $c_k$) soll hier durch den Rückgriff auf die Bandbreite der von den gewerbsmäßig orientierten Vermittlungsunternehmen geforderten Preise erfolgen, wie sie in der Bundesrepublik Deutschland noch zu Zeiten des Vermittlungsmonopols in den gleichwohl zugelassenen, unter Wettbewerb stehenden Ausnahmebereichen zu beobachten waren.[170] Die Spannweite erstreckte sich von 6% bis 60% der Bruttojahreslohnsumme, wobei der Preis in den meisten Fällen bei 20% lag.[171] Zur näherungsweisen Bestimmung von $c_k$ soll auf den unteren Wert, zur Abschätzung von $c_l$ auf den häufigsten Wert zurückgegriffen werden, um durch den Einsatz des Spitzenwertes von 60% für $c_l$ nicht den Anspruch einer „vorsichtigen" Schätzung zu verletzen. Als Bezugsgröße für die ausgewählten Prozentwerte soll die durchschnittliche Bruttolohnsumme des Monats Juni 1993 Verwendung finden, wie sie vom IAB vermöge einer Befragung von 4300 Betrieben auf der Basis der Betriebsdatei der Beschäftigtenstatistik der BA

---

[168] Die Anlaufschwierigkeiten werden durch den in der Bundesrepublik Deutschland registrierten Tatbestand dokumentiert, daß die seit der Aufhebung des Vermittlungsmonopols am 1.8.94 bis zum 31.12.94 zugelassenen 1494 privaten Arbeitsvermittler in den fünf Monaten lediglich 2996 Vermittlungen realisieren konnten. Vgl. Lutz (1995), S. 210.

[169] Das Modell geht demnach von unterschiedlichen „Diffusionsgeschwindigkeiten" aus: Während die Nachfrager die unterdurchschnittliche Qualität schon nach drei Perioden bzw. einem Jahr erkennen, wird ihnen die überdurchschnittliche Qualität erst nach sechs Perioden bzw. zwei Jahren offenbar. Die hierdurch implizit unterstellte These, daß sich "schlechte" Nachrichten grundsätzlich schneller verbreiten als "gute", läßt sich nach Rapold (1988, S. 41) durch den Hinweis auf die im Bereich der Massenmedien transportierten Informationsinhalte stützen.

[170] Streng genommen gilt die Gleichsetzung der Preise mit den Grenzkosten (kurzfristige Betrachtung) bzw. mit dem Minimum der Durchschnittskosten (langfristige Betrachtung) jeweils nur unter der Bedingung der vollständigen Konkurrenz. Zur Approximation der gesuchten Werte soll die gewählte Vorgehensweise hier aber akzeptiert werden.

[171] Vgl. Caire (1990), S. 31.

bestimmt worden ist. Sie befand sich auf dem Niveau von 2.748 DM je Beschäftigten, so daß sich eine durchschnittliche Bruttojahreslohnsumme von 12 * 2.748 DM = 32.976 DM ergibt.[172]

Um das für ein Marktversagen kritische Investitionsvolumen abzuschätzen, sind abschließend noch der (mengenmäßige) Periodenumsatz x und der Diskontierungszinssatz r zu bestimmen. Da für ersteren - abgesehen von den erwähnten, aus der Marktetablierungsphase stammenden Daten - keine aussagekräftigen deutschen Zahlen existieren, wird hier auf die entsprechenden französischen Werte zurückgegriffen: Dort ist empirisch erhoben worden, daß ein Arbeitsvermittler im Jahr durchschnittlich 21 Vermittlungen realisiert.[173] Da in gleicher Weise auch für den Diskontierungszinssatz r der eigentlich zu verwendende Wert, die für den Vermittlungssektor spezifische return-on-investment-Rate, nicht zur Verfügung steht, soll für ihn als konservativer Schätzwert ein Zehn-Jahres-Durchschnitt der Umlaufrendite festverzinslicher Staatsschuldpapiere mit einer Restlaufzeit von mindestens drei Jahren herangezogen werden. Dieser Zins lag für den Zeitraum 1983 bis 1992 bei einem Wert von 7,3 %.[174]

Werden nunmehr die als Näherungswerte bestimmten Größen in die die Bedingung für ein Marktversagen beschreibende Ungleichung eingestellt, so ergibt sich als Ergebnis, daß alle Investitionsvolumina, die kleiner als 188.542 DM sind, die ökonomische Vorteilhaftigkeit der Strategie der kurzfristigen Gewinnmaximierung mit der Folge des oben beschriebenen Marktversagens bedeuten. Vor dem Hintergrund der oben als transaktionsspezifisch isolierten Investitionserfordernisse muß dementsprechend *unter den gegebenen Prämissen* ein Marktversagen als relativ wahrscheinlich gelten: Selbst wenn das Doppelte des oben ermittelten durchschnittlichen Jahreslohnes in deutschen Betrieben beschäftigter Arbeitneh-

---

172 Vgl. Bellmann/Kohaut (1995), S. 65 f. Bei der Berechnung des Jahreswertes ist von der Berücksichtigung etwaiger Sonderzuwendungen wie beispielsweise Weihnachtsgeld abgesehen worden.

173 Vgl. Caire (1990), S. 26. Der Verfasser ist sich des grundsätzlichen Problems bewußt, daß die Verwendung von empirischen Daten aus unterschiedlichen Ländern innerhalb eines Rechenkalküls wenig systematisch ist. Die Vorgehensweise wurde hier gleichwohl gewählt, da die mit der unveröffentlichten Studie von Caire einzig zugängliche Datenbasis keine für die einzelnen Länder jeweils vollständigen Datensätze enthält. Als Alternative wäre somit nur der Verzicht auf eine empirische Abschätzung des Entscheidungskalküls möglich gewesen. Diese Lösung ist gegenüber der Variante des Rückgriffs auf einen länderinhomogenen Datensatz als analytisch weniger überzeugend eingestuft worden.

174 Die Durchschnittsgröße ist aus den entsprechenden Angaben des Sachverständigenrates (1993, S. 300) errechnet worden.

mer zugrunde gelegt werden würde, könnten immerhin 2,86 Jahreskräfte zur Erledigung der zur Gründung eines Vermittlungsunternehmens notwendigen Arbeiten eingesetzt werden.

Abbildung 4: Der kritische Planungshorizont

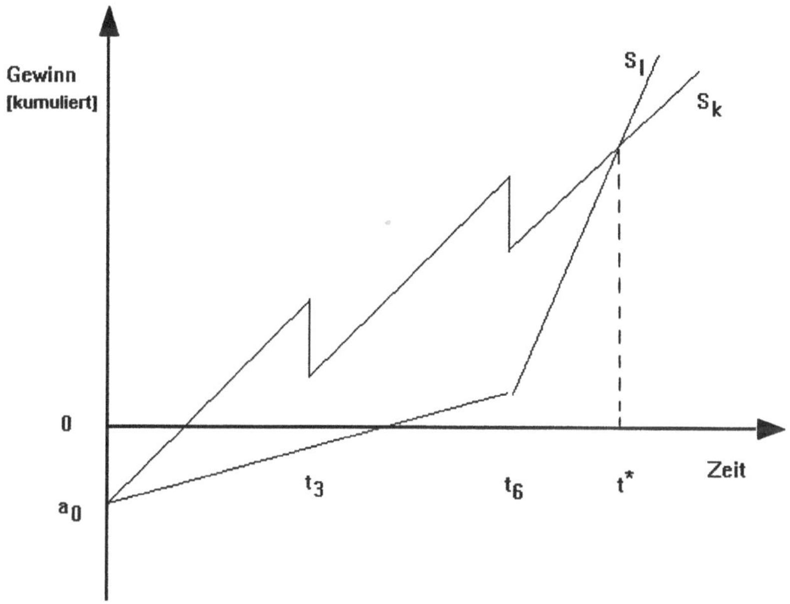


Dieses eindeutige Ergebnis läßt sich allerdings nicht länger aufrechterhalten, wenn die die Aussagekraft des Modells stark einschränkenden Voraussetzungen modifiziert werden. Besonders restriktiv wirkt in diesem Zusammenhang die Prämisse der Begrenzung des Planungshorizonts auf zwei Jahre. Dies führt im Modell dazu, daß der der Strategie der langfristigen Gewinnmaximierung folgende Arbeitsvermittler zwar die mit der Produktion höherer Qualität einhergehenden Kosten zu tragen hat, aber nicht über genügend Zeit verfügt, Anbieterreputation zu erwerben. Diese Reputation würde es ihm ermöglichen, die asymmetrische Informationsverteilung zu durchbrechen und für die nunmehr identifizierbare höhere

Qualität auch einen höheren Preis zu erzielen. Wird hierbei unterstellt, daß der reputationsgestützte Preis $p_r$ abzüglich der hiermit korrespondierenden Kosten $c_l$ eine höhere Deckungsspanne als im Falle der kurzfristigen Strategie ergibt,[175] so resultiert das in *Abbildung 4* graphisch dargestellte Ergebnis.

Die Graphik weist für den Kurvenzug der kurzfristigen Geschäftsausrichtung $S_k$ die konstante Deckungsspanne ($p_a$ - $c_k$) und den qua Annahme festgelegten Umstand aus, daß alle drei Perioden die transaktionsspezifische Investition $a_0$ wegen erneuten Markteintritts zu leisten ist. Die Gewinnfunktion für die langfristige Strategie $S_l$ erfährt nur einmal eine Reduktion um den Wert $a_0$. Im Anschluß steigt die Kurve mit der Deckungsspanne ($p_a$ - $c_l$) bis zur Periode $t_6$, da annahmegemäß bis zu diesem Zeitpunkt Anbieterreputation noch nicht aufgebaut worden ist; ab Periode $t_6$ steigt die Funktion dann mit dem Wert ($p_r$ - $c_l$). In der Konsequenz bedeutet dies, daß für alle Individuen, deren Planungshorizont jenseits der kritischen Zeitspanne $t^*$ liegt, die Strategie der langfristigen Gewinnmaximierung dominant ist: Die Gefahr eines Versagens des Vermittlungsmarktes wird durch diesen Umstand stark relativiert.

Diese Reduzierung der Eintrittswahrscheinlichkeit eines Marktversagens wird allerdings nur wirksam, wenn der überwiegende Teil der Anbieter von Vermittlungsdienstleistungen dem langfristigen Kalkül folgt. Wenngleich für Unternehmer mit Gewinninteresse grundsätzlich zu erwarten ist, daß sie die Chancen von Anbieterreputation erkennen und realisieren, muß dies nicht für alle Anbieter gelten: So kann nicht ausgeschlossen werden, daß einige Anbieter das auf dem Aufbau von goodwill und einem entsprechend weit ausgedehnten Planungshorizont fußende Gewinnpotential nicht wahrnehmen und bei einem eingeschränkten Planungszeitraum die dann renditeträchtigere Strategie der kurzfristigen Gewinnmaximierung verfolgen.[176]

---

175 Analytisch bedeutet dies: $(p_r - c_l) > (p_a - c_k)$.

176 Zur Begründung kann beispielhaft auf das Konzept des „ipsativen Möglichkeitsraumes" verwiesen werden. Es handelt sich hierbei um ein sozialpsychologisch fundiertes ökonomisches Modell, innerhalb dessen individuelle Entscheidungen als zweistufiger Prozeß dargestellt werden. In einem ersten Schritt werden die persönlich relevanten, d. h. ipsativen Alternativen festgelegt; aus diesem Möglichkeitsraum wählt das entscheidende Subjekt auf der Basis seines individuellen (Optimal)Kalküls die günstigste Alternative. Stimmen die ipsativen mit den objektiv gegebenen Wahlmöglichkeiten überein, so liegt der Fall des neoklassischen Entscheidungs-

In diesem Fall wird die Gefahr eines Marktversagens erneut gegenwärtig, da die kurzfristig ausgerichteten Anbieter nicht nur in allokativ bedenklicher Weise die Kunden – bei einer noch bestehenden asymmetrischen Informationsverteilung - mit einer geringeren als der erwarteten Qualität bedienen, sondern während dieser Phase durch die "Produktion" schlechter Erfahrungen den Informationskanal "Arbeitsvermittlung" insgesamt diskreditieren. Die insofern auf die Protagonisten der langfristigen Strategievariante wirkenden negativen externen Effekte können die Amortisation von Investitionen in Reputation entscheidend beeinträchtigen und im Extremfall ein vollständiges Marktversagen begründen.

Vor diesem Hintergrund ist nunmehr im Rahmen des Demsetzschen "comparative institution approach" eine Entscheidung darüber zu treffen, in welcher Weise allokationspolitisch auf die beschriebene Gefahr zu reagieren ist. Die hierbei zu berücksichtigenden Parameter sind mit Blick auf die Ordnungskonformität die Eingriffsintensität und hinsichtlich der Verhältnismäßigkeit des Eingriffs der Umsetzungsaufwand.

Im Kontinuum möglicher Interventionsgrade stellt die völlige staatliche Abstinenz auf dem Markt für Arbeitsvermittlung den einen Extremfall dar.[177] Ein Marktversagen wird bei dieser Konstellation nur vermieden, wenn die Wirtschaftssubjekte betriebsindividuelle Reputation aufbauen oder sich auf dem Markt betriebsübergreifende Qualitätsstandards herausbilden. Daß dies geschehen kann, legen empirische Beobachtungen nahe: So hat sich in Frankreich ein Verein mit Namen "Syntec Recruitment" gebildet, der als Markenname resp. Qualitätslabel fungiert. Dementsprechend dürfen diesem Verein nur Arbeitsvermittlungsunternehmen beitreten, die bestimmte Qualitätskriterien erfüllen. Hierzu gehört eine Mitarbeiterzahl von wenigstens zwei Angestellten zuzüglich des Firmeninhabers, die gesetzes-

---

modells vor. Abweichungen hiervon entstehen immer dann, wenn der ipsative und der objektive Möglichkeitsraum nicht mehr deckungsgleich sind. Der Grund hierfür kann in Traditionen, Ideologien, aber auch im Phänomen der adaptiven Erwartungsbildung liegen. So können im hier interessierenden Fall einer geringeren Ausdehnung des ipsativen Möglichkeitsraums etwa die schlechten Erfahrungen mit langen Amortisationsperioden dafür verantwortlich sein, daß renditeträchtige Optionen mit langen pay-off-Zeiträumen nicht mehr ins Kalkül gezogen werden. Vgl. hierzu Frey (1990), S. 181 ff.

[177] Grossekettler (1995, S. 550) mißt die Intensität des staatlichen Einflußes mit Hilfe des von ihm definierten „Eingriffsgrades", dem er eine von 0 bis 1 reichende Skala zuteilt. Innerhalb seines Konzeptes beschreibt der Eingriffsgrad 0 das „freie Spiel der Marktprozesse", während der Eingriffsgrad 1 das „Vorschreiben einer ganz bestimmten Verhaltensweise für alle Beteiligten" impliziert. Vor diesem Hintergrund ist dem hier zunächst betrachteten Szenario der Eingriffsgrad 0 zu attestieren.

konforme Anmeldung des Gewerbes sowie eine Marktpräsenz, die zum Zeitpunkt des Beitritts seit mindestens zwei Jahren besteht.[178]

Wenngleich die potentiellen Nachfrager von Vermittlungsdienstleistungen durch die Vereinsmitgliedschaft des betreffenden Anbieters vermuten können, daß letzterer nicht der Strategie der kurzfristigen Gewinnmaximierung folgt, kann die Etablierung einer solchen Einrichtung mit Blick auf die oben aufgeführten negativen Effekte gleichwohl kurzfristig agierender Vermittlungsunternehmen nicht garantiert werden. Unabhängig hiervon sind bis zur Entwicklung derartiger Institutionen von der Gesamtheit der Nachfrager auf jeden Fall die mit dem Erfahren nicht identifizierbarer schlechter Qualitäten verbundenen Kosten zu tragen; ob solche Anpassungskosten als grundsätzlich akzeptabel gelten können, ist als gesellschaftspolitisch zu entscheidende Fragestellung zu klassifizieren.[179]

Die der staatlichen Enthaltsamkeit diametral entgegenstehende Form eines Eingreifens durch den Staat stellt das völlige Verbot privater Arbeitsvermittlung, d. h. ein staatliches Alleinvermittlungsrecht dar.[180] Eine solche Eingriffsintensität ist aus wohlfahrtstheoretischer Perspektive nur dann zulässig, wenn keine Instrumente geringerer Eingriffsintensität verfügbar sind, um dem diagnostizierten Marktversagen wirkungsvoll zu begegnen.

---

[178] Vgl. Caire (1990), S. 46.

[179] Das grundsätzliche Problem der gesellschaftlichen Toleranz von Anpassungskosten läßt sich am Beispiel der Herausbildung eines Qualitätsgleichgewichts am Markt für ärztliche Dienstleistungen noch einmal verdeutlichen. Wird die Berechtigung zur Ausübung ärztlicher Tätigkeiten nicht an die Bedingung einer Approbation oder sonstigen staatlichen Lizenz geknüpft, so kann erwartet werden, daß Anbieter des Erfahrungsgutes "ärztliche Dienstleistungen" langfristig versuchen werden, durch die Herausbildung von "goodwill" den Prozeß der adversen Selektion zu durchbrechen, um so ihre Ertragschancen auch bei höheren Qualitätsniveaus wahren zu können. Dieser zeitlich auf Perspektive angelegte Vorgang der evolutionären Formierung von Qualitätssignalen kann allerdings nicht verhindern, daß bis zur Marktrelevanz der Reputation auch Anbieter mit einer geringeren oder auch äußerst niedrigen Qualität zum Zuge kommen. Dies kann aber im ärztlichen Bereich zur Folge haben, daß die mit dem Erfahrungsgut "ärztliche Heilkunst" konfrontierten Kunden negative Erfahrungen auch in der Form erleiden können, daß sie mit irreparablen Gesundheitsschäden oder sogar mit dem Tod "belastet" werden. Werden diese "Kosten" der Anpassung an ein Qualitätsgleichgewicht als gesellschaftlich nicht tolerabel klassifiziert, so scheidet die evolutionäre Variante der Qualitätsstabilisierung aus; Mittel der Wahl ist dann ein staatliches Lizensierungssystem.

[180] Diese Situation entspricht im zuvor skizzierten Schema verschiedener Eingriffsgrade dem Wert 1. Für die Umsetzung des staatlichen Alleinvermittlungsrechts sind grundsätzlich zwei unterschiedliche Organisationsformen vorstellbar. So kann der Staat zum einen ein mit dezidierten Qualitätsvorgaben verbundenes Arbeitsvermittlungsmonopol *bereitstellen*, mit der *Herstellung* dieser Dienstleistung aber ein privates Wirtschaftssubjekt beauftragen. Zum anderen kann der Staat das Gut Arbeitsvermittlung selbst herstellen und so ein staatliches Arbeitsvermittlungsmonopol konstituieren. Um zur Lösung des vorstehenden make-or-buy-Problems eine ökonomisch fundierte Entscheidung treffen zu können, hat Grossekettler (1995, S. 513 ff.) „Regeln für die Behandlung von Herstellungsfragen" formuliert, die hier aber nicht thematisiert werden müssen.

Soll innerhalb dieser Bandbreite denkbarer Reaktionen ein möglichst eingriffsschwaches Instrument vorgeschlagen werden, das gleichwohl geeignet ist, das Marktversagen zu therapieren, so ist direkt an der Ursache der für den Vermittlungsmarkt erwarteten Funktionsstörung anzusetzen. Für die Möglichkeit eines Marktversagens verantwortlich gemacht worden war die geringe transaktionsspezifische Investition, die die Strategie der kurzfristigen Gewinnmaximierung als vorteilhaft erscheinen ließ. Dementsprechend kann als geeignete Therapie die Erhöhung der transaktionsspezifischen Investition angesehen werden. Dies läßt sich realisieren, indem die Berechtigung zur Ausübung der Arbeitsvermittlung mit einem Lizenzzwang versehen wird; die einzige Bedingung zur Erlangung der Lizenz müßte die Entrichtung einer Gebühr sein,[181] die insofern transaktionsspezifisch ist, als sie im Falle der Aufgabe des gerade angemeldeten Vermittlungsgewerbes mit ihm zusammen untergehen würde. Dabei läßt sich das Lizensierungsverfahren transaktionskostengünstig umsetzen, indem es mit dem obligatorischen Verwaltungsakt der Gewerbeanmeldung gekoppelt wird.

### b. Zwischenergebnis: die Konfiguration einer marktkonformen Arbeitsvermittlung

Aus den bisher gewonnenen Erkenntnissen soll als Zwischenergebnis das Konzept eines marktkonformen Arbeitsvermittlungssystems abgeleitet werden. Hierzu wird noch einmal resümiert, welcher Grad der Deregulierung des Vermittlungsmarktes aus allokationspolitischer Sicht geboten ist. Im Anschluß wird der Gestaltungsvorschlag gegen die in der Literatur geforderte Regulierung der privaten Arbeitsvermittlung verteidigt und gezeigt, daß weiterreichende Eingriffe in den Vermittlungsmarkt entbehrlich sind. Abschließend wird die prozessuale Entwicklung vom Status quo des bestehenden Vermittlungssystems hin zur marktkonformen Variante beschrieben.

---

[181] Alternative Maßnahmen, die wie erweiterte Marktzugangsbeschränkungen und Vorgaben hinsichtlich der Qualifikation von Arbeitsvermittlern grundsätzlich vorstellbar sind, unter den genannten Bedingungen aber nicht das Mittel der Wahl sein können, werden im nächsten Gliederungspunkt kritisch beleuchtet.

Als ordnungs- bzw. marktkonform gilt ein staatlicher Eingriff, wenn die beabsichtigte staatliche Maßnahme im Hinblick auf das verfolgte Ziel geeignet, erforderlich und verhältnismäßig ist.[182] Wie die Theorie der Arbeitsvermittlung gezeigt hat, ist die ordnungspolitische Entscheidung zugunsten eines Systems ausschließlich privater Arbeitsvermittlung *geeignet*, den erheblichen Informationsproblemen realer Arbeitsmärkte wirkungsvoll zu begegnen. Im Rahmen der allokativen Untersuchung des Vermittlungsmarktes wurde die Einführung eines mit der Entrichtung einer einmaligen Gebühr einhergehenden Lizensierungssystems als *erforderlich* herausgearbeitet: Die Lizenz stellte die staatliche Maßnahme mit dem niedrigsten Eingriffsgrad dar, die die informationsmängelbedingten allokativen Störungen auf dem Markt für Arbeitsvermittlung zu beseitigen in der Lage ist. Schließlich konnte der Eingriff auch als *verhältnismäßig* gewertet werden, da sich die Lizensierung durch die verwaltungstechnische Kopplung mit der Gewerbeanmeldung transaktionskostengünstig umsetzen läßt.

Nach diesem Ergebnis impliziert die Etablierung eines Systems marktkonformer Arbeitsvermittlung den völligen Verzicht auf eine öffentliche Arbeitsvermittlung. Dies stellt eine ordnungspolitische Option dar, die bislang noch in keinem der bedeutendsten marktwirtschaftlich ausgerichteten Wirtschaftssysteme umgesetzt worden ist.[183] Zur Verteidigung des Resultats sind an dieser Stelle allerdings noch die Regulierungsforderungen zu diskutieren, die im Zusammenhang mit einer parallel zur öffentlichen Arbeitsvermittlung betriebenen privaten Arbeitsvermittlung erhoben werden. In allokativer Hinsicht werden die folgenden gewerblichen Zulassungsvoraussetzungen für notwendig befunden:[184]

---

[182] Vgl. Grossekettler (1995), S. 547 ff.

[183] Mosley (1997, S. 29) weist darauf hin, daß es in allen OECD-Ländern eine staatliche Arbeitsvermittlung gibt.

[184] Vgl. zur Regulierung der privaten Arbeitsvermittlung Klein (1993), S. 243 ff.; Walwei (1993b), S. 292; Walwei (1994c), S. 86 f. Neben den aufgeführten werden weitere Zulassungsvoraussetzungen sowie Berufsausübungsregelungen postuliert, die aber auf distributions- und arbeitsmarktpolitische Ziele abheben und bei der hier vorgenommenen allokationspolitischen Betrachtung unberücksichtigt bleiben sollen; auf sie wird im nächsten Gliederungspunkt noch zurückzukommen sein.

- Etablierung einer unabhängigen öffentlichen Aufsichtsbehörde zur Realisierung von qualitätsorientierten Kontrollaufgaben,
- Nachweis eines einwandfreien Leumunds, z. B dokumentiert durch ein entsprechendes Führungszeugnis, und fachlicher Mindestvoraussetzungen Arbeitsvermittlung betreibender Unternehmer und Angestellter (abgeschlossene Berufsausbildung, Zeiten beruflicher Tätigkeit in artverwandten Beschäftigungsfeldern wie etwa dem Bereich des Personalwesens u. a.),
- angemessene Geschäftsräume,
- Lizenzzwang, der mit der Erhebung einer nicht geringen Kaution und jährlichen Lizenzgebühren einhergeht.

Zur Erörterung des Regulierungskatalogs können zunächst die ersten drei Forderungen zusammengefaßt werden, die sich auf die inhaltliche und infrastrukturelle Ausgestaltung einer staatlich-administrativen Qualitätssicherung beziehen. Diesem Postulat kann das oben abgeleitete Ergebnis entgegengehalten werden, daß das beabsichtigte Ziel der Qualitätsstabilisierung auch durch eine weniger eingriffsintensive Marktintervention garantiert werden kann. Akzeptiert werden kann für eine Übergangsphase der mit einer Gebührenerhebung einhergehende Lizenzzwang. Entgegen der in der Literatur aufgestellten Forderung sollte diese Gebühr allerdings nicht jährlich, sondern für jede Gewerbeanmeldung nur einmalig festgesetzt werden, um dem allokationspolitisch diktierten Erfordernis der Erhöhung der transaktionsspezifischen Investition gerecht zu werden. In gleicher Weise muß dem Verlangen nach einer nicht geringen Kaution widersprochen werden: Eine Kaution stellt ihrem Wesen nach eine rückzahlbare finanzielle Bürgschaft dar und entspricht damit nicht dem allokationspolitisch fundierten Wunsch nach einer *transaktionsspezifischen* Kostenbelastung.

Zur Beantwortung der abschließenden Frage, wie die Einführung des hier vorgestellten Systems einer marktkonformen Arbeitsvermittlung in der Bundesrepublik Deutschland prozessual erfolgen sollte, ist noch einmal das bereits erwähnte Problem in Erinnerung zu rufen, daß sich die in Konkurrenz zur entgeltfrei operierenden öffentlichen Arbeitsvermittlung der Bundesanstalt für Arbeit befindliche private

Arbeitsvermittlung bisher nur rudimentär entwickelt hat.[185] Um gleichwohl die Etablierung eines flächendeckend präsenten marktkonformen Vermittlungssystems zeitnah sicherstellen zu können, bietet es sich an, die öffentliche Arbeitsvermittlung der BA zunächst *formell* und dann *materiell* zu privatisieren.[186] Im Rahmen der formellen Privatisierung ist die öffentliche Arbeitsvermittlung der BA in eine privatrechtliche Organisationsform zu transformieren. Im Zuge der materiellen Privatisierung ist schließlich das staatliche Eigentum an der privatrechtlich organisierten Arbeitsvermittlung in Privatbesitz zu überführen. Der entscheidende Vorteil der zeitlichen Trennung von formeller und materieller Privatisierung besteht darin, daß sich die formelle Privatisierung wesentlich schneller als eine *in einem Zug* erfolgende Privatisierung umsetzen läßt. Insoweit ist im Trennmodell gewährleistet, daß die marktkonforme Arbeitsvermittlung zügig zu konstituieren und unmittelbar arbeitsfähig ist.

Mit dem Schritt der materiellen Privatisierung ist die Implementation einer marktkonformen Arbeitsvermittlung beendet und die Existenz eines flächendeckenden, wettbewerblich funktionierenden und stabilen Marktes für Arbeitsvermittlung garantiert. Es wird damit im Sinne der *Marktpriorisierer* ein Vermittlungssystem eingeführt, das sich durch maximale Effizienz auszeichnet. Wie oben ausgeführt, kann ein solches Vermittlungssystem auch von den als *Sozialstaatspriorisierer* bezeichneten Anhängern einer eingriffsintensiven Arbeitsmarktpolitik konsentiert werden, da die resultierenden Effizienzgewinne, die letztlich auch dem Staat zugute kommen, grundsätzlich auch zur Finanzierung arbeitsmarktpolitischer Maßnahmen genutzt werden können. Voraussetzung ist aber, daß ein System marktkonformer Arbeitsvermittlung der Realisierung der von den *Sozialstaatspriorisierern* vertretenen sozialpolitischen Ziele nicht entgegensteht. Ob die Gefahr besteht, muß die im nächsten Gliederungspunkt vorzunehmende Analyse zeigen.

---

[185] Vgl. Fußnote 168 dieses Abschnitts. An der grundsätzlichen Gültigkeit dieser Aussage ändern auch die durch Tabelle 1 (Anhang B) dokumentierten Steigerungsraten der Zahl privater Arbeitsvermittlungen in Deutschland nichts. Dies wird deutlich, wenn etwa die rd. 105.000 Arbeitsvermittlungen, an denen in 1996 private Vermittler mitgewirkt haben, ins Verhältnis gesetzt werden zu den gut 3,3 Mio. Vermittlungen, die die BA im gleichen Zeitraum realisiert hat. Vgl. zu letzterem Bundesanstalt für Arbeit (1997), S. 179.

[186] Vgl. zur Unterscheidung der beiden Formen der Privatisierung Grossekettler (1989), S. 437; Grossekettler (1995), S. 517 f.

### 3. Sozialpolitische Aspekte der Arbeitsvermittlung

Der wohlfahrtstheoretisch motivierte Verzicht auf eine öffentliche Arbeitsvermittlung wird von den Protagonisten der traditionellen Sozialpolitik trotz realisierbarer Effizienzvorteile abgelehnt, wenn er mit der Umsetzung ihrer zentralen Ziele konfligiert. Zurückgeführt wurde diese Maxime oben auf das Grundverständnis der als *Sozialstaatspriorisierer* bezeichneten Traditionalisten, wonach die Sozialpolitik als eigenständiger Bereich gegen die Forderung nach wirtschaftlicher Effizienz abzugrenzen sei[187] und sich zur Realisierung ihrer Ziele ggf. auch marktinkonformer Instrumente bedienen müsse.[188]

Kategorial unterteilen die *Sozialstaatspriorisierer* die Sozialpolitik in verschiedene Politikfelder. Zu den wesentlichen Bereichen gehören die Arbeitsschutzpolitik, die Arbeitsmarktpolitik, die Sicherungspolitik und die Verteilungspolitik.[189] Berührungspunkte zur Arbeitsvermittlung weisen die Arbeitsschutz- und die Arbeitsmarktpolitik auf, so daß sich die folgende Analyse auf die beiden Teilmengen der Sozialpolitik beschränken kann.

Für den Fortgang der Untersuchung ist die Bemerkung wichtig, daß die im folgenden referierten Ziele der Sozialpolitik nicht hinterfragt werden. Hiermit wird ein wesentlicher Aspekt der Konstitutionenökonomik umgesetzt, die es sich ja gerade zur Aufgabe gemacht hat, die Ziel- auf eine Mitteldiskussion umzustellen, um hierdurch pareto-superiore Reformvorschläge hervorbringen zu können.

#### a. Arbeitsvermittlung und Arbeitsschutzpolitik

Lampert versteht unter *Arbeitsschutzpolitik* „die Gesamtheit sozialpolitischer Maßnahmen zum Schutze der abhängig Arbeitenden gegen (materielle und immate-

---

[187] Vgl. B.II.
[188] Vgl. B.III.
[189] Vgl. Lampert (1977), S. 65 ff.; Lampert (1991), S. 142 ff.; Kath (1992), S. 418 ff.

rielle) Schädigungen und Gefahren, die aus der Arbeitsausübung und aus dem Abhängigkeitscharakter des Lohnarbeitsverhältnisses erwachsen."[190]

Hiernach hat die Arbeitsschutzpolitik u. a. den Auftrag, die Arbeitskraft gegen gesundheitliche sowie das Arbeitsverhältnis gegen rechtliche Gefährdungspotentiale zu sichern. Auf den Gesundheitsschutz abzielende Maßnahmen sind solche des Gefahren- und Betriebsschutzes, die insbesondere an der Unfallverhütung ansetzen, sowie solche des Arbeitszeitschutzes, die entsprechende Vorgaben an den menschlichen Regenerationsmöglichkeiten ausrichten. Maßnahmen des rechtlichen Schutzes der Arbeitnehmer regeln den Schutz der Lohnzahlungen sowie die beim Abschluß von Arbeitsverträgen zu berücksichtigenden Normen, die sich vor allem auf die einzuhaltenden Kündigungsfristen beziehen.[191] Insgesamt wird die staatliche Arbeitsschutzpolitik durch Maßnahmen des tarifvertraglichen und des betrieblich motivierten Arbeitsschutzes ergänzt. Der tarifvertragliche Arbeitsschutz hat historisch insbesondere in der Arbeitszeitpolitik Bedeutung erlangt.[192] Betriebliche Maßnahmen des Arbeitsschutzes sind grundsätzlich freiwilliger Natur und entspringen entweder einer patriarchalischen Grundeinstellung der Betriebsführung oder einem ökonomischen Kalkül, das die (eingearbeitete) Arbeitskraft als betrieblich wertvolle Ressource erkennt.[193]

Die Diskussion zum Verhältnis von Arbeitsvermittlung und Arbeitsschutz wird maßgeblich bestimmt durch die bereits erwähnte Studie von Ludwig, die er im Jahre 1906 mit der Absicht vorgelegt hat, für ein Verbot privater Arbeitsvermittlung zu werben. Der Studie liegt eine auf dem Einsatz verschiedener Fragebögen basierende empirische Erhebung zugrunde, innerhalb derer Auskünfte von Arbeitnehmer- und Arbeitgeberorganisationen sowie von amtlichen Stellen unterschiedlicher Wirtschaftszweige eingeholt worden sind, die ein differenziertes Bild der damaligen Zustände im Bereich der privaten Arbeitsvermittlung ermöglichten.[194] Die Ergebnisse der Studie werden nach wie vor diskutiert und haben einen erheb-

---

190 Lampert (1991), S. 167.
191 Vgl. Lampert (1977), S. 65 f.
192 Vgl. Kath (1992), S. 421 f.
193 Vgl. Hax (1977). Am wirtschaftlichen Wert des Produktionsfaktors Arbeit ausgerichtete Maßnahmen verortet Brück (1976, S. 39) im Bereich der endogenen Schutzfunktion der Sozialpolitik.
194 Vgl. Ludwig (1906), S. 9 ff.

lichen Einfluß auf die öffentliche Meinung zur privaten Arbeitsvermittlung ausgeübt. Hiervon zeugt nicht nur die Bezugnahme in der Begründung zum Entwurf des oben erwähnten Stellenvermittlergesetzes, sondern auch der Umstand, daß die Arbeit von Ludwig einen wesentlichen Bestandteil der Begründung des Urteils ausmacht, mit dem das Bundesverfassungsgericht 1967 die Verfassungsmäßigkeit des Alleinvermittlungsrechts bestätigt hat.[195] Von den einzelnen Argumenten, die Ludwig zum Verbot privater Arbeitsvermittlung angeführt hat, sollen im weiteren die analysiert werden, die arbeitsschutzpolitisch relevant sind.[196]

Als ersten Nachteil privater Arbeitsvermittlung problematisiert Ludwig, daß der einzelne Arbeitsvermittler an der Vermittlung lediglich in pekuniärer Hinsicht interessiert sei und von daher die sozialen Folgewirkungen seines Gewerbes außer acht lasse. In gleicher Weise sei festzustellen, daß das Gewinnstreben zu einer nicht akzeptablen Reduzierung der Matching-Qualität führe, was letztlich die Chancen der Arbeitsuchenden im Erwerbsprozeß beeinträchtige und sie so (gemäß Definition in arbeitsschutzpolitisch relevanter Weise) materiell schädige.[197]

Dieser Argumentation ist entgegenzuhalten, daß nicht das Verfolgen monetärer Partikularinteressen verwerflich ist, sondern daß es gerade die gesellschaftliche Leistung einer Marktwirtschaft ist, die auf den Eigennutz orientierten Einzelinteressen zu einer auch gesamtgesellschaftlich optimalen Wohlfahrt zu harmonisieren.[198] Ein solches Ergebnis ist allerdings nur dann zu erwarten, wenn auf den betrachteten Märkten ein ausreichender Wettbewerb herrscht; Wettbewerb kann

---

[195] Vgl. Rauschhofer (1974), S. 115; Klein (1993), S. 95 f. Zu dem besagten Urteil des Bundesverfassungsgerichts siehe auch Theuerkauf (1993), S. 193.

[196] Zu den im folgenden aufgeführten Nachteilen der privaten Arbeitsvermittlung vgl. Ludwig (1906), S. 115 ff. Daß die dort behaupteten Mißstände auch die Arbeitgeber in Mitleidenschaft ziehen können, schlußfolgert Ludwig ebenda, S. 168.

[197] Der nachstehenden Diskussion der aus arbeitsschutzpolitischer Sicht gegen die private Arbeitsvermittlung vorgebrachten Argumente muß die Bemerkung vorangestellt werden, daß die Kritikpunkte durch die *allokationspolitische* Analyse z. T. schon implizit widerlegt worden sind. Gleichwohl sollen sie hier mit systematischem Anspruch aus der *sozialpolitischen* Perspektive noch einmal aufgegriffen werden. Hiermit wird der herausragenden Bedeutung Rechnung getragen, die den Argumenten im Rahmen der sozialpolitisch dominierten Debatte gegen die private Arbeitsvermittlung eingeräumt wird.

[198] Diese für marktwirtschaftliche Wirtschaftssysteme konstitutive Funktionslogik ist u. a., jedoch maßgeblich von Adam Smith (1776) erarbeitet worden; denn „(n)icht vom Wohlwollen des Metzgers, Brauers und Bäckers erwarten wir das, was wir zum Essen brauchen, sondern davon, daß sie ihre eigenen Interessen wahrnehmen. Wir wenden uns nicht an ihre Menschen- sondern an ihre Eigenliebe, und wir erwähnen nicht die eigenen Bedürfnisse, sondern sprechen von ihrem Vorteil" (ebenda, S. 17).

dabei im hier relevanten Fall sowohl aus einer Vielzahl miteinander konkurrierender Arbeitsvermittler als auch aus der Substitutionskonkurrenz zu den anderen Informationskanälen erwachsen. Ebendieser Wettbewerb wird im Regelfall auch dafür Sorge tragen, daß nur die Anbieter nachfragegerechter Matching-Qualitäten ökonomisch reüssieren werden. Sichergestellt wird der Wettbewerb durch die Einführung des oben abgeleiteten Systems einer marktkonformen Arbeitsvermittlung.

Als weiteren Nachteil der privaten Arbeitsvermittlung führt Ludwig die Struktur und die Höhe der von den Arbeitsvermittlern eingeforderten Gebühren an. So sei die von den Arbeitsvermittlern erhobene Einschreibegebühr nicht gerechtfertigt, da sie die Möglichkeit zum Erlös auch ohne Gegenleistung eröffne und somit zum Mißbrauch verleite. Darüber hinaus seien die eigentlichen Vermittlungsgebühren viel zu hoch bemessen sowie die teils erhobenen, teils freiwillig gewährten Extragebühren nicht zu akzeptieren, da letzteren keine Sonderleistung gegenüberstehe. Dies gelte etwa, wenn trotz erfolgter Zahlung dem durch die Extragebühr zum Ausdruck gebrachten Wunsch nach rascher bzw. bevorzugter Behandlung nicht entsprochen werde.[199]

Der Auffassung ist kritisch entgegenzuhalten, daß die Festlegung knappheitsgerechter Preise grundsätzlich die Aufgabe des Marktes ist. In gleicher Weise ist dem Marktprozeß auch die Entscheidung zu überantworten, ob erfolgsabhängige oder -unabhängige Gebührenformen der Zahlungsbereitschaft der Informationsnachfrager entsprechen. Allerdings kann der Vermittlungsmarkt auch dieser Funktion nur gerecht werden, wenn ausreichender Wettbewerb existiert. Sollen als Folge sozialpolitischer Erwägungen Arbeitsuchende zur Verbesserung ihrer Verteilungsposition auch mit den Knappheitspreisen einer Arbeitsvermittlung nicht belastet werden, so läßt sich dies durch das Verbot, von der betreffenden Personengruppe Gebühren zu fordern, realisieren: Die Maßnahme stellt in Relation zu der

---

199 Zur konkreten Ausgestaltung dieser Tarifstrukturen auf dem "Gesindemarkt" zu Beginn dieses Jahrhunderts siehe auch Ludwig (1903), S. 22 ff.

von Ludwig angestrebten Untersagung privater Arbeitsvermittlung den intensitätsärmeren Eingriff dar, so daß auch das letztgenannte Argument als Begründung eines Vermittlungsmonopols keinen Bestand haben kann.

Unter der Bedingung eines funktionierenden Wettbewerbs läßt sich auch das dritte von Ludwig zur Begründung eines staatlichen Alleinvermittlungsrechts angeführte Argument entkräften, da die befürchtete Vernachlässigung der Interessen der Arbeitnehmer als des "wirtschaftlich schwächeren Teils" von ihnen mit der Abwanderung zu anderen Arbeitsvermittlern oder anderen Informationskanälen beantwortet werden kann. Im gleichen Atemzug moniert Ludwig, daß das Gewerbe der privaten Arbeitsvermittlung eine sozialpolitisch bedenkliche "Lohndrückerei" zu verantworten habe, indem es den Wettbewerb zwischen den Arbeitsuchenden intensiviere. Auch dieses die Forderung nach einem staatlichen Alleinvermittlungsrecht stützende Argument muß zurückgewiesen werden, da der von Ludwig bemängelte Tatbestand lediglich das Funktionieren des informationsvermittelnden Intermediärs Arbeitsvermittlung anzeigt, unter den von den Arbeitgebern gesuchten potentiellen Transaktionspartnern ceteris paribus den mit den geringsten Lohnforderungen auszumachen.[200] Im übrigen würde auch ein Verbot privater Arbeitsvermittlung eine Besetzung der hinsichtlich der Lohnhöhe kritisierten Stellen nicht verhindern, da Arbeitsuchende grundsätzlich auch über andere Informationskanäle auf die Vakanzen gelangen können.

Als entscheidendes Argument zur Rechtfertigung eines staatlichen Alleinvermittlungsrechts führt Ludwig die Auswirkungen der "gefährliche(n) wirtschaftliche(n) Macht" der privaten Arbeitsvermittler ins Feld und betont damit – gemäß Definition – die *in arbeitsschutzpolitisch relevanter Weise* aus dem Abhängigkeitscharakter des Lohnarbeitsverhältnisses resultierenden Gefahren. Die wirtschaftliche Macht erwachse daraus, daß in einer Vielzahl der Fälle für Arbeitsuchende der Gang zum Arbeitsvermittler der einzige Weg zu einer Beschäftigung sei. Demzufolge seien Arbeitsvermittler in der Lage, Arbeitnehmer zu boykottieren, was sie in den Stand versetze, jene entsprechend "auszubeuten". Dies gelte um so mehr, als die

---

[200] In diesem Zusammenhang ist allerdings bemerkenswert, daß auch in neueren Publikationen ein möglicherweise durch die Aktivitäten privater Arbeitsvermittler induzierter Lohndruck als "störender Effekt" klassifiziert wird. Vgl. z. B. Caire (1990), S. 48.

Arbeitsuchenden häufig mittellos seien, was die aufgezeigten Effekte noch verstärke.[201] Potenziert würden die Auswirkungen des Gewinnstrebens privater Arbeitsvermittler schließlich noch durch die von den Vermittlern vorgenommene Beherbergung der Arbeitsuchenden, die diese in Schulden verstricke und damit die Ausbeutung weiter erleichtere, indem die Arbeitsuchenden in der Folge zur Aufnahme jedweder Beschäftigung gezwungen werden könnten.[202]

Wenngleich die von Ludwig zuletzt skizzierten, durch die Tätigkeit privater Arbeitsvermittler heraufbeschworenen Mißstände zur damaligen Zeit zutreffend gewesen sein mögen, besteht heute in der Literatur doch eine weitgehende Einigkeit darüber, daß die Veränderung der gesellschaftlichen Rahmenbedingungen die dort beschriebenen sozialen Gefährdungen ausschließt. Hierbei sei zunächst auf die Erhöhung des allgemeinen Bildungsniveaus hinzuweisen, die eine Steigerung der "Konsumentensouveränität" sowohl auf dem Arbeitsmarkt als auch auf dem Markt für Arbeitsvermittlung impliziere. Hiermit einher gingen die erheblich verbesserten Informations- und Kommunikationsmöglichkeiten, wobei die Arbeitsuchenden insbesondere von der Ausdifferenzierung der mit der privaten Arbeitsvermittlung konkurrierenden Informationskanäle profitieren könnten. Entscheidend seien schließlich die im Vergleich zur Jahrhundertwende massiv ausgeweiteten Maßnahmen der Arbeitsschutz- und Sicherungspolitik, die zu einer Reduzierung des "Zwangs" zur Verwertung der Arbeitsleistung geführt hätten, so daß die sich als Folge eines unelastischen oder gar inversen Arbeitsangebots einstellende Möglichkeit der "Ausbeutung" nicht mehr gegeben sei.[203]

Neben den von Ludwig genannten Argumenten werden weitere Probleme angeführt, die sich als Konsequenz der Tätigkeit privater Arbeitsvermittler einstellen

---

[201] Die prinzipiell für gewinnorientierte Arbeitsvermittler bestehende Möglichkeit, eventuell vorliegende Notlagen sowie eine potentiell vorhandene Hilflosigkeit und geschäftliche Unerfahrenheit von Arbeitsuchenden geschäftsverwertbar zu machen, wird auch heute noch im Rahmen der Diskussion zum staatlichen Vermittlungsmonopol als Argument vorgebracht. Vgl. Beilstein (1988), S. 13; Walwei (1991a), S. 6; Grundmann (1992), S. 163 f.

[202] "In den Herbergen der Verdingerinnen gerät manches unbescholtene Mädchen in schlechte Gesellschaft, und was diese an sittlicher Verwilderung des Charakters nicht zu Stande bringt, vollendet häufig die Vermietsfrau. In Großstädten passiert es nicht selten, daß Mädchen, die durch längeren Aufenthalt bei der Vermieterin der Arbeit entwöhnt sind, von der Verdingerin in Vergnügungslokale (Variétés u. s. w.) geführt werden, wo leicht Männerbekanntschaften gemacht werden; sind die Dienstboten mittellos geworden, werden sie zu unzüchtigem Lebenswandel animiert, damit sie wieder Geld einbringen, und so ist schon manches Mädchen auf diese Weise zur Dirne herabgesunken." Ludwig (1906), S. 61.

[203] Vgl. Laine/Massar (1984), S. 50 ff.; Beilstein (1988), S. 13; Walwei (1991a), S. 6.

und den Arbeitsschutz insbesondere der Arbeitsuchenden beeinträchtigen könnten. In diesem Zusammenhang wird zunächst auf die mögliche Gefährdung des Datenschutzes verwiesen. Datenschutzprobleme können für Arbeitsuchende gravierende Nachteile zur Folge haben, wenn Arbeitsvermittler etwa computerisierte Listen veränderungswilliger Arbeitnehmer unaufgefordert an Unternehmen versenden und letztere auf den Listen die Namen eigener Mitarbeiter entdecken.[204] Allerdings wird hieraus kaum ein Verbot privater Arbeitsvermittlung ableitbar sein, da Gefährdungen des Datenschutzes kein Spezifikum privater Arbeitsvermittlung darstellen und ihnen bereits durch eine entsprechende Gesetzgebung zum Schutz persönlicher Daten begegnet werden kann.

Darüber hinaus wird gegen die Berufsausübung privater Arbeitsvermittler argumentiert, daß sie indifferent gegenüber den Eigenschaften der zu besetzenden Stellen sind. So haben Länderstudien zur privaten Arbeitsvermittlung gezeigt, daß vor allem in südeuropäischen Regionen durch gewerbliche Arbeitsvermittlung häufig Arbeitsplätze, die arbeitsschutzpolitisch prekär sind, besetzt werden. Die entsprechenden Vakanzen werden dabei insbesondere in der Landwirtschaft, dem touristischen Dienstleistungsgewerbe sowie der Seefahrt angeboten; kennzeichnend für diese Stellen sind "exzessiv" niedrige Löhne, ein kaum vorhandener Arbeitsschutz sowie z. T. gesetzeswidrige Beschäftigungspraktiken. Besetzt werden diese Arbeitsgelegenheiten mit Personengruppen, die sich durch geringe Opportunitätskosten auszeichnen, wie dies vor allem für (illegale) Einwanderer sowie Ungelernte gilt.[205]

Mit dem gleichen Impetus wird an der Zulassung privater Arbeitsvermittler in der Bundesrepublik Deutschland schließlich kritisiert, "daß gewerbliche Vermittler im Unterschied zur öffentlichen Arbeitsvermittlung nicht ausdrücklich auf die Beachtung der gesetzlichen und tarifvertraglichen Mindeststandards von Arbeitsverhältnissen verpflichtet sind."[206] Auch diese Einlassungen können als Argument zur Rechtfertigung eines Verbots privater Arbeitsvermittlung entkräftet werden, indem an dieser Stelle noch einmal auf die bereits oben erwähnte Tinbergen-

204 Vgl. Scherl (1990), S. 9; Caire (1990), S. 49.
205 Vgl. Caire (1990), S. 50 f.
206 Deeke (1995), S. 306.

Mundellsche-Zuordnungsregel verwiesen wird: Zur Realisierung des hier eingeforderten arbeitsschutzpolitischen Ziels kann nicht das Verbot privater Arbeitsvermittlung das Mittel der Wahl sein, da die in Rede stehenden Arbeitsplätze grundsätzlich auch durch andere Informationskanäle besetzt werden können. Ist demzufolge sozialpolitisch gewollt, daß Arbeitsplätze unterhalb bestimmter Mindestkonditionen nicht besetzt werden, so ist dies durch gesetzliche sowie tarifvertragliche Bestimmungen zu unterbinden und die Einhaltung dieser Regelungen durch ordnungspolizeiliche resp. tarifpolitische Maßnahmen sicherzustellen.

Als Ergebnis läßt sich festhalten, daß ein Verbot privater Arbeitsvermittlung und damit die Etablierung eines staatlichen Arbeitsvermittlungsmonopols zur Umsetzung des in diesem Kapitel thematisierten Ziels nicht erforderlich ist. Die von der privaten Arbeitsvermittlung vermeintlich ausgehenden Gefährdungen des Arbeitsschutzes arbeitsloser Arbeitsuchender lassen sich (im Bedarfsfall) vielmehr durch weniger eingriffsintensive staatliche Interventionen verhindern. Darüber hinaus folgt aus den vorstehenden Überlegungen, daß eine bereits durch anderweitige staatliche Instrumente „gezähmte“ private Arbeitsvermittlung auch eine koexistente öffentliche Arbeitsvermittlung entbehrlich macht. Das oben abgeleitete System einer marktkonformen Arbeitsvermittlung braucht deshalb von den *Sozialstaatspriorisierern* aus *arbeitsschutzpolitischen* Gründen nicht in Frage gestellt zu werden.

### b. Arbeitsvermittlung und Arbeitsmarktpolitik

Die unterschiedlichen Ansätze, die das staatliche Handlungsfeld „Arbeitsmarktpolitik“ abgrenzen, weisen eine große Bandbreite auf. Den Überlegungen zum Verhältnis von Arbeitsvermittlung und Arbeitsmarktpolitik ist deshalb ein Überblick über die gängigen Definitionen des Phänomens *Arbeitsmarktpolitik* voranzustellen. Der Überblick dient der Verortung des hier zugrunde gelegten Verständnisses von Arbeitsmarktpolitik.

Die erste und inhaltlich umfassendste Gruppe von Definitionen versteht Arbeitsmarktpolitik „als die Gesamtheit der Maßnahmen, die das Ziel haben, den Arbeitsmarkt als den für die Beschäftigungsmöglichkeiten der Arbeitnehmer entscheidenden Markt so zu beeinflussen, daß für alle Arbeitsfähigen und Arbeitswilligen eine ununterbrochene, ihren Neigungen und Fähigkeiten entsprechende Beschäftigung zu bestmöglichen Bedingungen, insbesondere in bezug auf das Arbeitsentgelt und die Arbeitszeit, gesichert wird."[207] Arbeitsmarktpolitik in dieser weit gefaßten Form umschließt die Teilbereiche der Arbeitsmarktordnungs-, der Vollbeschäftigungs- und der Arbeitsmarktausgleichspolitik.[208]

Dabei erfolgt im Rahmen der *Arbeitsmarktordnungspolitik* die Festlegung der Regeln, nach denen über den von einem Individuum auszuübenden Beruf, den bei der Besetzung von Arbeitsplätzen zum Tragen kommenden Mechanismus und die maßgeblichen Arbeitsbedingungen entschieden wird und nach denen Lohnvereinbarungen getroffen werden. *Vollbeschäftigungspolitik* meint dahingegen die auf konjunkturelle Schwankungen ausgerichteten Maßnahmen der Arbeitsmarktpolitik, die am Güter- und Geldmarkt ansetzen und insofern auf indirekte Weise die Beschäftigungssituation zu beeinflussen versuchen. Die *Arbeitsmarktausgleichspolitik* umfaßt schließlich die Aktivitäten, die direkt auf Angebot und Nachfrage des Arbeitsmarktes einwirken.[209]

Den nächstkleineren Ausschnitt des vorgestellten umfassenden Verständnisses von Arbeitsmarktpolitik bildet eine Generation von Definitionen, die die dem Rubrum der Vollbeschäftigungspolitik untergeordneten staatlichen Aktivitäten vollständig vernachlässigen und dem Begriff *Arbeitsmarktpolitik* nur noch solche Maßnahmen zuschlagen, "welche die generellen Beziehungen zwischen Angebot und Nachfrage auf den externen und betriebsinternen Arbeitsmärkten und zwischen ihnen beeinflussen sollen."[210] Diese Definition beinhaltet die in ordnungs- und prozeßorientierter Hinsicht direkt am Arbeitsmarkt angreifenden Politiken und entspricht damit der Summe aus Arbeitsmarktordnungs- und -ausgleichspolitik im

---

207 Lampert (1991), S. 264.
208 Vgl. ebenda; ähnlich Kath (1992), S. 422 f.
209 Vgl. Lampert (1991), S. 264 ff.; Kath (1992), S. 422 ff.
210 Mertens/Kühl (1977), S. 279; ähnlich Scharpf (1982, S. 21), dem in seiner Definition allerdings die Arbeitszeit- und die Arbeitskostenpolitik als explizite Komponenten erwähnenswert erscheinen.

oben skizzierten Sinne. Eine weitere Verdünnung der Bedeutungsinhalte führt schließlich zur engsten Version des Begriffs Arbeitsmarktpolitik, die sich hiernach "als der durch das Arbeitsförderungsgesetz (AFG) geregelte Handlungsbereich definieren"[211] läßt und somit der auf die konkrete Situation der Bundesrepublik Deutschland gemünzten Arbeitsmarktausgleichspolitik gleichkommt.

Für die weitere Analyse wird aus folgenden Gründen die letztgenannte Definition zugrunde gelegt: Zum einen umfaßt die Arbeitsmarktausgleichspolitik all diejenigen arbeitsmarktbezogenen Aktivitäten, die Berührungspunkte zur Arbeitsvermittlung aufweisen.[212] Zum anderen haben die im einführenden Abschnitt dieser Arbeit aufgeführten Wertungen gezeigt, daß das AFG als dasjenige Konzept gelten kann, das die arbeitsmarktpolitischen Vorstellungen der *Sozialstaatspriorisierer*, d. h. der Anhänger einer traditionellen Sozialpolitik resp. eingriffsintensiven Arbeitsmarktpolitik repräsentiert. Dies wird auch analytisch nachvollziehbar, wenn im folgenden Ziele, Struktur und Instrumente des AFG dargestellt werden.

### *i. Arbeitsmarktpolitik in der Bundesrepublik Deutschland: Arbeitsförderungsgesetz und Bundesanstalt für Arbeit*

Den Beginn deutscher Arbeitsmarktpolitik markiert das Jahr 1927, in dem das am 16. Juli unterzeichnete *Gesetz über Arbeitsvermittlung und Arbeitslosenversicherung* (RGBl. I S. 187) am 1. Oktober in Kraft trat. Neben Vorgaben zur Arbeitsvermittlung enthielt es vor allem Regelungen zur Umsetzung der Arbeitslosenversicherung. Das Gesetz blieb über vier Jahrzehnte gültig und wurde lediglich insbesondere durch das *Gesetz zur Änderung und Ergänzung des Gesetzes über Arbeitsvermittlung und Arbeitslosenversicherung* vom 23. Dezember 1956, i. d. F.

---

211 Bosch et al. (1987), S. 217. Ebenso Lutz/Sengenberger (1974), S. 100; Seifert (1984), S. 7, wobei diese den Terminus der öffentlichen Arbeitsmarktpolitik verwenden. Dieses Attribut deutet an, daß grundsätzlich neben der staatlich gestützten auch andere Formen der Arbeitsmarktpolitik denkbar sind. Solche neueren Ansätze hat etwa Drumm (1987) mit einer unternehmerisch betriebenen Arbeitsmarktpolitik vorgestellt, wobei hierunter "alle zielorientierten Maßnahmen einer Unternehmung verstanden (werden), durch die das Arbeitskräfteangebot auf dem Arbeitsmarkt gegenwärtig und zukünftig so gestaltet oder beeinflußt wird, daß der positive und negative Personalbedarf der Unternehmung quantitativ und qualitativ stets gedeckt werden kann" (ebenda, S. 37).

212 Ein Indiz hierfür ist, daß Arbeitsvermittlung als arbeitsmarktpolitisches Instrument selbst der Arbeitsmarktausgleichspolitik zugeordnet wird. Vgl. Lampert (1991), S. 268; Kath (1992), S. 429.

vom 3. April 1957 (BGBl. I S. 321) an die rechtlichen Bedingungen der Bundesrepublik Deutschland angepaßt.[213] Seit dieser Zeit wurde es einige Male modifiziert,[214] ohne daß sich an seinem Wesensgehalt Entscheidendes geändert hätte.

Eine grundlegende Änderung der Perspektive deutscher Arbeitsmarktpolitik stellte sich mit dem vom Deutschen Bundestag in seiner 234. Sitzung der fünften Legislaturperiode am 13.5.1969 *einstimmig* verabschiedeten, am 25.6.1969 unterzeichneten und am 1.7.1969 in Kraft getretenen *Arbeitsförderungsgesetz* (BGBl. I S. 582) ein, dessen Entwicklung insgesamt einen Zeitraum von fünf Jahren in Anspruch nahm.[215] Als Beginn dieser Periode kann die von der OECD im Mai 1964 an ihre Mitgliedsländer gerichtete Empfehlung angesehen werden, dem Problem der Arbeitslosigkeit mit einer über die bloße Alimentierung Arbeitsloser hinausgehenden, die Arbeitslosigkeit bekämpfenden und sie insbesondere schon im Vorfeld verhindernden "aktiven" Arbeitsmarktpolitik zu begegnen. Da die Aufgabe auf der Grundlage des AVAVG nicht zu bewältigen war, begannen noch im selben Jahr zwischen dem zuständigen Bundesministerium und den Vertretern der Tarifparteien die Vorberatungen zur Schaffung des gesetzlichen Fundaments dieses neuen Politiktypus.

In die parlamentarische Phase trat die Vorbereitung des AFG-Entwurfs durch den am 26.1.1966 von der CDU/CSU-Bundestagsfraktion gestellten Antrag, das AVAVG unter Berücksichtigung des technischen Fortschritts und der wirtschaftlichen Entwicklung an den erweiterten Auftrag anzupassen. Der Antrag wurde vom Berichterstatter des Ausschusses für Arbeit, Schmidt (Kempten), dahingehend konkretisiert, daß der Sinn der angestrebten Gesetzesreform sein solle, "die Arbeitsverwaltung nicht mehr überwiegend auf die Beseitigung einer bereits eingetretenen Arbeitslosigkeit sowie deren Folgen zu beschränken, sondern ihr den Auftrag und die rechtlichen Möglichkeiten dafür zu geben, daß sie eine vorausschauende Beschäftigungspolitik treiben kann, durch die bereits dem Eintritt von Arbeitslosigkeit in größerem Umfange vorgebeugt wird."[216]

---

[213] Vgl. Kuster (1976), S. 223 ff.
[214] Vgl. zu einem Überblick der entsprechenden Änderungsgesetze Deutscher Bundestag (1967), S. 52 f.
[215] Vgl. hierzu sowie zu den folgenden Eckpunkten des Entstehungszusammenhangs des AFG Kühl (1982); Franke (1985), S. 79 ff.; Lampert (1989).
[216] Deutscher Bundestag (1966), S. 1.

Die hierin zum Tragen kommende Auffassung fällt wirtschaftspolitikhistorisch in eine Periode des Glaubens an die Machbarkeit der zielkonformen Beeinflussung des Wirtschaftsgeschehens. Hiervon zeugt das vor dem Hintergrund einer keynesianischen Interpretation des Wirtschaftsablaufs verabschiedete *Gesetz zur Förderung der Stabilität und des Wachstums der Wirtschaft* vom 8.6.1967 (BGBl. I S. 582), das als wirtschaftspolitische Reaktion auf die in den Jahren 1966/67 eingetretene erste Rezession der Nachkriegszeit begriffen werden kann. Flankierend zu den auf dieser gesetzlichen Grundlage vorgesehenen Maßnahmen der Globalsteuerung soll das AFG u. a. die mit dem forcierten Wirtschaftswachstum verbundenen *strukturellen* Probleme beheben, indem der Wechsel der Arbeitnehmer von den schrumpfenden in die expandierenden Wirtschaftsbereiche arbeitsmarktpolitisch unterstützt wird.[217] Als ökonomischer Hebel dient hierbei die Förderung der beruflichen Mobilität, die folgerichtig Eingang in den Zielkatalog des AFG gefunden hat.

Der zur Darstellung der Ziele und Instrumente des AFG ebenso wie zur Analyse des Verhältnisses von Arbeitsvermittlung und AFG-kodifizierter Arbeitsmarktpolitik notwendige Rückgriff auf konkrete Vorschriften macht die Auswahl eines für alle Gesetze, Weisungen und sonstigen Regelungen des Arbeitsförderungsrechts maßgeblichen einheitlichen Stichtages erforderlich. Als solcher wurde in dieser Arbeit der 1. Januar 1995 festgelegt, der auf den Beginn der hier vorgelegten Analyse fixiert worden ist.[218] Wenngleich zunächst arbiträr weist der Stichtag doch den Vorteil auf, daß er noch das auf eine weitreichende Korrektur der ökonomischen Performance des Arbeitsmarktes abzielende Zielsystem des AFG repräsentiert, das seit dem 1. Juli 1969 nahezu unverändert geblieben ist.[219]

---

[217] Gleichzeitig soll hierdurch wachstumsinduzierten Inflationsgefahren begegnet werden, die darin liegen könnten, daß eine Arbeitskräfteknappheit in den prosperierenden Sektoren die dortigen Löhne steigen läßt und damit bei nicht fallenden Löhnen in den schrumpfenden Sektoren Druck auf das Preisniveau ausgeübt wird. Vgl. hierzu Fischer (1981), S. 9.

[218] Vgl. zur Spezifizierung des hier referierten Arbeitsförderungsrechts Anhang A.

[219] Vgl. Hennig et al. (1997), § 2, Rdnr 6 ff.

### *i-1. Die Zielsetzung des AFG*

Die Normierung der dem AFG unterlegten Zielsetzung erfolgt in den ersten beiden Paragraphen des Gesetzes. Während § 1 AFG die globalen Ziele definiert, auf die die nach dem AFG durchgeführten Maßnahmen ausgerichtet sind, wird die arbeitsmarktpolitische Zielsetzung in § 2 AFG näher spezifiziert. Ziel der folgenden Erörterung ist es, das in diesen beiden Paragraphen juristisch fixierte arbeitsmarktpolitische Zielsystem in ökonomische Vorgaben zu „übersetzen". Bei dem Rückgriff auf einschlägige Interpretationsansätze muß allerdings bedacht werden, daß insbesondere die von der BA vorgenommene Ausdeutung der gesetzlichen Zielsetzung durch Eigeninteressen der Behörde beeinflußt sein wird. Vor diesem Hintergrund soll die Auffassung der BA zum besseren Verständnis tatsächlicher Entwicklungen zwar dargestellt, durch die Interpretation des gängigen AFG-Kommentars aber kontrastiert werden, der u. a. durch Berücksichtigung der maßgeblichen Rechtsprechung den Willen des Gesetzgebers herauszuarbeiten versucht.

Als globales Ziel wird in § 1 AFG aufgeführt, daß die AFG-basierte Arbeitsmarktpolitik darauf hinzuwirken hat, einen "hohen Beschäftigungsstand" zu erzielen und aufrechtzuerhalten. Wenngleich darauf hingewiesen worden ist, daß mit Bedacht "nicht das mißverständliche Wort 'Vollbeschäftigung' gewählt (worden ist), das befriedigend zu definieren noch niemand in der Lage war, sondern der bescheidenere Ausdruck 'hoher Beschäftigungsstand'"[220], gilt doch auch für diesen Terminus, daß er nicht eindeutig quantitativ festgelegt worden ist.[221] Schon allein aus diesem Grund fehlt es dem so formulierten Vollbeschäftigungsziel an der Wertrationalität, so daß es zumindest als Zielpunkt einer quantitativen Wirtschaftspolitik nicht geeignet ist.[222]

---

[220] Franke (1987), S. 232.

[221] Zwar hat die Bundesanstalt für Arbeit (1974, S. 12 ff.) versucht, das Ziel des "hohen Beschäftigungsstandes" in Anlehnung an die damaligen Vorstellungen der Bundesregierung mit einem Wert von 0,7 - 1,2 % registrierter Arbeitslosigkeit zu konkretisieren, doch stellt diese Angabe weniger eine quantitative Fixierung des hier betrachteten Ziels als eine situationsabhängige und damit letztlich arbiträre Leitlinie dar. Ein Indiz hierfür ist, daß die BA selbst trotz der von ihr formulierten Ablehnung der Relativierung des Vollbeschäftigungsziels diesen Wert auf 2 % nach oben korrigiert hat. Vgl. Bundesanstalt für Arbeit (1978), S. 48.

[222] Vgl. zu den Bedingungen der Wertrationalität eines Ziels quantitativer Wirtschaftspolitik Kösters (1986), S. 14 ff.

Unabhängig hiervon ist festzuhalten, daß Maßnahmen der Arbeitsmarktpolitik und damit solche nach dem AFG ohnehin nicht den einzigen Ansatz zur Bekämpfung der Arbeitslosigkeit darstellen, sondern zumindest um Maßnahmen der Beschäftigungspolitik zu ergänzen sind. Demzufolge muß das in § 1 AFG kodifizierte Ziel der *Erzielung* eines hohen Beschäftigungsstandes so interpretiert werden, "daß also nur *Beiträge* zur Erreichung eines hohen Beschäftigungsgrades erwartet werden und nicht etwa die Sicherung der Vollbeschäftigung allein durch die Arbeitsmarktpolitik"[223]. Hierbei sind die AFG-Maßnahmen - dem Wortlaut des § 1 folgend - in den "Rahmen der Sozial- und Wirtschaftspolitik der Bundesregierung" zu stellen, wodurch insbesondere die Unterstützung der konjunkturell ausgerichteten (Voll)Beschäftigungspolitik durch die strukturorientierte Arbeitsmarktpolitik des AFG eingefordert wird.[224]

Als zweites Globalziel des AFG weist § 1 die qualitative Forderung nach ständiger Verbesserung der Beschäftigungsstruktur aus. Diese allgemein gehaltene, auf die Beschäftigungsbedingungen abstellende Formulierung ist für die praktische Arbeitsmarktpolitik nicht handhabbar, so daß die Bundesanstalt für Arbeit als die für die Umsetzung des AFG verantwortliche Instanz den Versuch unternommen hat, die Zielvorgabe durch Differenzierung näher zu spezifizieren.[225]

Hiernach könne unter Verbesserung der Beschäftigungsstruktur in qualifikationsspezifischer Hinsicht die Aufforderung verstanden werden, den Anteil An- und Ungelernter an der Gesamtbeschäftigung zu senken; gleichzeitig sollten die Arbeitsplatzbedingungen hinsichtlich der erforderlichen Qualifikation gewissen Mindestanforderungen genügen. Darüber hinaus sollte der Anteil der Arbeitsplätze mit sicherem und steigerungsfähigem Einkommen gesteigert werden; parallel hierzu sei dafür Sorge zu tragen, daß durch AFG-gestützte Fördermaßnahmen insbesondere den Benachteiligten des Arbeitsmarktes der Einstieg in die in diesem Sinne interessanten Positionen ermöglicht werde.

---

[223] Lampert/Englberger/Schüle (1991), S. 105; die Hervorhebung stammt vom Verfasser.
[224] In diesem Zusammenhang postuliert die Bundesanstalt für Arbeit (1978, S. 127 ff.) die Etablierung einer umfassend angelegten "integrierten Arbeitspolitik", in der die Beschäftigungs- und Arbeitsmarktpolitik aber die entscheidenden Säulen darstellen.
[225] Vgl. zum folgenden Bundesanstalt für Arbeit (1974), S. 19 ff.

Verbesserung der Beschäftigungsstruktur meine auch die Reduzierung risikobehafteter Arbeitsplätze; hierunter falle sowohl der Abbau unfallträchtiger bzw. gesundheitsgefährdender Arbeitsplätze als auch die Verminderung einer die Arbeitnehmer insbesondere durch monotone Arbeitsabläufe entqualifizierenden Beschäftigung. In sektoraler Hinsicht fordere das hier betrachtete Ziel den Abbau von Konzentrationen der Erwerbstätigen einer Region auf nur einen Wirtschaftszweig, um hierdurch die konjunkturelle Anfälligkeit zu vermindern; gleichzeitg sollte in diesem Zusammenhang der Strukturwandel hin zu den Wachstumsbranchen gefördert werden, indem vor allem die hierbei auftretenden Reibungsverluste reduziert werden.

Die regionale Dimension des Globalzieles der Verbesserung der Beschäftigungsstruktur erfordere zur Herstellung der Einheitlichkeit der Lebensverhältnisse, daß den Arbeitnehmern überall vergleichbare Beschäftigungschancen eröffnet werden; hierzu gehöre sowohl ein breit gestreutes Ausbildungsplatzangebot als auch die Entzerrung der in bestimmten Beschäftigungszentren anzutreffenden Agglomeration. Schließlich sollte durch Fördermaßnahmen dort auf die Schaffung neuer Arbeitsplätze hingewirkt werden, wo mit entsprechenden Freisetzungen zu rechnen sei.

Es muß kritisch angemerkt werden, daß die von der BA vorgenommene Interpretation des Globalziels der Verbesserung der Beschäftigungsstruktur einen sehr weitgehenden Ansatz darstellt. Die von der BA vorgeschlagene Umsetzung des Ziels bedeutet z. T. eine erhebliche Einschränkung der unternehmerischen Dispositionsfreiheit, so daß die latente Gefahr einer Verletzung des zur Aufrechterhaltung der Funktionsfähigkeit einer Marktwirtschaft zentralen Prinzips der Ordnungskonformität besteht. Eine ähnliche Einschränkung gilt auch für die Interpretation des in § 2 AFG fortgeführten Zielkatalogs.

§ 2 AFG führt in einer enumerativen Aufzählung von acht Punkten die detaillierte arbeitsmarktpolitische Zielsetzung des AFG auf. Dabei wird einleitend festgelegt, daß die Maßnahmen nach dem AFG lediglich zur Verfolgung der nachgenannten

Ziele *beizutragen* haben, der Gesetzgeber also nicht verlangt, daß die Ziele allein auf der Grundlage des AFG realisiert werden.[226]

Unter Nummer 1 werden die AFG-Maßnahmen darauf normiert, einen Zielbeitrag dazu zu leisten, daß "weder Arbeitslosigkeit und unterwertige Beschäftigung noch ein Mangel an Arbeitskräften eintreten oder fortdauern". Durch die Formulierung wird die Bekämpfung der Arbeitslosigkeit als das primäre Ziel der nach dem AFG durchgeführten Maßnahmen ausgewiesen. Dabei gilt es nach dem Wortlaut des Gesetzes nicht nur eine bereits bestehende Arbeitslosigkeit zu beenden, sondern darüber hinaus sogar ihr Eintreten zu verhindern. Hierdurch wird das schon erwähnte prophylaktische Moment AFG-vermittelter Arbeitsmarktpolitik festgeschrieben, nicht erst auf eine tatsächliche Arbeitslosigkeit zu reagieren, sondern ihr bereits im Vorfeld zu begegnen. Durch diesen grundlegenden Kurswechsel ist die sozialpolitisch ausgerichtete Arbeitsmarktpolitik des AFG "nicht mehr bloße Schutzpolitik, die abwartet und in akuter Notlage den Arbeitnehmer absichern oder auffangen will, sie muß vielmehr angesichts der Wandlungen unserer Gesellschaft und der Arbeitswelt (und der politisch gesetzten Ziele, M. H.) vorausschauen, vorbeugen und gestaltend eingreifen."[227]

Unter den gleichen Prärogativen fordert § 2 Nr. 1 AFG die Bekämpfung einer unterwertigen Beschäftigung ein. Auch dieser unbestimmte Rechtsbegriff ist von der BA mit einem Interpretationsversuch versehen worden:[228] Hiernach meint Verhinderung bzw. Abbau unterwertiger Beschäftigung den Abbau von Beschäftigungsverhältnissen, die durch "schlechte", d. h. vor allem gesundheitsgefährdende und durch monotone Tätigkeiten bestimmte Arbeitsbedingungen, eine geringe Entlohnung und ein hohes Risiko arbeitslos zu werden gekennzeichnet sind. Außerdem verpflichte die Bekämpfung unterwertiger Beschäftigung dazu, dafür Sorge zu tra-

---

226 Dementsprechend fordern Lampert/Englberger/Schüle (1991, S. 105 f.), die Festlegung der Globalziele des AFG durch § 1 in der Formulierung der in diesem Sinne deutlicheren Diktion des § 2 anzupassen.

227 Coester (1967), S. 10. Dabei wird dem AFG das Verdienst zugeschrieben, als erstes Regelungswerk der Sozialpolitik ganz bewußt und systematisch die Vorrangigkeit des Prinzips der "Vorbeugung" gegenüber der "Heilung" kodifiziert zu haben. Diesem Beispiel sind weitere Sozialgesetze gefolgt, wie der gesetzlich festgelegte Anspruch auf routinemäßige Untersuchungen zur Früherkennung von Krankheiten und das Gesetz über Betriebsärzte, Sicherheitsingenieure und andere Fachkräfte für Arbeitssicherheit beweisen. Vgl. Brück (1976), S. 35 f.

228 Vgl. Bundesanstalt für Arbeit (1974), S. 18.

gen, daß Arbeitnehmer ihren Qualifikationen entsprechend beschäftigt werden, mithin die Nichtverwertung erworbener Qualifikationen verhindert wird.[229]

Auch die Umsetzung dieses Ziels würde unter Berücksichtigung der von der BA vorgeschlagenen Interpretation einen sehr weitreichenden Eingriff in den Wirtschaftsprozeß darstellen. Insbesondere das Teilziel der Vermeidung einer nicht qualifikationsadäquaten Beschäftigung bedeutet eine erhebliche Beeinträchtigung des Prinzips der Ordnungskonformität, da es eine vollständige Verzahnung von Bildungs- und Beschäftigungssystem erfordern würde, die selbst bei einer Beherrschung der schier unüberwindlichen Prognoseschwierigkeiten die Aufrechterhaltung der grundgesetzlich garantierten Freiheit der Berufswahl nicht mehr ermöglicht.[230]

Das dritte in § 2 Nr. 1 AFG genannte Ziel ist die Vermeidung eines Mangels an Arbeitskräften. Der Auftrag bezieht sich sowohl auf die Verhinderung eines globalen Arbeitskräftemangels als auch auf die Behebung eines Arbeitskraftdefizits auf ausgewählten Teilarbeitsmärkten. Während ersteres mit Blick auf die aktuellen Arbeitslosenzahlen nur noch als historisch interessantes Phänomen gelten kann,[231] wird das Problem des Arbeitskräftemangels in einem bestimmten Bereich auch in der Situation einer globalen Unterbeschäftigung relevant.[232] Diesem partiellen Mangel ist durch den Einsatz geeigneter Instrumente möglichst schon prophylaktisch entgegenzutreten.

§ 2 Nr. 2 AFG setzt das Ziel, die berufliche Beweglichkeit der Erwerbstätigen sowohl zu sichern als auch zu verbessern. Das Ziel verdeutlicht in hohem Maße den

---

229 Ähnlich Franke (1987), S. 232; Franke (1990), S. 302.

230 Vgl. hierzu auch Lampert/Englberger/Schüle (1991), S. 106 f.

231 Eine Situation des globalen Arbeitskräftemangels hat in der Bundesrepublik Deutschland insbesondere von der Mitte der 50er bis Anfang der 70er Jahre bestanden. Der Mangel wurde vor allem durch die Anwerbung ausländischer Arbeitnehmer zu beheben versucht. So hat die Bundesanstalt, die bereits vor dem Inkrafttreten des AFG im Bereich der Anwerbung tätig war, in der Zeit von 1956 bis Ende 1973 mit Hilfe ihrer Auslandsdienststellen rund 2,4 Mio. ausländische Arbeitnehmer in die Bundesrepublik vermittelt. Vgl. Bundesanstalt für Arbeit (1993), S. 42. Zu der Entwicklung der Ausländerbeschäftigung und zu den verschiedenen Phasen der Anwerbung siehe auch Schmid/ Dosky (1991), S. 49 ff.

232 Vgl. etwa zum sog. "Fachkräftemangel" Franke (1990), S. 77 ff. Zur Behebung des Mangels an qualifizierten Arbeitskräften im Bereich der Informationstechnologie wird gegenwärtig versucht, ausländische Computerfachleute mit Hilfe der „Green Card“ anzuwerben. Vgl. hierzu Dostal (2000).

vorbeugenden Politikansatz des AFG, nach dem die berufliche Mobilität der Arbeitnehmer bereits vor einer eintretenden Arbeitslosigkeit zu erhöhen ist: Hierdurch wird - vermittelt etwa durch die Förderung einer breit angelegten Qualifikation - erreicht, daß der Arbeitnehmer auf einer Vielzahl ähnlich strukturierter Arbeitsplätze einsetzbar ist und so die sich im Falle einer Verschiebung der Arbeitsnachfragestruktur einstellende Gefahr struktureller Arbeitslosigkeit gebannt oder doch zumindest deutlich reduziert werden kann.[233] De facto in die gleiche Richtung zielt die Forderung des § 2 Nr. 3 AFG, die Erwerbstätigen vor den sich insbesondere in der Gefahr struktureller Arbeitslosigkeit manifestierenden nachteiligen Folgen der technischen Entwicklung und der wirtschaftlichen Strukturwandlungen zu bewahren.

Die durch die drei nächsten Nummern in § 2 AFG kodifizierten Ziele schreiben die Konzentration der nach dem AFG durchgeführten Maßnahmen auf die Problemgruppen des Arbeitsmarktes fest, indem Beiträge zur Förderung der beruflichen Eingliederung von körperlich, geistig oder seelisch Behinderten (Nr. 4), von Frauen (Nr. 5) sowie von älteren und anderen Erwerbstätigen, "deren Unterbringung unter den üblichen Bedingungen des Arbeitsmarktes erschwert ist" (Nr. 6), gesetzlich eingefordert werden.

Die besondere Berücksichtigung der Problemgruppen des Arbeitsmarktes[234] in der arbeitsmarktpolitischen Zielsetzung des AFG findet ihre Rechtfertigung im Umstand, daß sie sowohl eine überdurchschnittliche Rate von Arbeitslosigkeit als auch eine jeweils individuell längere Verweildauer in der Arbeitslosigkeit aufweisen.[235] Hierdurch wird nachdrücklich der dem AFG zugrunde liegende *sozialpoliti-*

---

[233] Zur Erhöhung der arbeitsmarktlichen Beweglichkeit könnte alternativ zur beruflichen die regionale Mobilität gefördert werden. Pätzold (1991, S. 283) weist aber zu Recht darauf hin, daß sich dies langfristig kontraproduktiv auswirken könnte, indem hierdurch der "brain drain" aus den "benachteiligten" Regionen unterstützt würde. Dies hätte zur Folge, daß den Regionen jedwedes Entwicklungspotential genommen und gleichzeitig die Agglomeration in den Beschäftigungszentren weiter zunehmen würde: Das oben als Teilaspekt der Verbesserung der Beschäftigungsstruktur formulierte Ziel der Entzerrung bestehender Agglomerationen würde durch diesen Effekt konterkariert werden.

[234] Sie werden synonym auch als "Benachteiligte" oder "Zielgruppen des Arbeitsmarktes" bezeichnet. Zu ihnen hinzugezählt werden über die im Gesetz genannten hinausgehend noch die Gruppe der Ungelernten, d.h. derjenigen ohne formalen Berufsabschluß, der Langzeitarbeitslosen, i.e. Arbeitslose, die ein Jahr oder länger bei der Arbeitsverwaltung arbeitslos gemeldet sind, der gesundheitlich Eingeschränkten und der Ausländer (vgl. Franke, 1987, S. 62). Möglich wird die Erweiterung der legislatorischen Abgrenzung der Zielgruppen durch die "offen" gehaltene Formulierung von § 2 Nr. 6 AFG.

[235] Vgl. Hardes (1979), passim.

*sche Impetus* unterstrichen, "die wirtschaftliche und/oder gesellschaftliche Stellung von als schwach angesehenen Gruppen durch den Einsatz geeignet erscheinender Mittel ... zu verbessern."[236]

§ 2 Nr. 7 AFG greift noch einmal das bereits in § 1 AFG normierte Ziel der Verbesserung der Beschäftigungsstruktur auf, dessen Interpretation durch die BA oben ausführlich dokumentiert worden ist. Dort wurde gezeigt, daß die von der BA - in einer ordnungspolitisch allerdings nicht ganz unbedenklichen Weise - vorgenommene Zielcharakterisierung aus sozialpolitischen Erwägungen über die an dieser Stelle auf Gebiete und Wirtschaftszweige beschränkte Verbesserung der Beschäftigungsstruktur hinausgeht. § 2 Nr. 8 AFG fordert schließlich zur Aufrechterhaltung der Ordnung auf dem Arbeitsmarkt die Bekämpfung "illegaler Beschäftigung" ein. Hierunter ist die Bekämpfung unerlaubter Arbeitnehmerüberlassung, unerlaubter Ausländerbeschäftigung und des Leistungsmißbrauchs sowie die von der BA zu leistende Amtshilfe im Rahmen der Bekämpfung der Schwarzarbeit zu verstehen.[237]

Aus den vorstehend dargestellten Überlegungen lassen sich – unter Berücksichtigung der einschlägigen Rechtsprechung sowie der sonstigen, vom Gesetzgeber über den Gesetzeswortlaut hinaus bekundeten Willensäußerungen – nach Hennig et al. (1997, § 2, Rdnr 10 ff.) drei Kernziele destillieren. Sie beschreiben die Eckpunkte des AFG-Zielsystems und dienen der weiteren Analyse als arbeitsmarktpolitische Referenz:

- *Abbau von Arbeitslosigkeit*: Sie ist das primäre Ziel des AFG, das unter der Nebenbedingung zu verfolgen ist, zum einen - wo immer möglich - Arbeitslosigkeit im Rahmen einer vorbeugenden Politik schon vor ihrem Eintreten zu verhindern und zum anderen die Bekämpfung von Arbeitslosigkeit insbesondere auf die o. a. Zielgruppen der Arbeitsmarktpolitik zu konzentrieren.

---

[236] Mit diesen Worten ist oben (Fußnote 19 in Abschnitt B) die traditionelle "Sozialpolitik" definiert worden.
[237] Vgl. Vial/Walzel (1989), S. 11 f.

- *Förderung der beruflichen Mobilität*: Sie stellt auf die Sicherstellung einer breit angelegten, die Ausnutzung von Substitutionsspielräumen des Arbeitsmarktes ermöglichenden Qualifikation ab, indem vor allem der Anteil Ungelernter gesenkt wird.

- *Unterstützung der Strukturpolitik*: Sie fordert von den AFG-Maßnahmen Hilfestellungen zur Begleitung der Anpassung des Arbeitsangebotes an die durch den Strukturwandel veränderte Arbeitsnachfrage ein.

Die Umsetzung der Ziele hat durch die Arbeitsverwaltung zu erfolgen, die bei der Durchführung auf die Beachtung des "ökonomischen Prinzips" festgelegt ist. Die Bedingung ergibt sich aus der Verpflichtung zur "Wirtschaftlichkeit", die "als 'ökonomisiertes' Rechtsgebot"[238] aus dem Verfassungsrecht, einfachgesetzlichen Regelungen sowie der ständigen Rechtsprechung des für die Sozialverwaltungen zuständigen Bundessozialgerichts folgt und die Arbeitsverwaltung dementsprechend bindet.[239] In der Minimumvariante bedeutet das ökonomische Prinzip, daß ein (quantitativ) bestimmtes Ziel mit den geringstmöglichen Mitteln realisiert wird. Diese Ausprägung des Wirtschaftlichkeitsgrundsatzes ist hier von geringerer Bedeutung, da – wie oben erwähnt - vom AFG nur *Beiträge* zur Umsetzung des ihm zugrunde liegenden Zielsystems gefordert werden. Für die Umsetzung der Arbeitsmarktpolitik wichtiger ist deshalb die Maximumvariante, die bei gegebenen Mitteln den höchstmöglichen Zielerreichungsgrad einfordert. Dies bedeutet, daß das vom Gesetzgeber durch die Zuweisung der entsprechenden Haushaltsmittel festgelegte Aktivitätsniveau so auf die einzelnen Maßnahmen der Arbeitsmarktpolitik aufzuteilen ist, daß die Wirkungsbeiträge zum AFG-normierten Zielsystem maximiert werden.

---

238 Hesse/Lüder/Pitschas (1992), S. 35.
239 Vgl. hierzu ebenda, S. 15 ff., insbesondere S. 35 ff.

### *i-2. Struktur und Instrumente des AFG*

Das Arbeitsförderungsgesetz umfaßt die Paragraphen 1 bis 251 und ist in insgesamt neun Abschnitte gegliedert. Der *erste*, aus den Paragraphen 1 bis 3 bestehende *Abschnitt* beschreibt die "Aufgaben" des Arbeitsförderungsgesetzes: Hierzu gehört die in den Paragraphen 1 und 2 kodifizierte, oben erörterte Zielsetzung des AFG sowie die in § 3 vorgenommene Charakterisierung der Aufgaben der Bundesanstalt für Arbeit.[240] Im folgenden soll in deskriptiver Weise jeweils kurz der wesentliche Inhalt der verbleibenden acht Abschnitte skizziert werden. Ein besonderes Augenmerk wird hierbei auf die Darstellung der Instrumente des AFG gerichtet, ohne sie bereits an dieser Stelle eingehend zu diskutieren.[241]

Der *zweite*, die Paragraphen 4 bis 62d umschließende *Abschnitt* wird durch die Überschrift "Beschäftigung und Arbeitsmarkt" markiert. Die Kennzeichnung deutet darauf hin, daß in dem Abschnitt vor allem die auf die Reintegration arbeitsloser Arbeitnehmer in das Beschäftigungssystem abzielenden und das Eintreten von Arbeitslosigkeit verhindernden Instrumente angesiedelt sind. Die für die Anwendung der vom AFG vorgesehenen Maßnahmen grundlegenden Vorschriften finden sich im *ersten Unterabschnitt* (§§ 4 - 12b). § 4 legt fest, daß Berufsberatung und Vermittlung in berufliche Ausbildungsstellen bis auf die dort zugelassenen Ausnahmen ausschließlich von der BA betrieben werden dürfen. § 5 stellt ein Abbild der oben charakterisierten arbeitsmarktpolitischen Strategie des AFG dar: Hier wird festgeschrieben, daß Arbeitsvermittlung und Maßnahmen zur Förderung der beruflichen Bildung den lediglich palliativ wirkenden Aktivitäten der finanziellen Alimentation der Arbeitslosigkeit und der Schaffung von Ersatzbeschäftigung vorgehen.

In den §§ 6 ff. werden die Grundlagen für das dem AFG zugrunde liegende Konzept der *vorausschauenden* Arbeitsmarktpolitik gelegt, indem die BA zur Arbeitsmarktbeobachtung, zur Arbeitsmarkt- und Berufsforschung, zur Führung arbeitsmarktlich relevanter Statistiken sowie zu einer sich auf diese Aktivitäten erstrek-

---

240 Vgl. zu letzterem C.II.3.b.i.i-3.

241 Vgl. zu den Instrumenten des AFG auch Pfuhlmann/Spiegl (1987), S. 51 ff.; Mann (1991), S. 533 ff.; Franke (1992a), Sp. 711 ff.; Keller (1993), S. 266 ff.

kenden Berichterstattung verpflichtet wird. Gleichzeitig werden die wesentlichen arbeitsmarktlichen Akteure, wie insbesondere die Arbeitgeber und die Sozialversicherungsträger, zur Auskunfterteilung gegenüber der BA gehalten, so daß diese die zur Diagnose des arbeitsmarktlichen Status quo und zur Prognose möglicher Entwicklungen des Arbeitsmarktes erforderlichen Informationen erhält.

Der *zweite Unterabschnitt* (§§ 13 - 24c) regelt vor allem die arbeitsmarktpolitischen Maßnahmen der "Arbeitsberatung" und "Arbeitsvermittlung". Im Rahmen der Arbeitsberatung hat die BA - gestützt auf die bei ihr konzentrierten Arbeitsmarktinformationen - sowohl arbeitslose und nicht arbeitslose Arbeitnehmer als auch Arbeitgeber über die Lage und Entwicklung des Arbeitsmarktes zu informieren; gleichzeitig hat sie über Veränderungen in den einzelnen Berufen sowie insbesondere über Möglichkeiten der Förderung der beruflichen Bildung zu beraten. Die Regelungen zur Arbeitsvermittlung definieren diese als "eine Tätigkeit, die darauf gerichtet ist, Arbeitsuchende mit Arbeitgebern zur Begründung von Arbeitsverhältnissen ... zusammenzuführen."[242] Gleichzeitig grenzen sie ähnlich gelagerte Tätigkeiten gegen die Arbeitsvermittlung ab. Darüber hinaus schreiben sie einige Grundsätze, wie etwa den der Unentgeltlichkeit, fest, die das "Profil" der öffentlichen Arbeitsvermittlung der BA ausmachen. Schließlich kodifizieren die Paragraphen 23 bis 24c die Bedingungen, die Private erfüllen müssen, um Arbeitsvermittlung betreiben zu dürfen. Diese Regelungen basieren auf § 23 Abs. 1 AFG, nach dem Arbeitsvermittlung durch Dritte nur mit einer Erlaubnis der Bundesanstalt für Arbeit zulässig ist.

Die durch § 4 ausschließlich der BA zugestandenen Tätigkeiten der Berufsberatung und der Vermittlung beruflicher Ausbildungsstellen werden im *dritten Unterabschnitt* (§§ 25 - 32) näher spezifiziert. Im Rahmen der Berufsberatung werden Ratsuchende in Fragen der Berufswahl und des Berufswechsels unterstützt, indem durch entsprechende Beratungsgespräche die persönliche Situation des

[242] § 13 Abs. 1 AFG. Die Definition entspricht weitgehend der oben (Fußnote 1 in diesem Abschnitt) bereits zitierten sowie den anderenorts (vgl. z. B. Rademacher, 1975, Sp. 387 f.) zu findenden Vorschlägen.

Ratsuchenden reflektiert wird und die beruflichen Dispositionen durch die qua Arbeitsmarkt- und Berufsforschung gewonnenen Informationen zur Lage und Entwicklung des Arbeitsmarktes unterfüttert werden. Entscheidend für die Bedeutung der Berufsberatung ist, daß die Leistung nicht nur jugendlichen Berufseinsteigern, sondern auch Erwachsenen während des gesamten Berufslebens angeboten wird. In dieser ständigen Information über arbeitsmarktliche Entwicklungen manifestiert sich das prophylaktische Moment des AFG-Instrumentariums, für das neben der Berufsberatung die Förderung der beruflichen Bildung eine besondere Rolle spielt, indem die für die Anpassung an sich dauernd verändernde Arbeitsanforderungen unabdingbare berufliche Mobilität erhöht wird.[243]

Kodifiziert wird die Förderung der beruflichen Bildung im *vierten Unterabschnitt* (§§ 33 - 52). Hierbei werden als allgemeine Vorschriften im ersten Gliederungspunkt u. a. Regelungen zur Trägerschaft von Maßnahmen der beruflichen Bildung sowie zu den qualitativen Anforderungen an Bildungsmaßnahmen getroffen. Darüber hinaus wird vor allem festgeschrieben, daß Förderungsleistungen nur Antragstellern bewilligt werden dürfen, die beabsichtigen, eine die Beitragspflicht begründende Beschäftigung aufzunehmen. Diese Festlegung sowie der Tatbestand, daß die Leistungen auf die *individuelle* Förderung der beruflichen Bildung ausgerichtet sind, können als Ausfluß des Versicherungsprinzips verstanden werden, das für das AFG grundlegend ist.[244] Im zweiten Gliederungspunkt werden sowohl Leistungsvoraussetzungen und Leistungsumfang als auch die verschiedenen Ausrichtungen der Förderung der beruflichen Bildung geregelt. In diesem Sinne werden neben den Maßnahmen zur beruflichen Erstausbildung insbesondere Maßnahmen der beruflichen Weiterbildung gefördert. Letztere gliedern sich in Fortbildungsmaßnahmen, die auf bereits erworbenem Berufswissen aufbauen, und Umschulungsmaßnahmen, die den Wechsel in eine *andere* berufliche Tätigkeit ermöglichen sollen.

Im Rahmen der Förderung werden sowohl Leistungen zur Sicherung des Lebensunterhaltes als auch Mittel zur Finanzierung der bei den Schulungsmaßnahmen

---

[243] Vgl. zu dieser Einschätzung Lampert/Englberger/Schüle (1991), S. 85 f.
[244] Vgl. hierzu auch die Ausführungen zum sechsten Abschnitt.

anfallenden Kosten gewährt. Zu den bei der Finanzierung von Maßnahmen der beruflichen Fortbildung und Umschulung (FuU) zu beachtenden Leistungsvoraussetzungen gehören Zeiten einer beruflichen Tätigkeit gleichwie Zeiten einer beitragspflichtigen Beschäftigung. Während erstere den Weiterbildungscharakter der FuU-Maßnahmen unterstreichen, bilden letztere noch einmal das bereits erwähnte Versicherungsprinzip ab. Komplettiert werden die Leistungen zur individuellen Förderung der beruflichen Bildung durch den in § 49 normierten "Einarbeitungszuschuß", der de iure eine bei einem Arbeitgeber nach Einarbeitungsplan und im Rahmen eines Arbeitsverhältnisses durchzuführende Bildungsmaßnahme darstellt, de facto aber eine Lohnsubvention ist. Im dritten Gliederungspunkt sind schließlich die Regelungen zur *institutionellen* Förderung der beruflichen Bildung niedergeschrieben. Diese Förderungsart umfaßt Darlehen und Zuschüsse, die zur Erweiterung der Kapazitäten vor allem dann direkt an Bildungsträger gezahlt werden, wenn die aktuelle Trägerstruktur den arbeitsmarktpolitisch definierten Bedarf an Bildungsmaßnahmen nicht abdeckt.

Im *fünften Unterabschnitt* (§§ 53 - 55a) werden die Leistungen zur Förderung der Arbeitsaufnahme gesetzlich geregelt. Hierzu gehören insbesondere Zuschüsse zu den Bewerbungskosten sowie finanzielle Mittel zur Unterstützung der regionalen Mobilität. Mit der "Eingliederungsbeihilfe" wird eine weitere Lohnsubvention verankert, die im erforderlichen Umfang die berufliche Eingliederung arbeitsloser und von Arbeitslosigkeit unmittelbar bedrohter Arbeitsuchender sicherstellen soll. In bezug auf das dem AFG zugrunde liegende (Versicherungs)Prinzip der Eingliederung in beitragspflichtige Beschäftigungsverhältnisse stellt § 55a einen Fremdkörper dar, da hierdurch - in Form eines den Lebensunterhalt während der Existenzgründungsphase absichernden "Überbrückungsgeldes" - die Aufnahme einer (beitragsfreien) selbständigen Tätigkeit gefördert wird.

Im sechsten bis achten Unterabschnitt werden in expliziter Form arbeitsmarktpolitische Hilfestellungen für ausgewählte Zielgruppen des Arbeitsmarktes festgelegt. Dabei kodifiziert der *sechste Unterabschnitt* (§§ 56 - 62) "als berufsfördernde Leistungen zur Rehabilitation die Hilfen, die wegen Art oder Schwere der Behinderung erforderlich sind, um die Erwerbsfähigkeit der körperlich, geistig oder seelisch

Behinderten entsprechend ihrer Leistungsfähigkeit zu erhalten, zu bessern, herzustellen oder wiederherzustellen und die Behinderten möglichst auf Dauer beruflich einzugliedern."[245] Zur Förderung der in diesem Sinne Behinderten dienen die im vierten und fünften Unterabschnitt dargestellten Instrumente, wobei die entsprechenden Leistungen allerdings gegenüber den originären Regelungen in der Höhe z. T. modifiziert werden.

Der *siebte Unterabschnitt* (§§ 62a - 62c) beinhaltet die Vorschriften zur Förderung der Eingliederung von Spätaussiedlern im Sinne des Bundesvertriebenengesetzes, wozu vor allem die Finanzierung von Deutsch-Sprachlehrgängen zählt. Der *achte Unterabschnitt* (§ 62d) sieht eine Projektförderung für besonders schwer vermittelbare Arbeitslose vor. Zu diesem Personenkreis gehören Arbeitslose, die mehrere Merkmale schwerer Vermittelbarkeit aufweisen, wozu u. a. auch die oben isolierten zielgruppenkonstituierenden Eigenschaften gehören.[246] Finanzielle Mittel können sowohl zur Förderung der beruflichen Qualifizierung als auch zur Subventionierung praktischer Tätigkeiten dieses Personenkreises gewährt werden; zum Leistungsumfang gehört dabei auch die Finanzierung der sozialen Betreuung der schwer vermittelbaren Arbeitslosen, die vor, während und/oder nach einer Maßnahme plaziert werden kann.

Im *dritten Abschnitt* (§§ 63 - 99) des AFG werden die Leistungen der Arbeitslosenversicherung zur Erhaltung und Schaffung von Arbeitsplätzen gesetzlich fixiert. Der *erste Unterabschnitt* (§§ 63 - 73) regelt die Vorschriften zur Gewährung des sog. "Kurzarbeitergeldes", mit dessen Hilfe eine kurzfristige konjunkturelle Arbeitslosigkeit bekämpft werden soll. Verhindert wird durch dieses arbeitsmarktpolitische Instrument allerdings nicht Arbeitslosigkeit im *ökonomischen* Sinne, da die Arbeitskraft tatsächlich zu einem bestimmten Teil des wöchentlichen Stundenkontingents nicht genutzt wird; vermieden werden kann nur Arbeitslosigkeit im *arbeitsförderungsrechtlichen* Sinne, da der kurzarbeitende Arbeitnehmer sich nicht arbeitslos zu melden hat. Das Kurzarbeitergeld dient dabei dazu, den durch den

[245] § 56 Abs. 1 Satz 1 AFG.
[246] Vgl. Fußnote 234 dieses Abschnitts.

Arbeitsausfall bedingten Lohnausfall des Arbeitnehmers teilweise zu kompensieren und dem Arbeitgeber die eingearbeitete Arbeitskraft zu erhalten: In der Konsequenz läßt sich so die Abschreibung betriebsspezifischen Humankapitals umgehen.

Der *zweite Unterabschnitt* (§§ 74 - 90) normiert die Leistungen zur Förderung der ganzjährigen Beschäftigung in der Bauwirtschaft, die das Ziel haben, dem Problem der für diesen Bereich typischen saisonalen Arbeitslosigkeit zu begegnen. Im ersten Gliederungspunkt sind die allgemeinen Vorschriften zur Umsetzung des Instruments erfaßt, wozu in erster Linie die Definition der unter diese Regelungen fallenden Betriebe gehört. Der zweite Gliederungspunkt kodifiziert die Bedingungen zur Gewährung von Zuschüssen und Darlehen für Geräte und Einrichtungen, die die Durchführung von Bauarbeiten auch zur Schlechtwetterzeit ermöglichen; hierdurch kann eine naturbedingte saisonale Arbeitslosigkeit im *ökonomischen* Sinne verhindert werden, da für den Fall, daß dieser arbeitsmarktpolitische Hebel greift, der Produktionsfaktor Arbeit auch bei widrigen Witterungsbedingungen weiter genutzt werden kann. Arbeitslosigkeit im *arbeitsförderungsrechtlichen* Sinne bekämpft dahingegen die im dritten Gliederungspunkt gesetzlich fixierte Möglichkeit zur Gewährung des sog. "Schlechtwettergeldes": Es stellt eine teilweise Kompensation des mit dem witterungsbedingten Arbeitsausfall einhergehenden Lohnausfalls dar und sorgt dafür, daß sich der Arbeitnehmer nicht arbeitslos zu melden hat; hierdurch bleibt das Arbeitsverhältnis weiter bestehen, so daß der Arbeitgeber - ähnlich wie beim Kurzarbeitergeld - die eingearbeitete Arbeitskraft nicht verliert.

Der *dritte Unterabschnitt* (§§ 91 - 99) beinhaltet die gesetzlichen Regelungen der Durchführung von Maßnahmen zur Arbeitsbeschaffung. Die "Allgemeinen Maßnahmen zur Arbeitsbeschaffung" (§§ 91 - 96) fördern die Schaffung von Arbeitsplätzen durch eine Subvention der Löhne der auf diesen Arbeitsplätzen beschäftigten Arbeitnehmer. Zur Reduzierung potentieller Wettbewerbsverzerrungen dürfen dabei nur Arbeiten gefördert werden, die im öffentlichen Interesse liegen und sonst nicht bzw. erst nach einem bestimmten Zeitintervall durchgeführt würden. Der Förderung der in § 2 Nr. 6 explizit genannten Zielgruppe dienen die "Maßnahmen zur Arbeitsbeschaffung für ältere Arbeitnehmer" (§§ 97 - 99). Hierzu gehören sowohl Zuschüsse zu den Lohnkosten älterer, d. h. mindestens 55 Jahre alter Arbeitnehmer, die zusätzlich eingestellt und beschäftigt werden, als auch Zuschüsse und Darlehen zur Ausstattung von Betrieben oder Betriebsteilen, die insbesondere der Beschäftigung älterer Arbeitnehmer dienen.

Die Regelungen des *vierten Abschnitts* (§§ 100 - 141n) sehen die Gewährung von Leistungen bei Arbeitslosigkeit und bei Zahlungsunfähigkeit des Arbeitgebers vor. Diese Leistungen repräsentieren den ursprünglichen Ansatz der Arbeitslosen(ver)sicherung, indem bei einer tatsächlich eingetretenen und im Vorfeld nicht zu verhindernden Arbeitslosigkeit der Arbeitslose durch Zahlung einer Lohnersatzleistung finanziell alimentiert wird. Als klassische Versicherungsleistung stellt sich dabei das im *ersten Unterabschnitt* (§§ 100 - 133) gesetzlich festgelegte "Arbeitslosengeld" dar; dementsprechend kann Arbeitslosengeld nur gezahlt werden, wenn u. a. die sog. "Anwartschaftszeit", i. e. die innerhalb der Rahmenfrist liegende Zeit der beitragspflichtigen Beschäftigung eines bestimmten Umfangs, erfüllt ist. Darüber hinaus werden im ersten Unterabschnitt die übrigen Bewilligungsvoraussetzungen sowie Höhe und Bezugsdauer des Arbeitslosengeldes geregelt.

Nicht als Versicherungsleistung konzipiert ist die im *zweiten Unterabschnitt* (§§ 134 - 141) kodifizierte "Arbeitslosenhilfe", die den Arbeitslosen als "finanzielle Auffanglinie" dient; sie kommt immer dann zum Tragen, wenn zwar die übrigen, zum Bezug von Arbeitslosengeld berechtigenden Voraussetzungen vorliegen, gleichzeitig aber die Anwartschaftszeit nicht erfüllt oder die Bezugsdauer bereits verbraucht ist. Die Arbeitslosenhilfe ist in der Höhe niedriger als das Arbeitslosengeld, wird zeitlich unbefristet und darüber hinaus im Gegensatz zum Arbeitslosengeld nur gewährt, wenn der Antragsteller "bedürftig" ist.[247] Im *dritten Unterabschnitt* (§§ 141a - 141n) wird schließlich die Gewährung des "Konkursausfallgeldes" geregelt, das im Konkursfall für eine begrenzte Zeit als Ersatz für das wegen der Zahlungsunfähigkeit eines Arbeitgebers ausfallende Arbeitsentgelt dient.

---

[247] Die vor der Bewilligung der Arbeitslosenhilfe zu prüfende Bedürftigkeit ist eine Folge des Subsidiaritätsprinzips und des Umstands, daß die Arbeitslosenhilfe keine Versicherungsleistung darstellt.

Die verwaltungsrechtlichen Grundlagen der Leistungsbewilligung werden im *fünften Abschnitt* (§§ 142 - 166b) durch die Festsetzung "gemeinsamer Vorschriften für die Gewährung von Leistungen" gelegt. Hierzu gehören sowohl die gemeinsamen Leistungs- und Verfahrensvorschriften (*erster Unterabschnitt*; §§ 142 - 150b) als auch die Regelungen zur Aufhebung von Entscheidungen und Rückzahlung von Leistungen (*zweiter Unterabschnitt*; §§ 151 - 154), die zusammen mit den einschlägigen Vorschriften des Sozialgesetzbuches[248] für die Arbeitsverwaltung bindend sind und das gesamte, für die faktische Abwicklung der arbeitsmarktpolitischen Instrumente erforderliche Verwaltungsverfahren *rechtlich* strukturieren.[249] Sozialpolitisch bedeutsam ist der *dritte Unterabschnitt* (§§ 155 - 166b), der die Modalitäten der Kranken-, Unfall- und Rentenversicherung der arbeitslosen Leistungsempfänger und der Teilnehmer an arbeitsmarktpolitischen Maßnahmen, insbesondere Maßnahmen der beruflichen Bildung, festlegt.

Von grundlegender Wichtigkeit für das dem AFG zugrunde liegende Versicherungsprinzip ist die im *sechsten Abschnitt* (§§ 167 - 188) geregelte "Aufbringung der Mittel". Im *ersten Unterabschnitt* (§§ 167 - 186) werden Einzug und Verwendung der Versicherungsbeiträge fixiert. Mit ihrer Hilfe wird nahezu die gesamte Finanzierung des arbeitsmarktpolitischen Instrumentariums sichergestellt; Ausnahmen bilden hier lediglich die wenigen Instrumente, deren Finanzierung auf Umlagen bzw. Bundesmittel basiert. Die Aufbringung der Mittel wird mit Hilfe einer Versicherungspflicht realisiert. Beitragspflichtig sind dabei diejenigen "Personen, die als Arbeiter oder Angestellte gegen Entgelt oder zu ihrer Berufsausbildung beschäftigt sind (Arbeitnehmer), soweit sie nicht nach den §§ 169 bis 169c oder einer Rechtsverordnung nach § 173 Abs. 1 beitragsfrei sind."[250] Der Beitrag ist zu je gleichen Teilen von Arbeitnehmer und Arbeitgeber zu entrichten.

---

248 Zu einem Überblick der für die Umsetzung des AFG relevanten Bestimmungen des Sozialgesetzbuches vgl. Bundesanstalt für Arbeit (1995), S. 103 ff.

249 Die aufbau-, ablauf- und damit verfahrenstechnischen Vorschriften sind dahingegen bei den die einzelnen Instrumente näher spezifizierenden, dem AFG hierarchisch nachgeordneten rechtlichen Regelungswerken niedergelegt.

250 § 168 Abs. 1 Satz 1 AFG. Zum beitragsfreien Personenkreis gehören insbesondere Arbeitnehmer, die in einem öffentlich-rechtlichen Dienst- bzw. in einem kurzzeitigen oder geringfügigen Beschäftigungsverhältnis stehen, sowie Schüler, Studenten und Arbeitnehmer, die das 65. Lebensjahr vollendet haben.

Auf der Basis einer zwangsweise erhobenen *Umlage* werden die Mittel für die „Produktive Winterbauförderung“ sowie das „Konkursausfallgeld“ aufgebracht. Die Finanzierung der Umlage für das erstgenannte Instrument wird im *zweiten Unterabschnitt* (§ 186a) geregelt, während die Umlagefinanzierung des Konkursausfallgeldes durch den *dritten Unterabschnitt* (§§ 186b – 186d) kodifiziert wird. Der Einsatz von Bundesmitteln zur Finanzierung der AFG-basierten Arbeitsmarktpolitik wird schließlich im *vierten Unterabschnitt* (§§ 187 - 188) geregelt. Im Vordergrund steht hierbei die Übernahme der Kosten für die Arbeitslosenhilfe und für die Leistungen an Spätaussiedler sowie die bei Finanzierungsengpässen der BA zum Tragen kommende Zuschußpflicht des Bundes.

Der *siebente Abschnitt* (§§ 189 - 224) regelt die für die BA wesentlichen Angelegenheiten, indem hier Organisation (*erster Unterabschnitt*; §§ 189 - 214), Haushalt und Vermögen (*zweiter Unterabschnitt*; §§ 215 - 223) der sowie die Aufsicht (*dritter Unterabschnitt*; § 224) über die Bundesanstalt für Arbeit normiert werden. Der *achte Abschnitt* (§§ 225 - 233b) enthält die Straf- (*erster Unterabschnitt*; §§ 225 - 227a) und Bußgeldvorschriften (*zweiter Unterabschnitt*; §§ 228 - 233b), mit denen Verstöße gegen die im AFG enthaltenen Ge- und Verbote bewehrt sind. Der *neunte Abschnitt* (§§ 234 - 251) regelt die Übergangs- und Schlußvorschriften, von denen als Folge der häufigen Rechtsänderungen vor allem die Übergangsvorschriften für die praktische Umsetzung der Arbeitsmarktpolitik von Wichtigkeit sind.

### *i-3. Die Bundesanstalt für Arbeit als Träger der Maßnahmen nach dem AFG*

Um die Beschreibung der Bedingungen zu komplettieren, die das für eine eingriffsintensive Arbeitsmarktpolitik als repräsentativ befundene Politikkonzept charakterisieren, ist es abschließend geboten, Struktur und Funktion der Bundesanstalt für Arbeit zu betrachten. Zur Wahrung zeitlicher Konsistenz wird als Stichtag der 1. Januar 1995 gewählt, der schon der Analyse der rechtlichen Regelungen zugrunde gelegt worden ist. Danach eingetretene Änderungen des Aufbaus der BA wurden demzufolge nicht mehr berücksichtigt.

Die Bundesanstalt für Arbeit ist eine rechtsfähige Körperschaft des öffentlichen Rechts mit Selbstverwaltung und Sitz in Nürnberg,[251] die nach § 3 Abs. 1 AFG für die Durchführung der vom AFG vorgesehenen, oben dargestellten Maßnahmen der Arbeitsmarktpolitik verantwortlich ist. Die hieraus erwachsenden Aufgaben werden in § 3 Abs. 2 Satz 1 AFG explizit genannt. Satz 2 verpflichtet die BA, Arbeitsmarkt- und Berufsforschung zu betreiben. Diese Verpflichtung hat dazu geführt, daß mit dem Institut für Arbeitsmarkt- und Berufsforschung (IAB) die hierfür zuständige Forschungseinrichtung organisatorisch in die BA integriert worden ist.[252] Schließlich wird die BA durch § 3 AFG zu der im Auftrag des Bundes erfolgenden Gewährung der Arbeitslosenhilfe sowie zur Durchführung ihr qua Rechtsverordnung oder Verwaltungsvereinbarung übertragener Aufgaben und Programme verpflichtet.

Historisch reichen die Wurzeln der als deutsche Arbeitsverwaltung figurierenden Bundesanstalt für Arbeit bis ins Jahr 1927 zurück, in dem die "Reichsanstalt für Arbeitsvermittlung und Arbeitslosenversicherung" gegründet wurde. Letztere wies mit einem zentralistisch angelegten, dreistufigen Aufbau, der Zusammenführung der arbeitsmarktpolitischen Instrumente "Arbeitsvermittlung" und "Arbeitslosenversicherung" sowie einer an Bedeutung gewinnenden Selbstverwaltung bereits alle konstitutiven Charakteristika der BA auf. Die Selbständigkeit der Reichsanstalt wurde jedoch zur Zeit des Nationalsozialismus deutlich eingeschränkt, indem sie Zug um Zug hin zu einer planwirtschaftlich funktionierenden Verwaltungseinheit verändert wurde, die für die Koordination des kriegswirtschaftlichen Einsatzes der Arbeitskräfte verantwortlich war; folgerichtig wurde sie zum Jahreswechsel 1938/39 aufgelöst und organisatorisch dem Reichsarbeitsministerium eingegliedert.

Nach dem Zweiten Weltkrieg wurden die Aufgaben der Arbeitsverwaltung in den einzelnen Besatzungszonen von dezentralen Verwaltungseinheiten wahrgenommen, ehe mit dem am 1.5.1952 in Kraft getretenen *Gesetz über die Einrichtung einer Bundesanstalt für Arbeitsvermittlung und Arbeitslosenversicherung* vom

---

[251] Vgl. § 189 Abs. 1 AFG.

[252] Auf das hinsichtlich der Forschungsfreiheit in dieser Konstellation grundsätzlich liegende Problempotential weist Franke (1988) hin, wenngleich er ebenda ein positives Fazit zieht.

10.3.1952 (BGBl. I S. 123) wieder eine nationale, d. h. hier bundeseinheitliche Arbeitsverwaltung organisatorisch etabliert wurde. Mit dem Inkrafttreten des AFG ging die Bundesanstalt für Arbeitsvermittlung und Arbeitslosenversicherung in die Bundesanstalt für Arbeit über, wobei mit Blick auf die Zielsetzung des AFG die Namensänderung durchaus als programmatisch gemeintes Zeichen interpretiert werden darf.[253]

Der Verwaltungsaufbau der Bundesanstalt für Arbeit folgt der Konzeption einer zentralistisch, flächendeckend ausgerichteten Behörde. Den "Kopf" bildet die in Nürnberg lokalisierte *Hauptstelle* der BA, der der Präsident der BA vorsteht. Der Hauptstelle direkt unterstellt sind sowohl die 15 besonderen Dienststellen, die als "Stabsstellen" insbesondere für die Unterhaltung der personal- und finanzwirtschaftlichen Infrastruktur verantwortlich sind, als auch die sich "in der Linie" befindlichen 11 *Landesarbeitsämter*. Die Landesarbeitsämter sind jeweils für ein oder mehrere Bundesländer zuständig; eine Ausnahme bildet lediglich das Bundesland Bayern, das zwei LAA-Bezirke umschließt. Die Landesarbeitsämter werden ihrerseits jeweils von einem Präsidenten geführt und sind für die Kontrolle und Koordination der Aktivitäten der ihnen unterstellten *Arbeitsämter* zuständig. Die 184 über das gesamte Bundesgebiet verteilten Arbeitsämter umfassen meistens mehrere Stadt- und Landkreise und stellen die "operativen" Einheiten der Bundesanstalt für Arbeit dar: Ihnen obliegt die unmittelbare Durchführung der der BA vom AFG übertragenen Aufgaben; hierbei werden sie von ständig oder zeitweilig besetzten Außenstellen (Neben- und Hilfsstellen) unterstützt.[254]

Die einzelnen Arbeitsämter werden jeweils von einem Direktor geleitet, dem in jedem Arbeitsamt die folgenden vier Abteilungen unterstehen:

---

[253] Vgl. Kuster (1976), S. 223 ff.; Kuck (1992); Franke (1992b). Zur Bedeutung der Reichsanstalt während der Zeit des Nationalsozialismus sowie zu ihrem Wandel zur "Arbeitseinsatzbehörde" siehe auch den Beitrag von Kahrs (1990), insbesondere S. 17 ff. Die Namensgebung der BA ist legislatorisch in § 242 Abs. 2 AFG geregelt worden.

[254] Vgl. Mann (1991), S. 532; Franke (1992a), Sp. 710; Bundesanstalt für Arbeit (1993), S. 12. Ein Schaubild zur regionalen Dislozierung der einzelnen Dienststellen findet sich ebenda, S. 13.

- Abt. I: "Arbeitsvermittlung und Arbeitsberatung";
- Abt. II: "Berufsberatung";
- Abt. III: "Leistungsabteilung";
- Abt. IV: "Verwaltung".[255]

Die einzelnen Abteilungen sind in je unterschiedlicher Weise für die Bewältigung der AFG-gesetzten Aufgaben verantwortlich. In den Zuständigkeitsbereich der Abt. I fällt dabei die Umsetzung der durch den zweiten und vierten bis achten Unterabschnitt des zweiten Abschnitts sowie der durch den dritten Unterabschnitt des dritten Abschnitts kodifizierten arbeitsmarktpolitischen Instrumente, während die Abt. II den durch den dritten Unterabschnitt des zweiten Abschnits kartierten Leistungsumfang abdeckt. Die Durchführung der im ersten und zweiten Unterabschnitt des dritten Abschnitts sowie der im vierten Abschnitt gesetzlich geregelten Aufgaben fällt schließlich in den Kompetenzbereich der Abt. III; die Abt. IV zeichnet für kein arbeitsmarktpolitisches Instrument verantwortlich, sondern trägt als "dienende" Abteilung - ihrer Bezeichnung entsprechend - für die Sicherstellung der personal- und materialwirtschaftlichen Voraussetzungen der Aufgabenerledigung Sorge.[256]

Zu den gestaltgebenden Eckpfeilern der Bundesanstalt für Arbeit gehört die Realisierung der Konzeption sozialer Selbstverwaltung. "Der Grundgedanke dabei ist, die Einrichtungen der sozialen Sicherung zwar mit staatlicher Autorität auszustatten, gleichzeitig jedoch den betroffenen Gruppen selbst unmittelbar gestaltenden Einfluß zu geben."[257] Hierzu zählen vornehmlich die Gruppen der Arbeitnehmer und Arbeitgeber, die die entscheidenden Akteure am Arbeitsmarkt sind und demzufolge im besonderen Maße von den Maßnahmen der Arbeitsmarktpolitik tangiert werden. Darüber hinaus befinden sich in den Organen der Selbstverwaltung die öffentlichen Körperschaften (Bund, Länder und Gemeinden). "In der Präsenz dieser dritten Gruppe drückt sich die Überzeugung aus, daß die Allgemeinheit und

---

255 Vgl. Bundesanstalt für Arbeit (1989a), S. 17. Die organisatorische Binnenstruktur von Hauptstelle und Landesarbeitsämtern soll hier nicht näher betrachtet werden, da sie für die operative Aufgabenerledigung unwichtig ist.

256 Vgl. Pfuhlmann/Spiegl (1987), S. 51 ff.; Bundesanstalt für Arbeit (1989a), S. 17; Bundesanstalt für Arbeit (1993), S. 28 ff.

257 Franke (1987), S. 247.

damit der Staat eine besondere Verantwortung für den Arbeitsmarkt haben."[258] Da alle drei Gruppen gleich starke Kontingente in die Selbstverwaltungseinrichtungen entsenden, sind diese insgesamt drittelparitätisch besetzt.[259]

Die Mitglieder werden auf Vorschlag für sechs Jahre in die Organe der Selbstverwaltung berufen. Vorschlagsberechtigt sind für die Vertreter der Arbeitnehmer die Gewerkschaften, für die Vertreter der Arbeitgeber die Arbeitgeberverbände sowie für die Vertreter des Staates unterschiedliche staatliche Institutionen, insbesondere Bundesregierung, Bundesrat und die Spitzenvereinigungen der kommunalen Selbstverwaltungskörperschaften. Zu den Organen der Selbstverwaltung zählen der bei der Hauptstelle angesiedelte *Verwaltungsrat* und *Vorstand* sowie die *Verwaltungsausschüsse der Landesarbeitsämter* und die *Verwaltungsausschüsse der Arbeitsämter*. Während die beiden letztgenannten von eher nachrangiger Bedeutung sind und im wesentlichen eine die Arbeitsverwaltung beratende Funktion innehaben, sind die entscheidenden Selbstverwaltungsbefugnisse bei Verwaltungsrat und Vorstand situiert. Der 51 Mitglieder umfassende und als "legislativer" Teil der Selbstverwaltung fungierende Verwaltungsrat besitzt Kompetenzen sowohl bei der Modifizierung der Binnenstruktur der BA als auch bei der Ausgestaltung der arbeitsmarktpolitischen Instrumente. So ist der Verwaltungsrat legislatorisch autorisiert, etwa die Bezirke der Arbeitsämter und Landesarbeitsämter sowie die Zahl der Mitglieder der Verwaltungsausschüsse der Landesarbeitsämter festzusetzen.

Wichtiger ist jedoch die Befugnis, überall dort, wo es das AFG bei den einzelnen Instrumenten vorsieht, sog. "Anordnungen" erlassen zu dürfen. Sie besitzen quasigesetzlichen Charakter und können die Förderungskonditionen der vom Gesetz vorgegebenen arbeitsmarktpolitischen Instrumente näher bestimmen. Hierdurch kann der Verwaltungsrat innerhalb des gesetzlich aufgespannten Rahmens sowohl explizit als auch implizit auf die mit den Instrumenten verfolgte Zielsetzung Einfluß nehmen. Wichtig ist in diesem Zusammenhang, daß der Verwaltungsrat mit dem Recht der Feststellung des Haushaltsplans auf die finanzielle Basis der Instrumente einwirken kann. Das Recht ist allerdings seit dem 1.1.1993 deutlich

---

[258] Ebenda.
[259] Vgl. § 192 Abs. 1 AFG.

beschnitten, da seit diesem Tage das Bundesministerium für Arbeit und Sozialordnung - ermächtigt durch § 216 Abs. 3 AFG - den Haushaltsplan auch gegen den Willen des Verwaltungsrats in Kraft setzen kann.

Im Gegensatz zum Verwaltungsrat für den "exekutiven" Teil der Selbstverwaltung zuständig ist der Vorstand. Er vertritt die BA gerichtlich und außergerichtlich und ist vor allem an personellen Grundsatzentscheidungen beteiligt. Hiervon abgesehen führt der Präsident der BA die laufenden Verwaltungsgeschäfte; sie können allerdings vom Vorstand durch den Erlaß entsprechender Richtlinien mit beeinflußt werden. Die Rechtsaufsicht über die BA nebst Selbstverwaltung wird vom Bundesministerium für Arbeit und Sozialordnung wahrgenommen. Dies manifestiert sich insbesondere auch darin, daß die vom Verwaltungsrat erlassenen Anordnungen vom Ministerium genehmigt werden müssen.[260]

Die BA gehorcht als Verwaltungsbetrieb *idealiter* dem Funktionsmuster einer "typischen" Behörde und weist die dazugehörigen einschlägigen Konstruktionsmerkmale auf.[261] Die Mitarbeiter der BA gehören allesamt dem öffentlichen Dienst an und nehmen ihre Funktion als Arbeiter, Angestellte oder Beamte wahr.[262] Für letztere gilt de iure, für Angestellte de facto das Laufbahnprinzip und das Prinzip der Unkündbarkeit. Das *realiter* gezeigte Verhalten folgt in der Tendenz den Mustern, die im Rahmen der Neuen Politischen Ökonomie (NPÖ) als für die Sozialbürokratie typisch charakterisiert werden.[263]

### *ii. Zur arbeitsmarktpolitischen Funktionalität der öffentlichen Arbeitsvermittlung*

Der vorliegende Abschnitt wird beschlossen durch Überlegungen zu der noch nicht beantworteten Frage, ob die Umsetzung der durch das AFG repräsentierten

---

260 Vgl. zu den die Selbstverwaltung betreffenden Regelungen die §§ 189 ff. AFG sowie Pfuhlmann/Spiegl (1987), S. 28 ff. und Bundesanstalt für Arbeit (1989a), S. 6 ff.

261 Dies sind etwa die Aktenmäßigkeit der Verwaltung, die Trennung von Person und Position, die Institutionen der Zuständigkeit und der hierarchisch angelegten Weisungsbefugnis etc. pp. Vgl. hierzu grundlegend das (idealtypisierte) Bürokratiemodell von Weber (1922), S. 124 ff.

262 Vgl. z. B. Pfuhlmann/Spiegl (1987), S. 33 ff.

263 Vgl. unten D.IV.2.

Arbeitsmarktpolitik einer monopolisierten oder zumindest einer koexistenten öffentlichen Arbeitsvermittlung bedarf. Wäre dies der Fall, so würden die *Sozialstaatspriorisierer* die Einführung einer marktkonformen Arbeitsvermittlung ablehnen. Das hieße, daß der Verzicht auf ein marktkonformes Vermittlungssystem als „Preis“ für die Realisierung der AFG-normierten Arbeitsmarktpolitik akzeptiert würde.

Die zur Klärung der noch offenen Frage erforderliche Analyse soll in zwei Schritten erfolgen. Zunächst wird der in der Literatur vorgetragenen Behauptung nachgegangen, daß eine monopolisierte öffentliche Arbeitsvermittlung eine wichtige Voraussetzung dafür ist, das durch das AFG vorgegebene sozialpolitische Ziel der arbeitsmarktlichen Reintegration von Benachteiligten umsetzen zu können. Ist ein Arbeitsvermittlungsmonopol nicht notwendig, so ist im Anschluß zu prüfen, ob nicht zumindest eine koexistente öffentliche Arbeitsvermittlung für die Funktionalität der AFG-normierten arbeitsmarktpolitischen Instrumente unabdingbar ist.

Als zentrales Argument zur arbeitsmarktpolitischen Rechtfertigung eines staatlichen Alleinvermittlungsrechts wird die Bedeutung der monopolisierten öffentlichen Arbeitsvermittlung für die Umsetzung der auf den sozialpolitischen Auftrag des AFG abzielenden Vermittlungsstrategien angeführt. An erster Stelle wird darauf hingewiesen, daß nur ein staatliches Vermittlungsmonopol es ermögliche, qua Vermittlungsaktivitäten auch die Benachteiligten unter den Arbeitslosen wieder in den Arbeitsmarkt zu reintegrieren.[264] Würden private Arbeitsvermittler zugelassen, so würden sie sich im Zuge des sog. "Rosinenpickens" auf die Arbeitsuchenden mit der vergleichsweise höchsten Produktivität konzentrieren, da diese die von den Arbeitsnachfragern im Rahmen des Matching gewünschte Klientel darstellen; denn für eine auch weiterhin erfolgende Einschaltung der privaten Arbeitsvermittlung ist - wie die theoretische Analyse in C.I.2. gezeigt hat - die vollständige Ausrichtung auf den von den Informationsnachfragern formulierten Bedarf unverzichtbar.

---

[264] Vgl. zum folgenden Scherl (1990), S. 11; Caire (1990), S. 48; Engelen-Kefer (1992), S. 176; Clausnitzer (1994), S. 94.

In der Konsequenz resultieren hieraus die von den Gegnern einer privaten Arbeitsvermittlung gehegten Befürchtungen, daß dem Informationskanal öffentliche Arbeitsvermittlung nur noch Arbeitsuchende aus dem hinteren Teil der nach der Produktivität geordneten Arbeitskräfteschlange verbleiben. Die hierdurch sinkende Attraktivität der öffentlichen Arbeitsvermittlung für die Arbeitgeber würde schließlich zu einer reduzierten Einschaltung führen, so daß sich auch die Chance, die Benachteiligten des Arbeitsmarktes im Rahmen des Matching-Prozesses vorzuschlagen, verringern würde.

Wenngleich dieses Argument zur Begründung eines Verbots privater Arbeitsvermittlung eine weite Verbreitung findet, ist es doch in der ihm zugrunde liegenden Wirkungslogik nicht haltbar. Maßgebend für diese Einschätzung ist der Tatbestand, daß sich die öffentliche Arbeitsvermittlung selbst für den Fall einer nicht zugelassenen privaten Arbeitsvermittlung der Konkurrenz der übrigen Informationskanäle ausgesetzt sieht. Würde sie bei fehlendem Kontrahierungszwang nicht die geforderte Dienstleistung, den erstbesten Match anzustreben, anbieten, sondern versuchen, ihre sozialpolitischen Zielsetzungen im Rahmen des Vermittlungsprozesses umzusetzen, so würden die Arbeitsnachfrager - dem oben entwikkelten Rentabilitätskalkül folgend - als Informationsnachfrager auf andere Informationskanäle ausweichen. Diese Erkenntnis findet spätestens seit Mitte der 80er Jahre auch im empirischen Vermittlungsverhalten der öffentlichen Arbeitsvermittlung der BA ihren Niederschlag, die sich unter Hintanstellung ihrer sozialpolitischen Orientierung der Strategie der an den betrieblichen Anforderungsprofilen ausgerichteten sog. "Bestenvermittlung" verschrieben hat.[265]

Der zweite Ansatz, der ein Verbot privater Arbeitsvermittlung mit Blick auf die Umsetzung der sozialpolitisch motivierten Vermittlungsstrategien einfordert, basiert auf der Konzeption des sog. "Huckepackverfahrens". Dieser Idee folgend soll die BA versuchen, im Rahmen des Matching-Prozesses Pakete aus guten und schlechten Vermittlungsrisiken zu schnüren, die als "Vermittlungsmix" den Betrieben zur Besetzung bestehender Vakanzen angedient werden. Suggeriert wird

---

[265] Vgl. Eberwein/Tholen (1987), S. 101 ff.; Eberwein/Tholen (1990), S. 352 f. Mit Grauel/Stöhr (1987, S. 207) konzedieren auch zwei leitende Mitarbeiter der BA, daß letztere nur mit der Geschäftspolitik der Bestenvermittlung ihre Marktposition wird verteidigen können.

hierbei, daß die Betriebe nur die Wahl hätten, die Vakanz unbesetzt zu lassen oder sie mit dem erstbesten Match, allerdings unter Inkaufnahme eines weiteren weniger produktiven Arbeitnehmers, zu bedienen. Als Funktionsvoraussetzung halten die Befürworter dieses Ansatzes ein Verbot privater Arbeitsvermittlung für erforderlich, da ansonsten der für die Vorgehensweise unabdingbare enge Kontakt der öffentlichen Arbeitsvermittlung zu den Betrieben wegen der Konkurrenz der privaten Vermittler nicht mehr gewährleistet wäre.[266]

Auch dieses zugunsten einer monopolisierten Arbeitsvermittlung angeführte Argument muß wegen des Nichtzutreffens elementarer Funktionsvoraussetzungen des „Vermittlungsmix" verworfen werden: Unverzichtbar für die Realisierbarkeit des hier kritisierten Konzepts ist, daß die Arbeitsnachfrager lediglich die Wahl haben, den Vermittlungsmix mit positivem Rentabilitätssaldo zu akzeptieren oder den neu zu besetzenden Arbeitsplatz unter Inkaufnahme der entsprechenden Opportunitätskosten vakant zu lassen.[267] Wegen der Existenz weiterer Informationskanäle ist diese *funktionsnotwendige Einschränkung* der Alternativen aber nicht gegeben, da es jedem Arbeitsnachfrager offensteht, den von ihm gewünschten Arbeitsuchenden über einen anderen als den Informationskanal der öffentlichen Arbeitsvermittlung als Matching-Partner zu gewinnen.

Es kann somit festgehalten werden, daß die aus der arbeitsmarktpolitischen Perspektive zugunsten eines staatlichen Vermittlungsmonopols angeführten Begründungen insgesamt nicht stichhaltig sind. Entsprechend dem zugrunde gelegten Prüfungsraster muß deshalb abschließend untersucht werden, ob eine koexistente

---

266 Vgl. Beilstein (1988), S. 15; Müller/Seifert (1991), S. 497; Grundmann (1992), S. 164; Deeke (1995), S. 289 f. und S. 304. Auf die Verbreitung dieses Argumentes im Rahmen der Diskussion zum Vermittlungsmonopol weist auch die Deregulierungskommission (1991, Tz. 570) hin. Wirkungslogisch fußt der geschilderte arbeitsmarktpolitische Hebel zur Forcierung des sozialpolitischen Ziels der Zielgruppenvermittlung auf der in der NPÖ diskutierten Politik des Stimmentausches („logrolling") bzw. der Programmpakete („package deal"), innerhalb der bei reduzierten Wahlmöglichkeiten ein Ziel mit hohem Nutzenzuwachs unter Hinnahme eines Tatbestandes mit relativ geringerer Nutzeneinbuße verfolgt wird. Funktional wird das Konzept, indem die eigentlich gewünschte Wahlmöglichkeit, sich *nur* für das Ziel mit hohem Nutzenzuwachs zu entscheiden, ausgeblendet wird und das Programmpaket gleichzeitig auch gegenüber den übrigen (hinsichtlich der Anzahl ggf. weiter reduzierten) Optionen vorteilhaft ist. Zur Technik des Stimmentausches und der Programmpakete siehe auch Brümmerhoff (1987), S. 102 ff.

267 Soll innerhalb dieser Konzeption der Vermittlungsmix uno actu umgesetzt werden, so ist das gleichzeitige Vorhandensein von mindestens zwei Vakanzen in einem Betrieb erforderlich; denkbar für kleinere Betriebe mit geringerem Personalumsatz wäre jedoch auch, daß die Besetzung zweier Vakanzen mit einem "guten" und einem "schlechten" Vermittlungsrisiko zeitlich hintereinander erfolgt.

öffentliche Arbeitsvermittlung eine konstitutive Voraussetzung für die Umsetzung der AFG-normierten Arbeitsmarktpolitik ist.

Um diese Frage klären zu können, muß einleitend der Hinweis vorangestellt werden, daß der Begriff der "öffentlichen Arbeitsvermittlung" sowohl eine *organisationale* als auch eine *institutionelle* Dimension aufweist.[268] Wie oben im Rahmen der Darstellung der Binnenstruktur der staatlichen Arbeitsverwaltung gezeigt worden ist, kann die zwischen Arbeitsvermittlung und Arbeitsmarktpolitik in organisationaler Hinsicht bestehende Verknüpfung für einen Großteil der Instrumente als vollkommen gewertet werden, da die Abt. I der Arbeitsämter sowohl für die Durchführung des arbeitsmarktpolitischen Instruments "Arbeitsvermittlung" als auch für die Umsetzung einiger anderer der vom AFG vorgesehenen Arbeitsmarktpolitiken zuständig ist. Diese triviale Form der Vernetzung von Arbeitsvermittlung und Arbeitsmarktpolitik ist allerdings unproblematisch, da für den Fall der Abschaffung der öffentlichen Arbeitsvermittlung die Durchführung der hiervon betroffenen Instrumente lediglich anderen bürokratischen Verwaltungseinheiten übertragen zu werden braucht.

Infolgedessen soll die folgende Betrachtung auf die funktionelle Verknüpfung von Arbeitsvermittlung und Arbeitsmarktpolitik konzentriert werden. Die hierauf abzielende Analyse wird an strategisch ausgewählten Instrumenten vollzogen. Grundlage für die Auswahl soll dabei sein, daß diese Instrumente in *repräsentativer* Weise das arbeitsmarktpolitische "Spektrum" der vom AFG vorgesehenen Maßnahmen abdecken. Um die Repräsentativität auch in finanziell-quantitativer Hinsicht sicherzustellen, soll zudem gelten, daß die für die weitere Untersuchung ausgegrenzten arbeitsmarktpolitischen Instrumente einen *qualifizierten* Teil des für die Arbeitsmarktpolitik verausgabten Haushaltsvolumens ausmachen.[269]

Das insoweit abgesteckte Verfahren legt nahe, die im AFG geregelten Instrumente der Arbeitsmarktpolitik zunächst zu kategorisieren. Ein erster Ordnungsversuch

---

[268] Vgl. Rauschhofer (1974), S. 16 f.; Münz (1976), S. 264. Zur Unterscheidung von Institution und Organisation siehe auch Richter/Furubotn (1996), S. 7 ff.

[269] Unter "qualifiziert" soll verstanden werden, daß die getroffene Auswahl der arbeitsmarktpolitischen Instrumente insgesamt rund zwei Drittel der jeweiligen jährlichen Haushaltsansätze auf sich zieht.

differenziert die unterschiedlichen Ansätze in zeitlich-historischer Hinsicht, indem zwischen "klassischen" Instrumenten traditioneller Provenienz und "modernen" Arbeitsmarktpolitiken unterschieden wird. Unter das Rubrum der klassischen Politikansätze werden insbesondere die Arbeitsvermittlung und die Arbeitslosenversicherung subsumiert, also jene Instrumente, die schon 1927 das instrumentelle Rückgrat des AVAVG bildeten. Zu den modernen Instrumenten werden hingegen die arbeitsmarktpolitischen Hebel gezählt, die zeitlich später im Arbeitsförderungsrecht etabliert worden sind. Hierzu gehören mit Ausnahme der Arbeitsvermittlung alle Instrumente der aktiven Arbeitsmarktpolitik.[270]

Die Instrumente der "aktiven" Arbeitsmarktpolitik werden im Rahmen eines zweiten Ordnungsversuchs gegen die Instrumente der "passiven" Arbeitsmarktpolitik abgegrenzt. Unter die letztgenannte Kategorie werden all jene arbeitsmarktpolitischen Ansätze gefaßt, die durch die Gewährung von Lohnersatzleistungen lediglich in palliativer Weise die mit der Arbeitslosigkeit einhergehenden finanziellen Belastungen relativieren; dementsprechend gehören zu diesen Leistungen insbesondere das Arbeitslosengeld und die Arbeitslosenhilfe. Das Attribut "aktiv" wird - wie oben bereits erwähnt - den Instrumenten attestiert, mit deren Hilfe gezielt und in möglichst vorausschauender Weise die Beschäftigungschancen von Arbeitslosen erweitert werden sollen. Zu den wesentlichen aktiven Politikansätzen zählen personen- und arbeitsplatzbezogene Lohnsubventionen, die Förderung der beruflichen Weiterbildung, Maßnahmen der beruflichen Rehabilitation, Kurzarbeitergeld u. a.[271]

Um aus dem Reigen der genannten Instrumente der Arbeitsmarktpolitik, deren hier vorgenommene Klassifizierung durch *Abbildung 5* noch einmal zusammenfassend veranschaulicht wird, die der Forderung nach quantitativer und qualitativer Repräsentativität gerecht werdenden Ansätze auszuwählen, werden im folgenden zwei klassische und zwei moderne Instrumente für die weitere Analyse vorgesehen. In diesem Sinne sollen aus dem Bereich der klassischen Arbeitsmarktpolitik

---

270 Vgl. Soltwedel (1984), S. 72 f.; Maibaum/Pfuhlmann/Rademacher (1986), S. 9 f.; Lampert/Englberger/Schüle (1991), S. 83.

271 Vgl. Schmid (1976), S. 165 ff.; Rothschild (1988), S. 116 f.; Keller (1993), S. 285; Görgens (1996), S. 175 f.

die Instrumente "Arbeitsvermittlung" und "Arbeitslosenversicherung" herangezogen werden. Die Berücksichtigung der Arbeitsvermittlung ist dabei nicht nur hinsichtlich der thematischen Orientierung dieser Arbeit geboten, sondern reflektiert auch auf den Umstand, daß der Arbeitsvermittlung für die Arbeitsverwaltung ein zentraler Stellenwert bescheinigt wird.[272] Die Auswahl der Arbeitslosenversicherung rechtfertigt sich durch den Tatbestand, daß sie den mit Abstand größten Einzeletat im Haushalt der BA aufweist. Darüber hinaus kommt der Arbeitslosenversicherung eine besondere Bedeutung als subsidiärem Auffangnetz zu, wenn durch die Instrumente der aktiven Arbeitsmarktpolitik Arbeitslosigkeit nicht verhindert werden konnte und es die finanziellen Folgen der Arbeitslosigkeit zu lindern gilt.

Aus der Sparte der Instrumente moderner Arbeitsmarktpolitik sollen die Politikansätze der "Förderung der beruflichen Weiterbildung" und der "Gewährung von Lohnsubventionen" mit der hier aufgeworfenen Fragestellung konfrontiert werden. Die Auswahl des ersten Instruments gebietet der überragende Stellenwert, der ihm mit Blick auf die dem AFG unterlegte neuartige Konzeption von Arbeitsmarktpolitik schon in der Gesetzesbegründung quittiert wurde.[273] Diese Bedeutung sowie die mittlerweile mit diesem Instrument gemachten Erfahrungen haben dazu geführt, daß die Förderung der beruflichen Weiterbildung heute als "Kernstück der aktiven Arbeitsmarktpolitik"[274] gewürdigt wird.

Aus dem Bereich der Lohnsubventionen soll mit den "Allgemeinen Maßnahmen zur Arbeitsbeschaffung (ABM)" eine arbeitsplatzbezogene und mit dem "Einarbeitungszuschuß (EZ)" eine personenbezogene Subventionsform untersucht werden. Insbesondere die ABM binden dabei einen nicht unerheblichen Teil des jährlichen Haushaltsvolumens; darüber hinaus nehmen beide Instrumente vor allem für die

---

272 Dies kommt z. B. in den von Seifert (1987, S. 183: "Nicht nur entstehungsgeschichtlich bildet die Arbeitsvermittlung (zusammen mit der Arbeitslosenversicherung) den Kern der öffentlichen Arbeitsmarktpolitik.") und Bach/Henning (1993, S. 157: "Vermittlung war und ist damit Kernaufgabe und die klassische Tätigkeit einer öffentlichen Arbeitsverwaltung.") gewählten Formulierungen zum Ausdruck. Zu betonen ist an dieser Stelle, daß mit der Hinzuziehung der Arbeitsvermittlung nicht das analytische Ziel verfolgt wird, in tautologischer Weise die Besonderheiten der staatlichen Arbeitsvermittlung zu deren Begründung anzuführen. Vielmehr ist beabsichtigt zu prüfen, ob geeignete institutionelle Vorkehrungen gefunden werden können, die sicherstellen, daß sich die mit einer als arbeitsmarktpolitisches Instrument eingesetzten staatlichen Arbeitsvermittlung *explizit* verfolgten Ziele *implizit* auch durch private Arbeitsvermittler in einem deregulierten Vermittlungsmarkt realisieren lassen.

273 Vgl. Deutscher Bundestag (1967), S. 53.

274 Franke (1992b), S. 126. Mit den gleichen Worten hat schon Engelen-Kefer (1980, S. 205) die besondere Bedeutung dieses Ansatzes herausgestellt.

aus sozialpolitischen Erwägungen vorgenommene Förderung der Zielgruppen des Arbeitsmarktes eine gewichtige Stellung ein. Insgesamt können vor dem Hintergrund der aufgeführten Argumente sowohl die aus dem "modernen" als auch die aus dem "klassischen" Sektor selektierten Instrumente der Arbeitsmarktpolitik als für den Politkansatz des AFG repräsentativ bezeichnet werden; ihre quantitative Bedeutung wird durch den Tatbestand unterstrichen, daß sie von 1985 bis 1994 im Durchschnitt rund zwei Drittel der jeweiligen jährlichen Ausgaben für AFG-basierte Arbeitsmarktpolitik auf sich vereinigt haben.[275]

Abbildung 5: Zur Klassifizierung der arbeitsmarktpolitischen Instrumente

| | **klassisch** | **modern** |
|---|---|---|
| aktiv | **Arbeitsvermittlung** | **Förderung der beruflichen Weiterbildung**<br>**Lohnsubventionen (ABM, EZ, u. a.)**<br>**Maßnahmen der beruflichen Rehabilitation** |
| passiv | **Arbeitslosengeld**<br>**Arbeitslosenhilfe** | |

Die im folgenden zu leistende Überprüfung der funktionellen Durchdringung von Arbeitsvermittlung und den vier ausgegrenzten arbeitsmarktpolitischen Instrumenten stellt sich für die öffentliche Arbeitsvermittlung selbst wiederum als trivial dar: Es ist unmittelbar einsichtig, daß in der Konsequenz einer Änderung des bestehenden Systems der (öffentlichen) Arbeitsvermittlung die mit dem systemi-

[275] Vgl. hierzu Tabelle 2 im Anhang B.

schen Status quo verfolgten arbeitsmarktpolitischen Ziele nunmehr durch instrumentelle Alternativen realisiert werden müssen. Die verbleibenden Instrumente sind in ihrer gesetzlichen Ausgestaltung dahingehend zu analysieren, ob die öffentliche Arbeitsvermittlung mit ihrer funktionellen Dimension in den jeweiligen Prozeß der Leistungsgewährung eingebunden ist.

Die Voraussetzungen zur Bewilligung der Versicherungsleistung "Arbeitslosengeld" werden in den §§ 100 ff. AFG geregelt. Nach diesen Bestimmungen hat grundsätzlich nur derjenige Anspruch auf Arbeitslosengeld, der "arbeitslos ist, der Arbeitsvermittlung zur Verfügung steht, die Anwartschaftszeit erfüllt, sich beim Arbeitsamt arbeitslos gemeldet und Arbeitslosengeld beantragt hat."[276] Für den hier untersuchten Gegenstand ist aus dem Kanon der fünf Anspruchsvoraussetzungen die Forderung nach der "Verfügbarkeit" des Arbeitslosen maßgeblich. Der Begriff der Verfügbarkeit wird durch § 103 AFG näher spezifiziert: Danach steht nur derjenige der Arbeitsvermittlung zur Verfügung, der eine zumutbare, beitragspflichtige Beschäftigung ausüben kann und darf und diese zumutbare Beschäftigung auch auszuüben bereit ist.

Dementsprechend weist der Tatbestand der Verfügbarkeit sowohl eine objektive als auch eine subjektive Dimension auf.[277] Erstere hebt auf die Frage ab, ob nicht durch Gegebenheiten wie gesundheitliche Einschränkungen oder nicht delegierbare Kinderbetreuungspflichten die tatsächliche Aufnahme einer Beschäftigung verhindert wird. Der subjektive Aspekt der Verfügbarkeit bezieht sich dahingegen auf die Motivation des Arbeitslosen, eine zumutbare Beschäftigung auch antreten zu wollen. Sinn der Regelung ist es, einen Ausgleich zwischen dem Interesse der Beitragszahler an möglichst niedrigen Beitragszahlungen und dem Interesse des Arbeitslosen an rückhaltloser Alimentierung seiner individuellen Arbeitslosigkeit zu schaffen.[278] Entscheidend ist dabei, daß die für die Bewilligung des Arbeitslosengeldes wesentliche Prüfung der Verfügbarkeit im Rahmen des Vermittlungsprozesses zu erfolgen hat; d. h., für die Gewährung des Arbeitslosengeldes muß

---

276 § 100 Abs. 1 AFG.

277 Vgl. hierzu Heuer/Lomb (1972), S. 44 ff.

278 Als regulierbares Ventil dient der unbestimmte Rechtsbegriff der "Zumutbarkeit", der durch die Anordnung des Verwaltungsrats der Bundesanstalt für Arbeit über die Beurteilung der Zumutbarkeit einer Beschäftigung vom 16.3.1982 (ANBA 1982 S. 523) operationalisiert worden ist.

prinzipiell "der Versicherungsfall behebbar sein, und zwar durch die Tätigkeit der Arbeitsvermittlung."[279] Die öffentliche Arbeitsvermittlung wird damit für die Bewilligung von Arbeitslosengeld zur Funktionsvoraussetzung.

Das arbeitsmarktpolitische Instrument der "Förderung der beruflichen Weiterbildung" ist an mehreren Stellen funktionell mit der öffentlichen Arbeitsvermittlung verflochten. Berührungspunkte existieren sowohl bei der Überprüfung der Förderungsvoraussetzungen als auch bei der Festlegung der Bildungsziele; letzteres ist eine Konsequenz des Umstands, daß die Förderung der beruflichen Bildung ein primär auf Reintegration in den Arbeitsmarkt ausgerichtetes Instrument ist, so daß das Vorhandensein detaillierter Arbeitsmarktinformationen zum unabdingbaren Funktionserfordernis wird. Die hier angestellte Betrachtung soll aber zunächst auf die Bedeutung der Arbeitsvermittlung bei der Entscheidungsfindung über die Förderungsfähigkeit eines potentiellen Bildungsaspiranten beschränkt bleiben. Diesem können Leistungen zur Teilnahme an Maßnahmen der beruflichen Fortbildung und Umschulung u. a. nur gewährt werden, wenn "die Teilnahme an der Maßnahme notwendig ist, damit ein Antragsteller, der

a) arbeitslos ist, beruflich eingegliedert wird,
b) von Arbeitslosigkeit unmittelbar bedroht ist, nicht arbeitslos wird,
c) keinen beruflichen Abschluß hat, eine berufliche Qualifikation erwerben kann."[280]

Der für die Kodifizierung der FuU-Anspruchsvoraussetzungen zentrale Begriff der "Notwendigkeit" figuriert in der Perzeption des Bundessozialgerichts als Umschreibung für die Minimumvariante des ökonomischen Prinzips: Ein bestimmtes arbeitsmarktpolitisches Ziel, hier die Reintegration Arbeitsloser bzw. die Verhinderung drohender Arbeitslosigkeit,[281] ist mit dem geringstmöglichen Ressourcenaufwand sicherzustellen, selbst wenn die einschlägigen Haushaltsansätze einen in diesem Sinne größeren Spielraum eröffnen.[282] Um dieses zu gewährleisten, führt

---

[279] Heuer/Lomb (1972), S. 44.
[280] § 42a Abs. 1 Satz 1 Nr. 2 AFG.
[281] Da der Punkt c) der o. a. Aufzählung für das hier analysierte Problem nicht relevant ist, bleibt er außer Betracht.
[282] Vgl. Hesse/Lüder/Pitschas (1992), S. 27 f.

die FuU-Anordnung näher aus, daß Leistungen nur für den Fall zu bewilligen sind, daß dem Antragsteller in absehbarer Zeit kein (zumutbarer) Arbeitsplatz vermittelt werden kann.[283] Dies bedeutet, daß im laufenden Vermittlungsprozeß und mit Blick auf den relevanten Arbeitsmarkt zu entscheiden ist, ob die Reintegration Arbeitsloser in den Arbeitsmarkt bzw. die Verhinderung drohender Arbeitslosigkeit nicht durch die Inanspruchnahme des Instruments der öffentlichen Arbeitsvermittlung zu realisieren ist, um so die Teilnahme an einer im Gegensatz hierzu ressourcenaufwendigeren Bildungsmaßnahme entbehrlich zu machen.[284]

Abschließend bleibt aufzuzeigen, in welcher Weise die "Gewährung von Lohnsubventionen" funktionell auf die öffentliche Arbeitsvermittlung angewiesen ist. Bei der arbeitsplatzbezogenen Subventionsform "ABM" ist die Arbeitsvermittlung laut Gesetz sowohl bei der Zuweisung der Teilnehmer auf die geförderten Arbeitsplätze als auch bei deren Abberufung gefordert. So legt § 93 Abs. 1 Satz 1 AFG fest, daß nur die Arbeitnehmer durch ABM gefördert werden dürfen, die *vom Arbeitsamt*, i. e. *von der öffentlichen Arbeitsvermittlung*, den qua Subvention geschaffenen Arbeitsplätzen zugewiesen worden sind. Dabei ist auch hier - ähnlich wie bei der FuU-Förderung - der unbedingte "Vermittlungsvorrang" zu beachten; d. h., daß ein Arbeitnehmer nur dann durch eine ABM gefördert werden darf, wenn nicht schon durch die Leistung der Arbeitsvermittlung die Aufnahme einer (dann sogar unsubventionierten) Beschäftigung gewährleistet werden kann.[285] In verschärfter Weise gilt für die ABM-Förderung darüber hinaus, daß im Rahmen des Vermittlungsprozesses die öffentliche Arbeitsvermittlung nicht nur *vor*, sondern auch *während* der ABM die Anbahnung eines unsubventionierten Dauerarbeitsverhältnisses anzustreben hat.[286] Die entsprechenden Bemühungen sind dabei während der *gesamten* Förderungsdauer aufrechtzuerhalten.[287]

---

283 Vgl. § 14 Abs. 1 Satz 3 A FuU.

284 Für die Förderentscheidung ist der zuvor genannten rechtlichen Vorgabe folgend ausschließlich die Prognose der öffentlichen Arbeitsvermittlung maßgeblich, wenn es darum geht, die Vermittelbarkeit des betreffenden Antragstellers zu beurteilen. Außer Acht bleibt demnach die Frage, ob der Antragsteller nicht durch anderweitige, z. B. privatwirtschaftliche Vermittlungsbemühungen in den Arbeitsmarkt reintegriert werden kann.

285 Vgl. hierzu § 2 Abs. 5 der ABM-Anordnung. An gleicher Stelle ist auch die dem AFG zugrunde liegende "Wertigkeit" der einzelnen Instrumente dokumentiert, da auch die Vermittlung in berufliche Ausbildungsstellen sowie die Teilnahme an einer FuU-Maßnahme gegenüber der Zuweisung in eine ABM vorrangig sind.

286 Vgl. § 93 Abs. 3 AFG.

287 Vgl. § 4 Abs. 1 A ABM.

In gleicher Weise hat die öffentliche Arbeitsvermittlung bei der personenbezogenen Subventionsform "EZ" innerhalb des Vermittlungsprozesses darüber zu befinden, ob die Subventionierung für die arbeitsmarktliche Reintegration eines Arbeitslosen bzw. zur Verhinderung der Arbeitslosigkeit eines hiervon bedrohten Arbeitnehmers *notwendig* ist: Dies ist immer dann der Fall, wenn die Realisierung des jeweils angestrebten arbeitsmarktpolitischen Ziels nach Einschätzung der öffentlichen Arbeitsvermittlung ohne Subventionierung nicht möglich scheint.[288]

Die vorstehende Analyse hat am Beispiel der mit dem Anspruch auf Repräsentativität ausgewählten Instrumente des AFG offenbart, daß die öffentliche Arbeitsvermittlung eine *konstitutive* Größe der AFG-normierten Arbeitsmarktpolitik ist. Es ist damit gezeigt worden, daß die Funktionalität der arbeitsmarktpolitischen Instrumente des AFG sensibel auf Veränderungen des (öffentlichen) Vermittlungssystems reagiert. Die Einführung einer marktkonformen Arbeitsvermittlung würde deshalb von den *Sozialstaatspriorisierern* bei diesem Erkenntnisstand abgelehnt. Sie werden ihr nur dann noch zustimmen können, wenn der Nachweis gelingt, daß sich durch eine Modifizierung der arbeitsmarktpolitischen Instrumente die Ziele des AFG auch auf der Basis einer als marktkonform ausgewiesenen privaten Arbeitsvermittlung realisieren lassen. Für eine solche Modifizierung muß allerdings sichergestellt sein, daß ihr auch die *Marktpriorisierer* zustimmen können. Hiervon darf ausgegangen werden, wenn sich die modifizierten Instrumente marktwirtschaftlicher Funktionsmechanismen bedienen.

---

[288] Vgl. § 25 Abs. 2 A FuU.

# D. Arbeitsmarktpolitik bei privater Arbeitsvermittlung

Den Überlegungen des vorletzten Abschnitts dieser Arbeit obliegt es zu klären, ob und in welcher Form auch eine marktkonforme, d. h. mit Blick auf das abgeleitete Zwischenergebnis private Arbeitsvermittlung die Realisierung der AFG-normierten Ziele der Arbeitsmarktpolitik erlaubt. Die Frage zu stellen gebietet die zuvor getroffene Feststellung, daß eine Abkehr von der für die bundesdeutsche Arbeitsmarktpolitik konstitutiven öffentlichen Arbeitsvermittlung hin zur marktkonformen Systemvariante in jedem Fall die Modifizierung der arbeitsmarktpolitischen Instrumente erforderlich macht. Die Überprüfung der Funktionalität instrumenteller Alternativen ist dabei auf das Zielsystem auszurichten, das oben als maßgeblich für das AFG klassifiziert worden ist.

Die Analyse soll für alle Instrumente, die oben als die für das arbeitsmarktpolitische Spektrum des AFG wesentlichen ausgewiesen worden sind,[1] auf ein einheitliches Raster abgestimmt werden: So wird zunächst in jedem der vier folgenden Kapitel durch einen rein deskriptiven Zugang dargestellt, in welcher Weise die einzelnen Instrumente unter der Voraussetzung einer öffentlichen Arbeitsvermittlung die zugrunde gelegten Ziele erreichen sollen. Das bedeutet, daß in diesem ersten Schritt noch nicht hinterfragt wird, ob die Umsetzung der postulierten Wirkungslogik auch empirisch erwartet werden darf. Sodann wird untersucht, auf welche Art die AFG-bestimmten Ziele auch unter dem Regime einer privaten Arbeitsvermittlung umgesetzt werden können. Läßt die vorgeschlagene modifizierte Form des gerade analysierten Instruments die Realisierung der arbeitsmarktpolitischen Ziele des AFG zu, so kann der Nachweis als angetreten gelten, daß die AFG-basierten Ziele auch unter der Bedingung einer privaten Arbeitsvermittlung erfolgreich zu verwirklichen sind.

Werden Umsetzungsprobleme aufgedeckt, wird im weiteren der Frage nachgegangen, ob denn das gerade untersuchte Instrument in Verbindung mit einer öf-

---

[1] Vgl. C.II.3.b.ii.

fentlichen Arbeitsvermittlung auch unter empirischen Bedingungen in der Lage ist, die Realisierung der durch eine private Arbeitsvermittlung nicht umsetzbaren (Teil)Ziele zu gewährleisten: Auf diese Weise lassen sich die in Graden der Zielverfehlung gemessenen Opportunitätskosten des Regimewechsels von der öffentlichen zur privaten Arbeitsvermittlung bestimmen. Sind Opportunitätskosten für die im hier verstandenen Sinne nicht modifizierbaren Instrumente nicht festzustellen, kann die Einführung einer marktkonformen Arbeitsvermittlung von den *Sozialstaatspriorisierern* gleichwohl konsentiert werden.

Im fünften und letzten Kapitel dieses Abschnitts werden die instrumentellen Insellösungen schließlich zum Gesamtkonzept des „Arbeitslosentenders" weiterentwickelt. Es wird gezeigt, daß durch die gezielte Funktionalisierung von Anreizstrukturen der Einsatz der Instrumente in der arbeitsmarktpolitisch gewünschten Reihenfolge garantiert werden kann. Präsentiert wird hiermit das kohärente Modell einer Arbeitsmarktpolitik, der wegen ihrer marktkonformen Ausgestaltung auch die *Marktpriorisierer* zustimmen können.

## I. „Klassische" Arbeitsmarktpolitik I: Arbeitsvermittlung

Das dem AFG zugrunde liegende Zielsystem fordert den Abbau der Arbeitslosigkeit, die Förderung der beruflichen Mobilität sowie die Unterstützung der Strukturpolitik ein.[2] Da die beiden letztgenannten Ziele sich explizit auf die berufsfachliche Qualifikation der Arbeitskräfte beziehen, können sie im wesentlichen nur mit dem im dritten Kapitel dieses Abschnitts abgehandelten Instrument der Förderung der beruflichen Weiterbildung verfolgt werden; sie brauchen demzufolge bei der Diskussion der übrigen drei arbeitsmarktpolitischen Ansatzpunkte nicht berücksichtigt zu werden. Es verbleibt somit für das erste Kapitel zunächst die Aufgabe zu untersuchen, in welcher Weise das Instrument "Arbeitsvermittlung" unter der institutionellen Bedingung einer öffentlichen Arbeitsvermittlung zum Abbau der Arbeitslosigkeit beitragen kann; entsprechend der oben aufgedeckten Philosophie

---

[2] Vgl. C.II.3.b.i.i-1.

des AFG ist in diesem Zusammenhang den Möglichkeiten einer prophylaktischen Verhinderung von Arbeitslosigkeit sowie der Berücksichtigung der arbeitsmarktpolitischen Zielgruppen besondere Aufmerksamkeit zu schenken.

Den Abbau von Arbeitslosigkeit kann die öffentliche Arbeitsvermittlung befördern, indem sie im Rahmen des Vermittlungsprozesses Unternehmen mit akutem Personalbedarf Arbeitslose, die bei ihr gemeldet sind, als Arbeitskräfte zur Besetzung der bestehenden Vakanz vorschlägt und diese dann von den Unternehmen eingestellt werden. Zielgruppenarbeit für die durch das AFG explizit definierten Benachteiligten des Arbeitsmarktes wird von der öffentlichen Arbeitsvermittlung dadurch geleistet, daß den Unternehmen auch Arbeitslose aus den Problemgruppen des Arbeitsmarktes vorgeschlagen werden. Da allerdings - wie oben bereits festgestellt - auch die öffentliche Arbeitsvermittlung zur Stabilisierung ihrer Marktpräsenz auf die Strategie der Bestenvermittlung festgelegt ist,[3] kann dies nur geschehen, indem die öffentliche Arbeitsvermittlung im Zuge des Vorschlags eines Arbeitsuchenden durch das Instrument der "moral suasion" versucht, Betriebe trotz des Vorhandenseins eines produktiveren Bewerbers zur Einstellung eines arbeitslosen Arbeitsuchenden aus dem Bereich der Zielgruppen zu bewegen.[4] Um alle Arbeitslosen einschließlich der arbeitsmarktlichen Problemgruppen unabhängig von den individuellen Liquiditätsverhältnissen in den Vermittlungsprozeß einbeziehen zu können, ist die öffentliche Arbeitsvermittlung zudem auf den Grundsatz der Unentgeltlichkeit verpflichtet.[5]

Dem Anspruch, Arbeitslosigkeit in vorausschauender Weise durch das Verhindern ihres Eintretens zu bekämpfen, versucht die öffentliche Arbeitsvermittlung gerecht zu werden, indem sie mit ihren Vermittlungsbemühungen bereits einsetzt,

---

[3] Vgl. Fußnote 265 in Abschnitt C.

[4] So fordern Maibaum/Pfuhlmann/Rademacher (1986, S. 150) beispielsweise für die vermittlerische Behandlung älterer Arbeitsloser: "Vor allem ist es jedoch notwendig, ganz allgemein das Verständnis und die Bereitschaft für die Beschäftigung älterer Arbeitnehmer zu wecken und zu fördern. In diese Richtung gehen auch die Appelle der Bundesregierung, der Bundesanstalt für Arbeit, der Vereinigung der Arbeitgeberverbände und der Gewerkschaften."

[5] Das Prinzip der Unentgeltlichkeit wird durch § 21 AFG kodifiziert und stellt ein entscheidendes Element der Grundsätze der öffentlichen Arbeitsvermittlung dar, die - auf gesetzlicher Basis - der staatlichen Arbeitsvermittlung einige wesentliche Verhaltensmaßgaben vorschreiben. Vgl. zu einer Übersicht dieser Vermittlungsgrundsätze Maibaum/Pfuhlmann/Rademacher (1986), S. 35 ff.; Klein (1993), S. 100 ff.

wenn (noch beschäftigte) Arbeitnehmer von Arbeitslosigkeit bedroht sind. Informationen über potentiell bevorstehende Freisetzungen von Arbeitnehmern erhält die Vermittlung der BA auf der Grundlage des § 8 AFG: Die gesetzliche Vorschrift verpflichtet die Unternehmen, Entlassungen eines bestimmten, von der Größe des jeweiligen Unternehmens abhängigen Umfangs ein Jahr vor der beabsichtigten Realisierung der Bundesanstalt für Arbeit anzuzeigen.

Soll nunmehr überprüft werden, ob auch eine private Arbeitsvermittlung in einer zur öffentlichen Arbeitsvermittlung analogen Weise zum Abbau der Arbeitslosigkeit beitragen kann, so ist zunächst noch einmal in Erinnerung zu rufen, unter welchen Bedingungen die private Arbeitsvermittlung von den Informationsnachfragern eingeschaltet wird. Dies geschieht immer dann, wenn sich die Arbeitsvermittlung in der Konkurrenz zu den übrigen Informationskanälen als der Kanal darstellt, der den Nettoertrag einer arbeitsplatzbezogenen Transaktion maximiert. Hierzu ist es ceteris paribus erforderlich, den bestgeeigneten Transaktionspartner ausfindig zu machen. Wird der Informationskanal Arbeitsvermittlung durch einen Arbeitgeber bemüht, so haben empirische Untersuchungen allerdings gezeigt, daß dem Arbeitsnachfrager i. d. R. mehr als ein selektierter Arbeitsuchender vorgeschlagen wird; dem Unternehmer obliegt es demzufolge, aus dem von der Arbeitsvermittlung präsentierten Pool von drei oder vier Arbeitsplatzbewerbern den nach seiner Auffassung passendsten auszuwählen.[6]

Vor dem Hintergrund dieser Funktionsbedingungen wird ergo Arbeitslosigkeit durch die Intervention privater Arbeitsvermittler nur abgebaut, wenn Arbeitslose zu den vom Arbeitsvermittler für einen Arbeitgeber selektierten Arbeitsuchenden gehören und dem arbeitslosen Arbeitsuchenden im Rahmen der Letztauswahl vom Unternehmen gegenüber den Mitbewerbern der Vorzug gegeben wird. Um die möglichen Auswirkungen der Arbeitslosigkeit auf die Erfolgsaussichten eines Arbeitsuchenden im Vermittlungsprozeß taxieren zu können, ist zunächst die Bedeutung des Tatbestands der Arbeitslosigkeit für private Arbeitsvermittler zu beleuchten. Letzteren ist der Status der Arbeitslosigkeit insofern nicht von aus-

---

6 Vgl. C.I.2.c.

schlaggebender Bedeutung, als sie ihn nicht als Grundlage einer statistischen Diskriminierung verwenden werden.

Der Grund für diese Verhaltensweise liegt darin, daß sich die Arbeitsvermittler - wie oben dargestellt - zur Erbringung der u. a. von ihnen angebotenen Dienstleistung der intensiven Informationsbeschaffung elaborierterer Methoden als der der Nutzung von cheap screening device bedienen. Dementsprechend kann davon ausgegangen werden, daß ein arbeitsloser Arbeitsuchender ohne Ansehung seines Arbeitslosenstatus einem Arbeitgeber zur Besetzung einer Vakanz vorgeschlagen wird, wenn er nach vollzogenem screening-Prozeß zu den drei oder vier produktivsten Bewerbern des durch extensive Informationsbeschaffung gewonnenen Bewerberpools gehört. Da somit zwischen den vorgeschlagenen Bewerbern allenfalls marginale Produktivitätsdifferenzen bestehen, ist es dem Vermittler mit Blick auf seine Reputation letztlich gleichgültig, welcher der Arbeitsuchenden vom Unternehmen eingestellt wird.

Wenn soeben eine statistische Diskriminierung Arbeitsloser durch private Arbeitsvermittler als unwahrscheinlich klassifiziert worden ist, kann sie im Rahmen der Letztauswahl nicht mehr ohne weiteres ausgeschlossen werden. Die Vermutung gründet auf der Überlegung, daß die Unternehmen, die durch die Einschaltung eines Arbeitsvermittlers die intensive Informationsbeschaffung unter Inkaufnahme vergleichsweise hoher Kosten delegiert haben, ihrerseits keinen großen screening-Aufwand mehr betreiben werden. Dementsprechend ist es möglich, daß in diesem Zusammenhang die statistische Diskriminierung zum Einsatz kommt, wenn es darum geht, unter den von der Arbeitsvermittlung präsentierten bestgeeigneten Arbeitsuchenden kleine Unterschiede zur Basierung der letztendlichen Entscheidung ausfindig zu machen. Die Verhaltensweise ist für ein Unternehmen ökonomisch nahezu risikolos, da es bei einem reputationsbehafteten Arbeitsvermittler davon ausgehen kann, daß die kommentarlos vorgeschlagenen Bewerber von vergleichbarer Produktivität sind.[7]

Die hierdurch beschriebene Gefahr einer statistischen Diskriminierung gilt um so mehr für die Zielgruppen des AFG, da bei ihnen zum Tatbestand der Arbeitslosigkeit definitionsgemäß weitere Vermittlungshemmnisse hinzutreten, die das negative Signal in der Tendenz verstärken. Im Ergebnis ist nicht auszuschließen, daß die von der öffentlichen Arbeitsvermittlung leistbare besondere vermittlerische Berücksichtigung arbeitsloser oder zu den Zielgruppen gehörender Arbeitsuchender selbst bei vergleichbarer Produktivität unter der Bedingung einer privaten Arbeitsvermittlung nicht gewährleistet ist.

In gleicher Weise kann in einem privaten Arbeitsvermittlungssystem ohne zusätzliche Vorkehrungen der mit der Unentgeltlichkeit beabsichtigte arbeitsmarktpolitische Effekt nicht garantiert werden: Arbeitslose sowie die Zielgruppen des AFG sollen durch den Tatbestand der Unentgeltlichkeit auch für den Fall zur Nutzung des Informationskanals Arbeitsvermittlung motiviert werden, daß sie infolge einer geringeren Ausdehnung ihres ipsativen Möglichkeitsraumes die in der Arbeitsvermittlung potentiell liegenden Chancen zur Beendigung ihrer Arbeitslosigkeit nicht erkennen und dementsprechend zur Zahlung einer Gebühr nicht bereit wären. Die Erhebung einer Gebühr durch Arbeitsvermittler kann aber in einem deregulierten Vermittlungssystem grundsätzlich nicht ausgeschlossen werden, wenngleich das Beispiel französischer Arbeitsvermittler gezeigt hat, daß ein freiwilliger Verzicht auf die Einforderung einer Gebühr von Arbeitsuchenden durchaus möglich ist.[8]

---

[7] Offen bleibt in diesem Zusammenhang allerdings die Frage, warum die Arbeitsnachfrager überhaupt darauf bestehen, vom Arbeitsvermittler mehr als einen Besetzungsvorschlag zu erhalten. Vorstellbar sind hier zwei Motive: Zum einen ist denkbar, daß sich Unternehmen in einem strategisch sensiblen Bereich wie der Personalrekrutierung auch einem mit goodwill ausgestatteten Arbeitsvermittler nicht vollständig anvertrauen, sondern sich mit der Letztentscheidung eine gewisse Einflußnahme vorbehalten wollen. Möglich ist zum anderen aber auch, daß in Unternehmen, in denen nicht der Eigentümer die Personalentscheidungen trifft, die für die Rekrutierung zuständige Stelle befürchtet, daß eine vollständige Delegation der personalpolitischen Verantwortung - als Bedeutungsverlust interpretiert - zu einer Gefährdung ihres intrabetrieblichen standings führen könnte.

[8] Vgl. zu letzterem C.I.2.c.

Einen denk- und realisierbaren Ansatz, die beiden aufgezeigten "Defekte" der privaten Arbeitsvermittlung zu beheben und sie in arbeitsmarktpolitischer Hinsicht mit der öffentlichen Arbeitsvermittlung kommensurabel werden zu lassen, stellt die Einführung von *Vermittlungsgutscheinen* mit einem gleichzeitig ergehenden Verbot dar, das privaten Arbeitsvermittlern die Erhebung einer Gebühr von Arbeitsuchenden untersagt.[9]

Die Ausgabe der Vermittlungsgutscheine läßt sich durch eine für die Umsetzung arbeitsmarktpolitischer Programme zuständige Behörde abwickeln.[10] Die als Erstempfänger figurierenden Arbeitslosen reichen den erhaltenen Vermittlungsgutschein an einen privaten Arbeitsvermittler weiter, der ihn bei der o. a. Behörde zum Nennwert der auf ihm vermerkten Prämie liquidieren kann. Als Erfolgsbedingung sind grundsätzlich zwei Tatbestände denkbar: Die Prämie wird gewährt, wenn Arbeitslose bzw. Angehörige der Zielgruppen des AFG vom Arbeitsvermittler einem Arbeitskräfte suchenden Unternehmen vorgeschlagen werden oder sie wird nur dann fällig, wenn die Arbeitslosen vom Arbeitgeber tatsächlich eingestellt werden.

Werden beide Möglichkeiten, die Erfolgsbedingung des Gutscheins zu konzipieren, mit dem oben unterstellten Verhalten von privaten Arbeitsvermittlern und Unternehmen kontrastiert, so wird sofort augenfällig, daß die erstgenannte Ausgestaltung einer Vermittlungsprämie nicht zielführend ist: Entsprechend dem theoretisch erwartbaren Geschäftsgebahren werden private Arbeitsvermittler ohnehin arbeitslose Arbeitsuchende vorschlagen, wenn diese zu den produktivsten

---

[9] Die allokativen Effekte eines solchen Verbots werden insofern relativiert, als unterstellt werden kann, daß die vom Arbeitgeber zu tragenden Vermittlungsgebühren qua Senkung des Eingangslohns auf die Arbeitnehmer überwälzt werden. Für die hier verfolgte Zielsetzung ist allerdings zu beachten, daß das Verbot für arbeitslose und nicht-arbeitslose Arbeitsuchende gleichermaßen gilt, um durch die Beschränkung auf Arbeitslose letzteren nicht einen Wettbewerbsvorteil zu verschaffen.

[10] Die Einrichtung einer solchen Behörde wird notwendig, da die bisher hierfür verantwortlich zeichnende Organisation "öffentliche Arbeitsvermittlung" annahmegemäß in einem System privater Arbeitsvermittlung nicht mehr zur Verfügung steht.

Bewerbern eines Samples gehören, so daß sich durch die Auslobung einer Vermittlungsprämie für den bloßen Vorschlag eines Arbeitslosen keine Verhaltensänderung einstellen wird.

Der zweiten Fallgestaltung kann dahingegen eine zielgerichtete Wirksamkeit attestiert werden: Wird den privaten Vermittlern für die Vermittlung eines Arbeitslosen eine Prämie in Aussicht gestellt, so wird ihre Indifferenz hinsichtlich des unternehmerischen Einstellungsverhaltens verschwinden; die privaten Arbeitsvermittler haben unter den geänderten Rahmenbedingungen vielmehr ein Interesse daran, daß das bediente Unternehmen aus dem ihm vorgeschlagenen Pool geeigneter Bewerber einen Arbeitslosen auswählt. Dementsprechend wird ein privater Arbeitsvermittler Arbeitslose resp. die Zielgruppen des Arbeitsmarktes nicht mehr länger kommentarlos vorschlagen, sondern deren Vorzüge in exponierender Weise hervorheben und den Unternehmen in geeigneter Form dokumentieren. Für den Dokumentationsaufwand kann erwartet werden, daß er positiv mit der Stärke des negativen Signals korreliert ist, da im Falle negativer Signale mit großer Amplitude beim Arbeitgeber eine um so intensivere Überzeugungsarbeit geleistet werden muß. Um einem Langzeitarbeitslosen ceteris paribus die gleiche Einstellungschance wie einem erst seit kurzer Zeit Arbeitslosen zu verschaffen, ist demzufolge für ersteren eine höhere Vermittlungsprämie als für letzteren anzubieten.

Wesentlich für das Verhalten eines privaten Vermittlers ist allerdings, daß er die durch den Gutschein motivierte Herausstellung eines arbeitslosen gegenüber einem beschäftigten Arbeitsuchenden nur dann vollziehen wird, wenn er beide nach Beendigung des screening-Prozesses als gleich produktiv einstuft. Ansonsten könnte die nicht durch eine vergleichbare Leistungsfähigkeit fundierte Exposition eines Arbeitslosen bzw. eines Zielgruppenangehörigen dem Arbeitsvermittler als mangelhafte Dienstleistung im Rahmen der intensiven Informationsbeschaffung angelastet werden: Der hierdurch bedingte Reputationsverlust wird qua Umsatzreduzierung im Ergebnis die durch die Liquidation der Gutscheine erzielten Einnahmen überkompensieren, da ein privater Arbeitsvermittler im Falle der Beschädigung des goodwill auch keine Arbeitslosen mehr wird vermitteln können.

Die Einschränkung ist mit Blick auf die Funktionsweise der öffentlichen Arbeitsvermittlung indessen nicht mit arbeitsmarktpolitischen Opportunitätskosten verbunden: Wegen der herausgearbeiteten Notwendigkeit, in der Konkurrenz zu den anderen Informationskanälen ebenfalls Bestenvermittlung betreiben zu müssen, kann auch die öffentliche Arbeitsvermittlung Arbeitslose resp. die Angehörigen der arbeitsmarktlichen Zielgruppen nur bei einer mit den übrigen Bewerbern vergleichbaren Produktivität im Rahmen eines Besetzungsvorschlags bevorzugen; ein Abweichen von dieser Strategie würde auch ihr als Fehler bei der intensiven Informationsbeschaffung ausgelegt werden, so daß sie zukünftig von den Unternehmen nicht mehr eingeschaltet werden würde.

In gleicher Weise führt auch das der öffentlichen Arbeitsvermittlung grundsätzlich offenstehende, oben bereits erwähnte Instrument der *moral suasion* zu keinerlei arbeitsmarktpolitischen Opportunitätskosten. Zwar kann das Instrument auch ohne eine Schädigung der Vermittlerreputation genutzt werden: Die öffentliche Arbeitsvermittlung hätte in diesem Fall auf der Basis eines anforderungsgerecht durchgeführten screening-Verfahrens dem entsprechenden Unternehmen die produktivsten Bewerber des von ihr untersuchten Samples vorzustellen und müßte gleichzeitig durch einen Appell an die von ihr eingeforderte "sozialpolitische Verantwortung" des Betriebes auf die Einstellung des *offen* als minder produktiv ausgewiesenen Arbeitslosen drängen; gleichwohl wird die Einstellung in einem kompetitiven Umfeld nicht realisiert werden, da die hierdurch verursachten Rentabilitätsverluste für das betreffende Unternehmen einen fühlbaren Wettbewerbsnachteil bedeuten würden und die Verhaltensweise bei einem marginalen Anbieter sogar das Ausscheiden aus dem Markt provozieren wird.

Wenn somit durch die Einführung von Vermittlungsgutscheinen die (arbeitsmarktpolitische) Institution *Arbeitsvermittlung* auch als privatwirtschaftliche Organisation in einer mit der öffentlichen Arbeitsvermittlung vergleichbaren Weise zur Bekämpfung der Arbeitslosigkeit fähig ist, bleibt abschließend indes noch zu überprüfen, ob die Anreizstrukturen privater Arbeitsvermittler auch die Umsetzung des Ziels einer prophylaktischen Verhinderung des Eintretens von Arbeitslosigkeit erlauben. Zu diesem Zweck ist zunächst darüber nachzudenken, in welcher vermittlerisch relevanten Hinsicht sich (noch) beschäftigte und arbeitslose Arbeitnehmer voneinander unterscheiden. Ein wesentliches Kriterium dürfte die Produktivität des betreffenden Arbeitnehmers sein: Im Wettbewerb zu den übrigen Informationskanälen ist es für private Arbeitsvermittler von entscheidender Bedeutung, im Rahmen der intensiven Informationsbeschaffung für einen als Informationsnachfrager auftretenden Betrieb ceteris paribus unter den erreichbaren Arbeitsuchenden den produktivsten ausfindig zu machen.

Abbildung 6: Beschäftigung, Arbeitslosigkeit und Produktivität

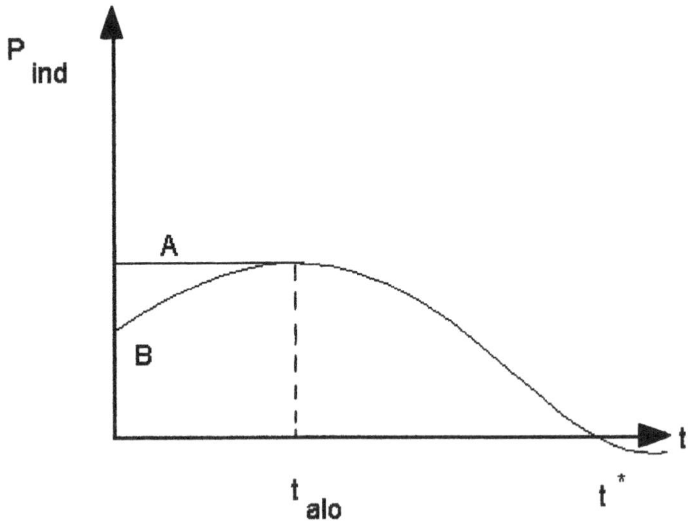


Zur Formulierung einer plausiblen These über die Abhängigkeit der individuellen Produktivität vom jeweiligen Beschäftigungsstatus kann auf die Beobachtung zurückgegriffen werden, daß die mit der Arbeitslosigkeit einhergehende fehlende Berufsausübung eine Erosion der beruflichen Qualifikationen nach sich zieht; gleichzeitig sind aus der Arbeitslosigkeit resultierende psychosoziale Belastungsmomente festzustellen, die sich ebenfalls - vermittelt durch ungünstige Effekte auf leistungserhebliche Fähigkeiten wie u. a. das Integrationsvermögen und das Arbeitsethos - negativ auf die Produktivität auswirken.[11] Zu erwarten ist dabei eine mit der Dauer der Arbeitslosigkeit ständig sinkende Produktivität, so daß der in *Abbildung 6* gezeigte Wirkungszusammenhang unterstellt werden kann.

In *Abbildung 6* beschreibt $P_{ind}$ die individuelle Produktivität eines Arbeitnehmers, während mit der Variable t der Zeitablauf gemessen wird. Der Zeitpunkt $t_{alo}$ markiert den Eintritt der Arbeitslosigkeit. Nach einer Arbeitslosigkeitsdauer von $\Delta t = t^{*} - t_{alo}$ haben im hier gewählten Modell die berufliche Qualifikation und die soziale Anpassungsfähigkeit so stark abgenommen, daß der Arbeitslose als „störendes" Element im Betrieb eine negative Produktivität entfaltet. In diesem Fall würde nicht einmal ein völliger Lohnverzicht resp. eine in Höhe von 100 % des Entgelts gewährte Lohnsubvention zu einer Einstellung des betreffenden Arbeitnehmers führen. Im zeitlichen Intervall der Beschäftigung $[0; t_{alo}]$ sind unterschiedliche Produktivitätsverläufe vorstellbar: Der Kurvenzug A unterstellt eine während der Beschäftigung gleich bleibende Produktivität, während die Linie B als Folge von Lern- und Routineeffekten eine im Arbeitsvollzug steigende Produktivität abbildet.

Wird dieses analytische Verhältnis zwischen Beschäftigungsstatus und Produktivität akzeptiert, so ist unmittelbar einsichtig, daß unter ansonsten gleichen Umständen ein noch beschäftigter Arbeitnehmer im Vermittlungsprozeß von den Arbeitsvermittlern präferiert wird. Ökonomisch besonders interessant für private Arbeitsvermittler sind von Arbeitslosigkeit bedrohte Arbeitnehmer, also solche Beschäftigte, die bereits gekündigt sind bzw. deren (betriebsbedingte) Kündigung unmittelbar bevorsteht: Bei diesem Personenkreis wird das Anspruchsniveau an eine neue Beschäftigung als Folge sinkender Opportunitätskosten deutlich ver-

[11] In der Konsequenz dieser Argumentation werden die mit den aufgezeigten Folgen korrespondierenden arbeitsmarktpolitischen Probleme in besonderem Maße für Langzeitarbeitslose als einschlägig charakterisiert. Siehe hierzu Bach (1992), S. 196; Bach/Henning (1993), S. 243 ff.; Schmid/Gaß (1995), S. 185.

ringert; in der Konsequenz wird somit die Wahrscheinlichkeit erhöht, das Transaktionsbedürfnis eines komplementären Matching-Partners bedienen zu können.

Aus diesen Überlegungen folgt, daß von der Geschäftstätigkeit privater Arbeitsvermittler auch ein Beitrag zur prophylaktischen Verhinderung von Arbeitslosigkeit zu erwarten ist.[12] Als Resultat ist demnach festzuhalten, daß durch die Einführung von Vermittlungsgutscheinen die private mit der öffentlichen Arbeitsvermittlung in arbeitsmarktpolitischer Hinsicht vergleichbar gemacht werden kann. Als Problem könnte allenfalls noch virulent werden, daß die Vermittlungsprämie für Arbeitslose zu einer Abschwächung des prophylaktischen Ansatzes führt: Arbeitsvermittler könnten mit Blick auf die Vermittlungsprämie ihre Vermittlungsbemühungen erst dann entfalten, wenn aus den von Arbeitslosigkeit Bedrohten tatsächlich Arbeitslose geworden sind. Eine solche Verhaltensweise muß aber als wenig wahrscheinlich gelten, da mit der Arbeitslosigkeit - wie dargestellt - die Produktivität und damit die Vermittlungswahrscheinlichkeit abnimmt; schließlich ist mit Blick auf die Konkurrenz zwischen den verschiedenen Informationskanälen zu erwarten, daß ein zuwartender Arbeitsvermittler nicht zum Zuge kommt, da der wegen seiner geringeren Opportunitätskosten und seiner gleichwohl noch nicht beeinträchtigten Produktivität ökonomisch "attraktive" von Arbeitslosigkeit bedrohte Arbeitnehmer auch über andere Kanäle in ein neues Beschäftigungsverhältnis gelangen kann.

## II. „Klassische" Arbeitsmarktpolitik II: Arbeitslosenversicherung

Von den für das AFG repräsentativen arbeitsmarktpolitischen Werkzeugen ist das Instrument der Arbeitslosenversicherung als das einzig passive klassifiziert worden. Dies bedeutet, daß die Arbeitslosenversicherung nicht dem Zustand der Ar-

---

[12] Die für die vorbeugenden Aktivitäten der öffentlichen Arbeitsvermittlung noch wesentliche Regelung des § 8 AFG, nach der Personal freisetzende Unternehmen beabsichtigte Entlassungen unter bestimmten Bedingungen der Arbeitsverwaltung anzuzeigen haben, ist im Kontext eines privaten Vermittlungssystems entbehrlich: Da das Ausfindigmachen von Arbeitslosigkeit bedrohter Arbeitnehmer für private Arbeitsvermittler ökonomisch vorteilhaft ist, werden findige (Vermittlungs)Unternehmer eigenständige Verfahren entwickeln, um den gesuchten Personenkreis zu lokalisieren und als potentielle Nachfrager zu akquirieren.

beitslosigkeit (vorausschauend) entgegenzuwirken geeignet, sondern lediglich die finanziellen Konsequenzen der Arbeitslosigkeit für den betroffenen Arbeitslosen zu relativieren in der Lage ist.[13] Dementsprechend ist das der Analyse der übrigen Kapitel dieses Abschnitts zugrunde gelegte, auf eine aktive Arbeitsmarktpolitik orientierte Zielsystem des Arbeitsförderungsgesetzes nicht befähigt, der Untersuchung des hier in Rede stehenden Instruments als Referenzsystem zu dienen. Es ist deshalb unverzichtbar, die mit der Arbeitslosenversicherung beabsichtigten arbeitsmarktpolitischen Effekte aus den - diese implizit enthaltenden - einschlägigen Regelungen abzuleiten; nur nach diesem Arbeitsschritt ist es möglich, der Frage nachzugehen, ob die mit dem Instrument der Arbeitslosenversicherung verfolgten Intentionen sich auch unter der Bedingung einer privaten Arbeitsvermittlung verwirklichen lassen.[14]

Wenn der Arbeitslosenversicherung prinzipiell die Aufgabe zukommt, das von Arbeitslosigkeit betroffene Individuum vor den Folgen des Einkommensausfalls zu schützen, so ist im Zuge einer detaillierteren Zielbetrachtung für die konkrete Ausgestaltung der durch das AFG kodifizierten Arbeitslosenversicherung zunächst zu bestimmen, mit welcher Intensität im AFG-Kontext die Sicherung betrieben wird. Als Bezugsrahmen kann hierzu das Spektrum kontinuierlich variierbarer Intensitätsgrade dienen, dessen extreme Pole die dauerhafte Lebensstandardsicherung einerseits sowie die Sicherung des bloßen Existenzminimums andererseits bilden.[15]

---

[13] Vgl. C.II.3.b.ii.

[14] An dieser Stelle ließe sich die Frage stellen, ob im hier aufgespannten Kontext nicht auch die Ablösung der staatlichen zugunsten einer privaten Arbeitslosenversicherung sinnvoll sein könnte oder mit Blick auf das für ein marktwirtschaftliches Wirtschaftssystem maßgebliche Subsidiaritätsprinzip nicht sogar geboten wäre. Trotz ihrer grundsätzlichen Berechtigung soll der Frage aus systematischen Gründen nicht weiter nachgegangen werden. Ziel der vorliegenden Arbeit ist es, die Bedingungen einer im Konsens durchzuführenden Reform der *Arbeitsvermittlung* auszuloten. Das hierzu herangezogene Argumentationsmuster der Konstitutionenökonomik setzt *zwingend* am Status quo an. Insoweit ist hier lediglich die Frage zu beantworten, ob die mit dem gegenwärtig bestehenden System der Arbeitslosenversicherung verfolgten Ziele der Reform der Arbeitsvermittlung entgegenstehen. Die darüber hinaus weisende Problemstellung, ob sich nicht auch die Arbeitslosenversicherung konsensuell reformieren läßt, muß an anderer Stelle in einer eigenständigen Analyse aufgearbeitet werden. Vgl. für erste Vorüberlegungen zur Diskussion „staatliche versus private Arbeitslosenversicherung" statt anderer Berthold/Schmid (1997), S. 7 ff.; Berthold (1998), S. 957 ff. Zur Theorie der Arbeitslosenversicherung siehe die grundlegende Monographie von Beenstock/Brasse (1986).

[15] Vgl. Döring (1993), S. 230 ff.

Soll die Arbeitslosenversicherung des AFG in der durch die beiden genannten Regelungsextreme aufgespannten Bandbreite positioniert werden, so läßt sie sich vor dem Hintergrund ihrer rechtlichen Ausgestaltung als ein auf die zeitlich begrenzte Sicherung des Lebensstandards orientierter Ansatz klassifizieren. Hierfür sprechen mehrere Indizien: So ist das *Arbeitslosengeld* als der wesentliche Ansatzpunkt der Arbeitslosenversicherung zur (teilweisen) Kompensierung des arbeitslosigkeitsbedingten Einkommensausfalls als eine einkommensproportionale Leistung ausgestaltet.[16] Ein weiterer Hinweis auf den durch die Gewährung des Arbeitslosengeldes intendierten Zweck der Lebensstandardsicherung ist der Bewilligungsvoraussetzung der sog. *Anwartschaftszeit* zu entnehmen: Dies bedeutet, daß das Arbeitslosengeld im Falle der Arbeitslosigkeit nur gewährt wird, wenn der Arbeitslosigkeit eine bestimmte Zeit der beitragspflichtigen Beschäftigung vorangegangen ist;[17] hierdurch wird unterstellt, daß der mit dem Niveau des betreffenden Einkommens korrespondierende Lebensstandard nicht sofort, sondern erst nach einer längeren Phase des kontinuierlichen Einkommensbezugs erreicht wird. Als letzter Tatbestand zum Nachweis des durch das Arbeitslosengeld verfolgten Ziels der Lebensstandardsicherung kann schließlich angeführt werden, daß die Bewilligung der Versicherungsleistung Arbeitslosengeld unabhängig von der individuellen Bedürftigkeit erfolgt.[18]

Daß darüber hinaus das Arbeitslosengeld nur dem Anspruch einer *zeitlich begrenzten* Lebensstandardsicherung gerecht wird, läßt sich aus den beiden folgenden Tatbeständen folgern: Zum einen ist die Dauer eines erworbenen Anspruchs auf die Gewährung von Arbeitslosengeld beschränkt; sie beträgt bei Arbeitslosen, die jünger als 42 Jahre alt sind, höchstens ein Jahr, wenn sie innerhalb einer Rahmenfrist von sieben Jahren mindestens 720 Tage eine die Beitragspflicht begründende Beschäftigung ausgeübt haben.[19] Zum anderen könnte

---

[16] Nach § 111 Abs. 1 AFG beträgt das Arbeitslosengeld für Arbeitslose mit mindestens einem zu unterhaltenden Kind 67 %, für die übrigen Arbeitslosen 60 % des um die gewöhnlich bei Arbeitnehmern anfallenden gesetzlichen Abzüge verminderten Arbeitsentgelts.
[17] Vgl. § 104 AFG.
[18] Durch diese Regelung unterscheidet sich das Arbeitslosengeld von den Fürsorgeleistungen, zu denen u. a. die Sozialhilfe sowie die Arbeitslosenhilfe gehört. Vgl. zum Instrument der Arbeitslosenhilfe Kühl/Lawrenz (1978), S. 11 ff.
[19] Vgl. § 106 Abs. 1 AFG.

das Arbeitslosengeld aber auch für den Fall einer zeitlich nicht beschränkten Bezugsdauer nur für eine begrenzte Periode den aktuellen Lebensstandard sichern, da das (nominale) Niveau der Leistungen zur Kompensation des Einkommensausfalls - im Gegensatz etwa zum Krankengeld resp. zur Lohnfortzahlung oder zu den Geldleistungen nach Arbeitsunfällen - eine erhebliche Diskrepanz zum bisher erzielten Einkommen bedeutet und somit nur unter dem Einsatz von Ersparnissen das gegenwärtige Konsumniveau eine Zeitlang aufrechterhalten werden kann; verschärft wird die Situation durch die Nicht-Berücksichtigung von Entlohnungsbestandteilen wie Überstunden oder Weihnachtsgeld beim zugrunde zu legenden Arbeitsentgelt, die dazu führt, daß die faktische Einkommenskompensation sogar noch niedriger ausfällt.[20]

Als das für die hier angestellten Überlegungen wesentliche Ziel figuriert schließlich der durch das Instrument der Arbeitslosenversicherung verfolgte Anspruch, einen Kompromiß zwischen dem Niveau der gewährten Leistungen und der Höhe der zu deren Finanzierung erhobenen Beiträge zu schließen. Den entscheidenden Bestandteil dieses Ausgleichs bildet die vom Gesetzgeber vertretene Auffassung, "daß die Beitragsgemeinschaft, die ja die Mittel für das Arbeitslosengeld aufbringt, sich gegen solche Risikofälle wehren muß, deren Eintritt der Beitragspflichtige selbst zu vertreten hat oder an deren Behebung er unbegründet nicht mithilft."[21] Für diese Fälle sieht das AFG vor, daß der Bezug von Arbeitslosengeld während der sog. "Sperrzeit" ruht, um so den Arbeitslosen in begrenztem Umfang an den Lasten zu beteiligen, die durch sein Verhalten, i. e. die Herbeiführung resp. Nicht-Beendigung des Versicherungsfalls, entstehen.[22]

Die für das Verhängen einer Sperrzeit maßgeblichen Tatbestände sind in § 119 Abs. 1 AFG geregelt: "Hat der Arbeitslose

1. das Beschäftigungsverhältnis gelöst oder durch ein arbeitsvertragswidriges Verhalten Anlaß für die Lösung des Beschäftigungsverhältnisses gegeben und

---

[20] Vgl. Döring (1993), S. 241 ff.
[21] Heuer/Lomb (1972), S. 110.
[22] Vgl. ebenda.

hat er dadurch vorsätzlich oder grob fahrlässig die Arbeitslosigkeit herbeigeführt oder

2. trotz der Belehrung über die Rechtsfolgen eine vom Arbeitsamt unter Benennung des Arbeitgebers und der Art der Tätigkeit angebotene Arbeit nicht angenommen oder nicht angetreten oder

3. sich trotz Belehrung über die Rechtsfolgen geweigert, an einer Maßnahme im Sinne des § 103 Abs. 1 Satz 1 Nr. 2 Buchstabe b (u. a. zumutbare FuU-Maßnahme, M. H.) teilzunehmen,

4. die Teilnahme an einer der in Nummer 3 genannten Maßnahmen abgebrochen oder durch maßnahmewidriges Verhalten Anlaß für den Ausschluß aus einer dieser Maßnahmen gegeben,

ohne für sein Verhalten einen wichtigen Grund zu haben, so tritt eine Sperrzeit von acht Wochen ein."[23] Von den in dieser Vorschrift aufgezählten sperrzeitrelevanten Sachverhalten brauchen die unter Nummer 1 und 4 aufgeführten nicht weiter beachtet zu werden, da sie ohne eine Berücksichtigung arbeitsmarktlicher Gegebenheiten durch eine bürokratische, u. U. arbeitsrechtlich basierte Prüfung abgearbeitet werden können.

Im hier diskutierten Zusammenhang relevant sind dahingegen die unter Nummer 2 und 3 subsumierten Tatbestände, da ihre Berücksichtigung bei der Umsetzung des Instruments Arbeitslosenversicherung *in funktioneller Hinsicht* unter Rückgriff auf die öffentliche Arbeitsvermittlung erfolgt. So verbirgt sich hinter dem unter Punkt 2 geschilderten Sachverhalt nichts anderes als die Verfügbarkeit eines Arbeitslosen: Wie oben ausgeführt, hat die öffentliche Arbeitsvermittlung die Verfügbarkeit als tatbestandliche Voraussetzung zur Gewährung des Arbeitslosengeldes sowohl hinsichtlich ihrer objektiven als auch ihrer subjektiven Dimension

---

[23] Nach § 119 Abs. 3 AFG erlischt ein erworbener Anspruch auf Arbeitslosengeld endgültig, wenn der Arbeitslose durch sein Verhalten in der angegebenen Weise Anlaß für die Verhängung einer zweiten Sperrzeit von acht Wochen gibt.

zu überprüfen;[24] dementsprechend erwächst der öffentlichen Arbeitsvermittlung vor dem hier aufgespannten Hintergrund die Aufgabe, das Verhängen einer Sperrzeit zu initiieren, wenn ein Arbeitsloser motivationsbedingt seine subjektive Verfügbarkeit einschränkt und ein ihm von der Arbeitsvermittlung offeriertes Stellenangebot ablehnt.

Darüber hinaus obliegt es der öffentlichen Arbeitsvermittlung nach Nummer 3 der betrachteten Vorschrift, bei einem Arbeitslosengeld beantragenden resp. beziehenden Arbeitslosen die Bereitschaft zu überprüfen, an einer zur arbeitsmarktlichen Reintegration für notwendig befundenen Qualifizierungsmaßnahme teilzunehmen. Beide Prüfungen können im Fall der Abschaffung der öffentlichen Arbeitsvermittlung wegen des dann der staatlichen Verwaltung fehlenden arbeitsmarktlichen Know-hows nicht mehr wahrgenommen werden, so daß das Instrument Arbeitslosenversicherung der gestalterischen Modifikation bedarf.

Mit einer dem "moral-hazard"-Phänomen, das die negativen Auswirkungen des Versicherungsschutzes auf die *Schadensverhinderungsaktivitäten* beschreibt,[25] nachempfundenen Stoßrichtung soll somit im folgenden überprüft werden, in welcher Weise potentielle negative Effekte des Versicherungsschutzes auf die *Behebung* des Versicherungsfalls auch ohne eine öffentliche Arbeitsvermittlung bekämpft werden können. Zu diesem Zweck werden zwei unterschiedliche Fallgestaltungen betrachtet: Zunächst wird unterstellt, daß ein arbeitslos gewordener Arbeitnehmer zu möglichst günstigen Konditionen wieder in Beschäftigung gelangen will; im zweiten Fall wird dahingegen davon ausgegangen, daß der Arbeitslose zukünftig seinen Lebensunterhalt durch den dauerhaften Empfang staatlicher Transfers zu bestreiten beabsichtigt.

Sucht ein grundsätzlich an einer neuerlichen Arbeitsaufnahme interessierter, arbeitslos gewordener Arbeitnehmer einen Arbeitsplatz, so wird sich die Ausformung seiner Suchaktivitäten bei Absenz einer öffentlichen Arbeitsvermittlung

---

[24] Vgl. C.II.3.b.ii.

[25] Vgl. Quandt (1992), S. 188 ff. Zu einer wohlfahrtstheoretischen Würdigung des moral hazard siehe auch den Beitrag von Seidl (1972).

nach dem oben entwickelten Kalkül richten.[26] Das während der Arbeitslosigkeit gezahlte Arbeitslosengeld wird durch eine Verringerung der Opportunitätskosten der Arbeitsplatzsuche tendenziell zu einer Ausweitung der Suchaktivitäten führen.[27] Hierbei kann unterstellt werden, daß der Arbeitslose zunächst versucht, aus dem Pool der potentiell erreichbaren Transaktionspartner mit jenem zu kontrahieren, der die vergleichsweise besten Konditionen offeriert; mit Blick auf den Fortgang des Suchprozesses kann aber von der plausiblen Annahme ausgegangen werden, daß das Anspruchsniveau des Arbeitsuchenden sich reduzieren wird.[28] Eine kritische Zäsur wird insbesondere das Auslaufen der Anspruchsdauer des Arbeitslosengeldbezuges bedeuten, da zu diesem Zeitpunkt die Opportunitätskosten des Arbeitsuchenden sprunghaft ansteigen.

Diese Konstellation entspricht weitgehend der Situation, die sich im Zusammenhang mit einer die subjektive Verfügbarkeit eines motivierten Arbeitslosen überprüfenden öffentlichen Arbeitsvermittlung ergibt: So wird die öffentliche Arbeitsvermittlung die Suchaktivitäten eines Arbeitslosen in der Weise unterstützen, daß ihm von den grundsätzlich erreichbaren Arbeitsplätzen zunächst die mit den bestmöglichen Konditionen vorgeschlagen werden, um im Falle des nicht zustande kommenden Matches dann auf die weniger günstigen zurückzugreifen. Hierbei kommen allerdings nur solche Arbeitsplätze in Betracht, die dem Arbeitslosen *zumutbar* im Sinne der Zumutbarkeits-Anordnung sind. Dies bedeutet, daß dem Arbeitslosen während der sog. "ersten Zeit der Arbeitslosigkeit"[29] ausschließlich Vakanzen unterbreitet werden, die seiner aktuellen Qualifikationsstufe entspre-

---

[26] Vgl. C.I.2.

[27] Untersuchungen zur Abhängigkeit der Sucharbeitslosigkeit von der Arbeitslosenunterstützung nehmen in der Literatur einen breiten Raum ein. Vgl. zu einem Überblick Stobernack (1991). Pissarides (1984) attestiert der Arbeitslosenunterstützung sogar ein effizienzförderndes Potential, da sie einen Beitrag zur Internalisierung positiver externer Effekte leistet. Positive externe Effekte liegen vor, da das auf dem Arbeitsmarkt nach einem Transaktionspartner suchende Wirtschaftssubjekt in seinem Kalkül die Kosten unberücksichtigt läßt, die im Falle eines Matches beim Matching-Partner eingespart werden. Hieraus folgt, daß die Suchaktivitäten gesamtwirtschaftlich einen zu geringen Umfang annehmen. Da die Arbeitslosenversicherung eine Verringerung der mit den Suchaktivitäten verbundenen Opportunitätskosten impliziert, bewirkt sie in allokativ wünschenswerter Weise eine Ausweitung der Suchaktivitäten.

[28] Eine solche Verhaltensweise wird etwa von Salop (1973) seinem suchtheoretischen Modell zugrunde gelegt.

[29] Nach § 8 ZumAO umfaßt die erste Zeit der Arbeitslosigkeit i. d. R. vier bzw. sechs Monate, wenn der Arbeitslose innerhalb der letzten acht Jahre vor Eintritt der Arbeitslosigkeit mindestens sechs Jahre innerhalb der für ihn als maßgeblich erklärten Qualifikationsstufe beschäftigt war. Die unterschiedlichen Qualifikationsstufen werden durch § 12 Abs. 2 ZumAO geregelt und gliedern sich in fünf Kategorien.

chen[30] und mit einer Vergütung ausgestattet sind, die mindestens 80 % des der Bemessung des Arbeitslosengeldes zugrunde gelegten Entgelts ausmacht.[31]

Die genannten Bedingungen gelten allerdings nicht mehr für Vermittlungsvorschläge, die die öffentliche Arbeitsvermittlung dem Arbeitsuchenden während der sog. "weiteren Zeit der Arbeitslosigkeit" im Sinne des § 12 ZumAO andient: In dieser Periode können auch Arbeitsplätze Berücksichtigung finden, die hinsichtlich der erforderlichen Qualifikation und der Entlohnung unterhalb des oben geschilderten Niveaus liegen. Insgesamt lassen somit die bisher angestellten Überlegungen den Schluß zu, daß das mit dem Instrument der Arbeitslosenversicherung unter Rückgriff auf die öffentliche Arbeitsvermittlung verfolgte Ziel, während der Sucharbeitslosigkeit den Lebensstandard zeitlich begrenzt zu sichern und während des Suchprozesses schließlich sinkende Anspruchniveaus zu fordern, für den Fall des motivierten Arbeitsuchenden auch ohne eine öffentliche Arbeitsvermittlung realisierbar ist.

Diese Konvergenz ist im Falle eines nicht an einer Arbeitsaufnahme resp. Bildungsteilnahme interessierten, Arbeitslosengeld beziehenden Arbeitslosen nicht länger gegeben, da nach Abschaffung der öffentlichen Arbeitsvermittlung keine arbeitsmarktlich kompetente staatliche Stelle zur Überprüfung der subjektiven Verfügbarkeit mehr existiert. Infolgedessen kann das mit der Kopplung der Instrumente Arbeitslosenversicherung und öffentliche Arbeitsvermittlung verfolgte Ziel nicht mehr realisiert werden,[32] so daß - dem zu Beginn dieses Abschnitts festgelegten Arbeitsprogramm folgend - nunmehr die mit der Zielverfehlung einhergehenden Opportunitätskosten zu bestimmen sind.

---

[30] Vgl. § 9 ZumAO.
[31] Vgl. § 10 ZumAO.
[32] Die Sicherung dieses Ziels läßt sich auch durch eine Modifikation des Instrumentes Arbeitslosenversicherung nicht bewerkstelligen: So könnte die Motivation zur Arbeitsaufnahme etwa qua Opportunitätskostenerhöhung durch einen zeitlich degressiv gestaffelten Arbeitslosengeldbezug gesteigert werden. Diese Konstruktion würde aber mit dem implizit definierten Ziel konfligieren, dem Arbeitslosen während der ihm zugestandenen Suchperiode den Lebensstandard ohne Einbußen zeitlich begrenzt zu sichern; sie kommt infolgedessen im Rahmen des hier zugrunde gelegten zielkonservativen Ansatzes nicht in Betracht.

Die insoweit erforderlich werdende Analyse soll dergestalt vorgenommen werden, daß die Zahl der Fälle der von 1988 bis 1994 verhängten Sperrzeiten zur Zahl der während desselben Zeitraums bewilligten Anträge auf Arbeitslosengeld ins Verhältnis gesetzt wird.[33] Die Vorgehensweise erlaubt eine Einschätzung, ob das hier untersuchte, verfahrenskritische Sperrzeitproblem - gemessen an der Inanspruchnahme des an dieser Stelle betrachteten arbeitsmarktpolitischen Instruments - überhaupt von quantitativer Bedeutung ist. Dementsprechend sind in Tabelle 3 (Anhang B) die auf § 119 Abs. 1 Nr. 2 und Nr. 3 basierenden Sperrzeiten jahrweise aufaddiert und jeweils durch die betreffenden bewilligten Arbeitslosengeldanträge relativiert worden. Aus den errechneten prozentualen Anteilswerten wurde dann der für den o. a. Zeitraum maßgebliche arithmetische Mittelwert bestimmt: Er liegt für die Jahre 1988 bis 1994 auf einem Niveau von 0,7 % und ist damit von einer vernachlässigbaren Größenordnung.

Wenngleich die öffentliche Arbeitsvermittlung für die Umsetzung des Instrumentes Arbeitslosenversicherung vor diesem Hintergrund bereits entbehrlich ist, kann unabhängig hiervon gleichwohl die Möglichkeit nicht ausgeschlossen werden, daß schon die Existenz einer die subjektive Verfügbarkeit überprüfenden staatlichen Einrichtung arbeitsunwillige Nicht-Beschäftigte davon abhält, sich arbeitslos zu melden und Arbeitslosengeld zu beantragen. Eine detailliertere Betrachtung des Gesamtverfahrens läßt allerdings den Schluß zu, daß der zumindest theoretisch denkbare Effekt als realiter relativ unwahrscheinlich gelten kann. Die Einschätzung wird durch den Umstand fundiert, daß es für den mit einer Sperrzeit belegten Arbeitslosen Möglichkeiten gibt, sich juristisch gegen die ihn betreffende Entscheidung zu wehren.[34] Als erste Stufe greift das *Widerspruchsverfahren*, das

---

[33] Als Bezugsgröße hätte alternativ auch die Zahl der insgesamt gestellten Anträge gewählt werden können. Aus sachlichen Erwägungen ist das unterblieben: Ziel der hier gebildeten Relation soll sein, eine Aussage darüber zu ermöglichen, in welchem Umfang die öffentliche Arbeitsvermittlung einen mißbräuchlichen Bezug von Arbeitslosengeld verhindert hat. Bei einer solchen Orientierung ist es nicht sinnvoll, die Fälle abgelehnter Anträge auf Arbeitslosengeld in die Relation miteinzubeziehen, da diese Antragsteller überhaupt keine Chance hatten, durch ihr Verhalten einen Mißbrauchstatbestand zu erfüllen. Unabhängig hiervon hätte der Rückgriff auf die alternative Bezugsgröße der insgesamt gestellten Anträge am Ergebnis kaum etwas verändert, da die Zahl der gestellten Anträge nur marginal größer als die Zahl der bewilligten Anträge ist. Vgl. hierzu ANBA (1995 Sondernummer 21. Juli 1995), S. 221.

[34] Vgl. hierzu Bundesanstalt für Arbeit (1989b), S. 142 ff.

der Arbeitsverwaltung die Chance zur internen Kontrolle der nach außen wirkenden Entscheidung gibt; während dieser Phase besteht noch die Gelegenheit, sich des arbeitsmarktlichen Know-hows der öffentlichen Arbeitsvermittlung zu bedienen.

Dieser Rückgriff ist im Zuge des sich anschließenden *Sozialgerichtsverfahrens* ausgeschlossen: Da den Entscheidungsprozessen im sozialgerichtlichen Kontext lediglich gerichtsverwertbare Tatsachen, nicht aber idiosynkratische, also nicht formalisierbare Tatbestände zugrunde gelegt werden dürfen, eröffnet sich dem arbeitsunwilligen Arbeitslosen die Chance, im Rahmen eines von der öffentlichen Arbeitsvermittlung zur Überprüfung der subjektiven Verfügbarkeit initiierten Vorstellungsgesprächs dem Arbeitgeber die Arbeitsunwilligkeit indizierende Signale zu senden, die gleichwohl für einen gerichtlichen Beweis des fehlenden Interesses an einer Arbeitsaufnahme nicht ausreichen.[35] In der Konsequenz kann der Arbeitslose de facto ohne das Risiko einer Bestandskraft gewinnenden Sperrzeit ein von der öffentlichen Arbeitsvermittlung offeriertes Arbeitsangebot ausschlagen. Als Resümee läßt sich somit auch für den als klassisch bezeichneten arbeitsmarktpolitischen Ansatz der Arbeitslosenversicherung festhalten, daß für die Umsetzung der mit diesem Instrument verfolgten arbeitsmarktpolitischen Ziele ohne Opportunitätskosten auf die öffentliche Arbeitsvermittlung verzichtet werden kann.

---

[35] Ein solches Signal könnte die vom Arbeitslosen im Rahmen des Vorstellungsgesprächs vorgenommene unaufgeforderte Nennung in der Vergangenheit aufgetretener Bagatellerkrankungen sein. Da der Arbeitslose zur Erwähnung dieser Erkrankungen nicht verpflichtet ist, wenn sie keine "verkehrswesentliche Eigenschaft" darstellen (vgl. zu diesem arbeitsrechtlichen Problem Brox, 1989, S. 33), wird dem Arbeitgeber hierdurch das fehlende Interesse an der zu besetzenden Vakanz angezeigt; gleichzeitig ist durch diese Verhaltensweise eine gerichtsverwertbare Fundierung einer Sperrzeitentscheidung aber nicht gegeben, da dem Arbeitslosen die wahrheitsgemäße Aufzählung von Ereignissen seiner erwerbsbiographischen Vergangenheit nicht untersagt werden kann.

## III. „Moderne" Arbeitsmarktpolitik I: Förderung der beruflichen Weiterbildung

Die als Kernstück der aktiven Arbeitsmarktpolitik kategorisierte Förderung der beruflichen Weiterbildung kann hinsichtlich ihrer Zielrelevanz als das umfassendste Instrument gelten, da durch ihren Einsatz Beiträge zu allen der für das AFG als maßgeblich eingestuften Zielmodule realisierbar sind.[36] Wegen dieser mehrschichtigen Beziehung der FuU-Politik zum Zielsystem des AFG soll das zu Beginn dieses Abschnitts entwickelte Untersuchungsdesign für die Analyse jedes einzelnen Ziel-Instrument-Verhältnisses zum Tragen kommen. In diesem Sinne gilt es zunächst zu analysieren, in welcher Weise das Instrument FuU unter funktioneller Nutzung der öffentlichen Arbeitsvermittlung einen Beitrag zum Abbau von Arbeitslosigkeit leistet, um im darauf folgenden Arbeitsschritt zu prüfen, ob dieses Ziel einschließlich der hieran geknüpften Nebenbedingungen auch im Kontext einer privaten Arbeitsvermittlung umsetzbar ist.

Ein Blick auf die bei der Umsetzung des arbeitsmarktpolitischen Ziels „Abbau von Arbeitslosigkeit" zu berücksichtigenden Nebenbedingungen zeigt, daß die Realisierung dieses entscheidenden Ziels der aktiven Arbeitsmarktpolitik unter Wahrung einer prophylaktischen Ausrichtung, einer politisch zu dimensionierenden Zielgruppenbeteiligung sowie des Grundsatzes der Wirtschaftlichkeit zu erfolgen hat. Die beiden erstgenannten Aspekte können hier als unkritisch gelten, da die Orientierung der FuU-Politik auf diese Spezifizierungen des AFG-Zielsystems auch ohne Rückgriff auf die öffentliche Arbeitsvermittlung sichergestellt werden kann: So wird das prophylaktische Moment der Förderung der beruflichen Bildung dadurch dokumentiert, daß nicht nur Arbeitslose, sondern auch von Arbeitslosigkeit unmittelbar bedrohte Antragsteller in den Genuß der arbeitsmarktpolitischen

[36] Als AFG-relevante Ziele sind oben der Abbau von Arbeitslosigkeit, die Förderung der beruflichen Mobilität sowie die Unterstützung der Strukturpolitik isoliert worden. Vgl. C.II.3.b.i.i-1.

Hilfestellung kommen können.[37] Eine unmittelbare Bedrohung von Arbeitslosigkeit liegt förderungsrechtlich aber nur dann vor, "wenn

- damit zu rechnen ist, daß ein befristetes Arbeitsverhältnis ausläuft oder
- eine Kündigung bereits ausgesprochen ist oder
- selbständige oder mithelfende Familienangehörige gezwungen sind, ihre Tätigkeit aufzugeben oder die selbständige Tätigkeit so einschränken müssen, daß sie nur im Nebenerwerb (z. B. Landwirtschaft) weitergeführt werden kann oder
- der Arbeitnehmer aus wichtigem Grund oder um einer sicher zu erwartenden Entlassung durch den Arbeitgeber zuvorzukommen, sein Beschäftigungsverhältnis kündigt."[38]

Da die abschließende Aufzählung der zum Tatbestand der unmittelbaren Bedrohung von Arbeitslosigkeit führenden Sachverhalte entweder auf formal erfaßbare Zustände des individuellen Beschäftigungsstatus (erster und zweiter Spiegelstrich) oder auf solche Kriterien abhebt, die durch anderweitigen, nicht-arbeitsmarktbezogenen Sachverstand zu unterfüttern sind (dritter und vierter Spiegelstrich)[39], kann die prophylaktische Ausgestaltung des arbeitsmarktpolitischen Instruments der Förderung der beruflichen Bildung auch unter der institutionellen Rahmenbedingung einer privaten Arbeitsvermittlung ermöglicht werden. In gleicher Weise gilt diese Einschätzung für die Förderung der Zielgruppen des AFG, da sie oben durch solche Faktoren abgegrenzt worden sind, die als formalisierte Erfüllungstatbestände abgegriffen werden können.[40]

Nachdem sich die Bedingungen der prophylaktischen Ausrichtung und der Zielgruppenbeteiligung auch ohne die Existenz einer öffentlichen Arbeitsvermittlung realisieren lassen, gilt es schließlich zu untersuchen, ob dies in gleicher Weise

---

[37] Vgl. § 42a Abs. 1 Satz 1 Nr. 2b AFG.

[38] DA A FuU 14.11 Abs. 2.

[39] Erforderlich ist für die neben dem dritten und vierten Spiegelstrich aufgeführten Sachverhalte eine betriebswirtschaftliche Analyse der ökonomischen Situation des Familien- resp. Beschäftigungsbetriebes.

[40] Als einschlägige Kriterien sind beispielhaft die Dauer der Arbeitslosigkeit, das Geschlecht, das Alter wie auch der Ungelerntenstatus genannt worden. Vgl. C.II.3.b.i.i-1.

für die dritte Nebenbedingung zutrifft. Die Analyse ist für alle drei Ansatzpunkte zu leisten, mit deren Hilfe im aktuellen System versucht wird, dem Grundsatz der Wirtschaftlichkeit gerecht zu werden. Die maßgeblichen Fragestellungen, die sich unmittelbar aus dem Förderungsrecht ableiten lassen, beziehen sich auf die Auswahl der FuU-Teilnehmer aus dem Pool der Arbeitslosen, die effiziente Durchführung der Qualifizierung sowie die Bestimmung der im betreffenden Einzelfall zielführenden Qualifizierungsinhalte.

Wie oben gezeigt, ist die dem Grundsatz der Wirtschaftlichkeit dienende Selektion der für eine FuU-Förderung vorzusehenden Teilnehmer nur unter Rückgriff auf die öffentliche Arbeitsvermittlung möglich, da die AFG-finanzierte Qualifizierung eines Arbeitslosen das Attest der öffentlichen Arbeitsvermittlung voraussetzt, daß die Teilnahme an einer Bildungsmaßnahme für die Beendigung der Arbeitslosigkeit *notwendig* ist. Dies bedeutet, daß die öffentliche Arbeitsvermittlung darüber zu befinden hat, ob die Reintegration des Arbeitslosen in das Beschäftigungssystem nicht bereits durch den (kostengünstigeren) Vorgang der Arbeitsvermittlung leistbar ist.[41] Da die Einschätzung idiosynkratischer Vermittlungskenntnisse bedarf, ist die in dieser Form realisierte Umsetzung des Wirtschaftlichkeitsgrundsatzes ohne eine öffentliche Arbeitsvermittlung für die staatlichen Stellen nicht mehr darstellbar.

Der zweite Ansatzpunkt zur Umsetzung des Grundsatzes der Wirtschaftlichkeit besteht in dem von der Bundesanstalt für Arbeit unternommenen Versuch, den Ressourcenaufwand bei der konkreten Durchführung der Qualifizierungsmaßnahmen auf das zielerforderliche Maß zu beschränken. Dies wird in zweifacher Weise angestrebt: Zum einen schreibt die BA detailliert die infrastrukturellen Rahmenbedingungen vor, die von einem Bildungsträger zu berücksichtigen sind, dessen Teilnehmer nach den Bestimmungen des AFG gefördert werden sollen. Zum anderen ist die BA bemüht, durch die Etablierung eines Anbieterwettbewerbs Druck auf die für die offerierten Bildungsleistungen geltend gemachten Kosten auszuüben.

---

[41] Vgl. C.II.3.b.ii.

Basierend auf § 34 Abs. 1 AFG, der für eine FuU-Förderung u. a. voraussetzt, "daß die Maßnahme

1. nach Dauer, Gestaltung des Lehrplans, Unterrichtsmethode, Ausbildung und Berufserfahrung des Leiters und der Lehrkräfte eine erfolgreiche berufliche Bildung erwarten läßt,

2. angemessene Teilnahmebedingungen bietet,"

dekretiert die Bundesanstalt für die unterschiedlichen, von ihr finanzierten Bildungsansätze, nach welchem Modus sie durchzuführen sind. Diese Vorgaben sind in das sog. *Qualitätssicherungskonzept* der BA eingebunden, das als Reflex auf die (kontextbedingt negativen) Erfahrungen mit dem Einsatz des FuU-Instrumentariums in den *Neuen Bundesländern* zu Beginn der neunziger Jahre ausdifferenziert worden ist. Das Konzept ist in seiner Struktur dreigeteilt und sieht die Sicherung der Input-, Prozeß- und Outputqualität vor. Erstere umfaßt die Konditionierung der o. a. wesentlichen Merkmale einer Bildungsmaßnahme, die zunächst mit Hilfe der einschlägigen "Qualitätserlasse" der BA erfolgt und mittlerweile Bestandteil der Durchführungsanweisungen zur A FuU geworden ist.

Im Rahmen der Sicherstellung der Prozeßqualität erfolgt eine Überprüfung, ob die im Vorfeld festgelegten Maßgaben auch während des Verlaufs der Bildungsmaßnahme eingehalten werden. Die Untersuchung der Outputqualität hebt schließlich auf die Frage ab, ob die mit der FuU-Maßnahme intendierten Ziele auch tatsächlich erreicht worden sind, wobei das Ergebnis dieser Evaluation zur Installierung eines "FuU-Regelkreises" bei der Planung von Folgemaßnahmen berücksichtigt werden soll.[42] Da die innerhalb dieses Qualitätssicherungskonzeptes zu inszenie-

---

[42] Vgl. Bundesanstalt für Arbeit (1991); Arnold (1994), insbesondere S. 7 f.; Buttler (1994b), S. 40 f. Zur Auswirkung dieser Bestimmungen auf einen Bildungsträger siehe auch Kuschnereit (1994). Als Beispiel für den Konkretisierungsgrad der entsprechenden Weisungen kann die in der DA A FuU 10.14 Abs. 4 kodifizierte Qualifikation der Lehrkräfte angeführt werden: "Lehrkräfte sind grundsätzlich nur anzuerkennen, wenn sie eine abgeschlossene Ausbildung, dem zu erteilenden Lehrstoff entsprechende Fachkenntnisse und einschlägige Berufserfahrung haben. Eine nicht ausreichende einschlägige Berufserfahrung nach abgeschlossener Ausbildung kann nur akzeptiert werden, wenn die Anleitung durch eine erfahrene Lehrkraft jederzeit sichergestellt ist. Im Ausnahmefall können auch pädagogisch geeignete Lehrkräfte ohne abgeschlossene

renden Kontrollmaßnahmen ausschließlich formalisierbare Tatbestände zum Gegenstand haben, für deren Beurteilung arbeitsmarktliches Know-how nicht erforderlich ist, kann dieser Ausschnitt der Umsetzung des Grundsatzes der Wirtschaftlichkeit im FuU-Bereich auch ohne das Vorhandensein einer öffentlichen Arbeitsvermittlung gewährleistet werden.

Das gleiche gilt für das System der Kostenkontrolle, die sich - abhängig vom betrachteten Maßnahmetypus - allerdings unterschiedlich gestaltet. Die beiden zu differenzierenden Typen AFG-geförderter Bildungsmaßnahmen sind die sog. "freien Maßnahmen" sowie die "Auftragsmaßnahmen".[43] Erstere zeichnen sich dadurch aus, daß sie auf Initiative eines Bildungsträgers auf dem (freien) Bildungsmarkt angeboten werden. Erfüllt eine solche Maßnahme die o. a. Bedingungen, so kann sie nach § 34 AFG mit der Folge als förderungsfähig anerkannt werden, daß einem durch sie geschulten Bildungsteilnehmer neben der Gewährung eines Unterhaltsgeldes auch die durch den Besuch der Maßnahme an den Bildungsträger zu entrichtenden Maßnahmekosten erstattet werden können. Die Kostenkontrolle wird bei diesem Maßnahmetyp zum einen durch eine Überprüfung auszuüben versucht, ob die vom Bildungsträger geforderten Gebühren *angemessen* im Sinne von § 34 Abs. 1 Satz 2 Nr. 3 AFG sind.[44] Zum anderen erfolgt die Kostenkontrolle durch die Erzeugung von Wettbewerb, indem für einen FuU-Teilnehmer von den nach § 34 AFG anerkannten Bildungsmaßnahmen diejenige nach § 33 AFG festgelegt wird, die die für erforderlich gehaltene Bildungsleistung zu den geringsten Kosten anbietet.[45]

---

Berufsausbildung eingesetzt werden, wenn eine i. d. R. sechsjährige qualifizierte, dem zu erteilenden Lehrstoff entsprechende berufliche Tätigkeit nachgewiesen wird."

[43] Vgl. zum folgenden Büchner/Henning/Kästner (1994), S. 67 ff.

[44] Nach § 10 Abs. 4 Satz 2 A FuU gelten solche Kostensätze als angemessen, "die die durchschnittlichen Kostensätze von Maßnahmen mit gleichem oder ähnlichem Bildungsziel (Richtwerte) nicht überschreiten". Übertrifft der Kostensatz einer Maßnahme den für dieses Maßnahmeziel festgesetzten Richtwert, so kann das betreffende Arbeitsamt die entsprechende Maßnahme dem Landesarbeitsamt vorlegen, das - etwa unter Heranziehung der zugrunde liegenden Kostenkalkulation des Bildungsträgers - auch oberhalb des Richtwertes liegende Kostensätze als angemessen klassifizieren kann. Vgl. DA A FuU 10.42 Abs. 3.

[45] Entscheidet sich ein grundsätzlich Förderfähiger für die Teilnahme an einer anderen als der festgelegten Maßnahme, so kann bei Vorliegen eines wichtigen Grundes gleichwohl eine Förderung erfolgen. Die Förderhöhe bleibt in diesem Fall allerdings auf die Kosten der festgelegten Maßnahme beschränkt. Vgl. § 7 Abs. 6 A FuU.

Als Folge abweichender Rahmenbedingungen wird die Kostenkontrolle von Auftragsmaßnahmen nach einem anderen Modus realisiert. Dies ist erforderlich, da Auftragsmaßnahmen auf Initiative der Arbeitsverwaltung nach § 9 Abs. 2 A FuU nur in dem Fall einzurichten sind, da auf dem (freien) Bildungsmarkt keine vergleichbaren Maßnahmen in angemessener Zeit bzw. im erforderlichen Umfang angeboten werden. Eine auf Kostenbegrenzung abzielende Wettbewerbssituation wird für den Typ der Auftragsmaßnahme organisiert, indem die Arbeitsverwaltung die von ihr gewünschte, nicht auf dem Bildungsmarkt angebotene Qualifizierungsmaßnahme ausschreibt. Den Zuschlag erhält dabei der Bildungsträger, der die in den Ausschreibungsunterlagen festgelegte Bildungsqualität zu den geringsten Kosten offeriert.

Als letzter Hebel zur Umsetzung des Grundsatzes der Wirtschaftlichkeit ist abschließend der Mechanismus näher zu untersuchen, nach dem die Qualifizierungsinhalte der AFG-geförderten FuU-Maßnahmen festgelegt werden. Die rechtliche Grundlage bildet das AFG, das eine FuU-Förderung nur dann zuläßt, wenn das Qualifizierungsziel der betreffenden Maßnahme sowohl *generell* (§ 34 Abs. 1 Satz 2 Nr. 4 AFG) als auch mit Blick auf den *für eine FuU-Förderung vorgesehenen Teilnehmer* (§ 36 Nr. 3 AFG) arbeitsmarktlich zweckmäßig ist. *Nicht* zweckmäßig ist ein Maßnahmeziel u. a. dann, wenn "die Teilnehmer/-innen voraussichtlich auf dem für sie in Betracht kommenden Arbeitsmarkt nicht innerhalb angemessener Zeit eine dem Bildungsziel entsprechende Beschäftigung finden können"[46].

Für die Entscheidung über die arbeitsmarktliche Zweckmäßigkeit ist der Rückgriff auf das vermittlerische Know-how der öffentlichen Arbeitsvermittlung erforderlich. Sie hat im vorgegebenen Fördersystem darüber zu befinden, ob der Absolvent einer AFG-geförderten Maßnahme aufgrund seiner Persönlichkeitsstruktur und der nach Ende der Bildungsmaßnahme vorzuweisenden Qualifikation eine nichtmarginale Chance hat, auf - maßnahmebezogen - typische Arbeitsplätze ange-

---

[46] DA A FuU 10.51 Abs. 3.

setzt zu werden.[47] Resümierend kann somit festgehalten werden, daß für zwei von drei Ansatzpunkten zur Umsetzung des Grundsatzes der Wirtschaftlichkeit bei der FuU-Förderung die Existenz einer öffentlichen Arbeitsvermittlung unabdingbar ist; dementsprechend ist für den Fall der Abschaffung der öffentlichen Arbeitsvermittlung für die FuU-Förderung eine konzeptionelle Alternative zu entwickeln.

Eine im Kontext einer privatisierten öffentlichen Arbeitsvermittlung funktionierende und den aufgezeigten Rahmenbedingungen gerecht werdende Förderung läßt sich mit "Qualifizierungsgutscheinen" erreichen. Das sind Berechtigungszertifikate, die dem Inhaber die staatlich finanzierte Teilnahme an einer Bildungsmaßnahme garantieren. Erstmalig gefordert worden ist ihre Einführung von Siebert/Klodt, die Qualifizierungsgutscheine als einen Beitrag zur Bekämpfung der Arbeitslosigkeit in den neuen Bundesländern zur Diskussion gestellt haben.[48] Der hier vorgestellte Ansatz weicht allerdings deutlich von dem Konzept ab, das Siebert/Klodt als eine zeitlich befristete Maßnahme zur arbeitsmarktpolitischen Begleitung der Transformationsprobleme der ostdeutschen Wirtschaft angedacht haben.[49]

*Empfänger* der durch die Qualifizierungsgutscheine verbrieften Leistungen sind im Rahmen des hier entwickelten Konzeptes Arbeitslose, da die Bekämpfung der Arbeitslosigkeit das mit der Qualifizierungsförderung angestrebte arbeitsmarktpolitische Ziel ist. Um die mit der Bekämpfung der Arbeitslosigkeit gleichfalls zu

---

[47] Da die Durchführung jeder Bildungsmaßnahme Zeit erfordert, wird das hier in Rede stehende Entscheidungs- von einem Prognoseproblem überlagert, das jedoch wegen vergleichbarer Arbeitsplatzstrukturen potentieller Arbeitgeber nichts an dem für die zu treffende Entscheidung festgestellten Erfordernis des Rückgriffs auf idiosynkratische Vermittlungskenntnisse ändert.

[48] Vgl. Siebert/Klodt (1991).

[49] Der entscheidende Unterschied des von Siebert/Klodt präsentierten zu dem in dieser Arbeit entwickelten Modell ist der Tatbestand, daß ersteres weniger die Subvention von Qualifizierungsaktivitäten regelt; die Qualifizierungsgutscheine stellen vielmehr eine Lohnsubvention dar. Zwar versuchen Siebert/Klodt ihre Gutscheine gegen Lohnsubventionen abzugrenzen (vgl. ebenda, S. 14 ff.); mit Blick auf die Förderungskonditionen vermag die Abgrenzung aber nicht zu überzeugen, da die Gutscheine - analog zu den Lohnsubventionen - eine Entlastung der Betriebe von den Arbeitskosten vorsehen, die aus einem sozialversicherungspflichtigen Beschäftigungsverhältnis entstehen. Darüber hinaus ist die von Siebert/Klodt als das maßgebliche Unterscheidungskriterium aufgeführte Bewilligungsvoraussetzung, daß die Qualifizierungsgutscheine nicht beim alten Arbeitgeber eingereicht werden dürfen (vgl. ebenda, S. 15), kein Spezifikum des von ihnen vorgestellten Ansatzes, sondern auch bei realiter bereits existierenden Lohnsubventionen eine klassische Förderungsbedingung zur Verhinderung des Subventionsmißbrauchs. Siehe hierzu unten D.IV.2.

verfolgenden Nebenbedingungen der prophylaktischen Ausrichtung und der Zielgruppenorientierung erfüllen zu können, ist es erforderlich, die grundsätzlich als Empfänger der Gutscheine identifizierte Gruppe der Arbeitslosen weiter zu differenzieren. So kann das prophylaktische Moment verwirklicht werden, indem die im Sinne der DA A FuU 14.11 Abs. 2 von Arbeitslosigkeit unmittelbar Bedrohten den Arbeitslosen gleichgestellt werden. Die förderungsrechtliche Berücksichtigung der arbeitsmarktpolitischen Zielgruppen kann erfolgen, indem der mit einem Qualifizierungsgutschein verbundene Leistungsumfang für jede Zielgruppe unterschiedlich dimensioniert wird.

Zu den *Verwendungsauflagen* der Qualifizierungsgutscheine muß gehören, daß sie von den Arbeitslosen nur zur Abgeltung der durch die Teilnahme an einer Qualifizierungsmaßnahme bei einem Bildungsträger entstehenden Kosten genutzt werden können, um hierdurch die zweckentsprechende Verwendung der für die Qualifizierungsförderung ausgelobten Mittel sicherzustellen. Als organisatorische Lösung des Verfahrensproblems bietet sich an, daß ausschließlich der Bildungsträger autorisiert ist, den ihm vom Arbeitslosen zum Zwecke der Schulung ausgehändigten Gutschein bei der zuständigen staatlichen Stelle zu liquidieren. Darüber hinaus lassen sich die Verwendungsauflagen auch nutzen, um den Aspekt der Wirtschaftlichkeit der staatlichen Qualifizierungsförderung umzusetzen. Als zweiter Ansatzpunkt zur Sicherstellung der Wirtschaftlichkeit der FuU-Förderung ist im bisher gültigen System das im Rahmen der Überprüfung der Bildungsträger nach § 34 AFG inszenierte Qualitätssicherungskonzept angeführt worden. Dieser Hebel läßt sich auch im hier vorgestellten Förderungsmodell der Qualifizierungsgutscheine ansetzen, indem nur den nach § 34 AFG anerkannten Bildungsträgern die Liquidation der Gutscheine gestattet wird.

Wird abschließend das Problem der Ausgestaltung des *Leistungsumfangs* betrachtet, so ist hierbei zu berücksichtigen, daß dessen quantitative und qualitative Dimensionen die Realisierung der beiden übrigen Aspekte einer wirtschaftlichen Durchführung der staatlich geförderten Qualifizierung garantieren müssen, deren Umsetzung nach Abschaffung der öffentlichen Arbeitsvermittlung ohne organisatorische Modifikation des bisher gültigen Förderungssystems als nicht möglich eingestuft worden ist. Wird die arbeitsmarktpolitische Funktion der Gutscheine reflektiert, so wird deutlich, daß der Leistungsumfang zwei Facetten aufweisen muß: Er hat zum einen - wie erwähnt - die Abgeltung der durch die Bildungsmaßnahme entstehenden Kosten zu gewährleisten, muß zum anderen aber auch den Lebensunterhalt sicherstellen.

Letzteres läßt sich realisieren, indem den Teilnehmern der Erhalt der unmittelbar vor Eintritt in die Qualifizierungsmaßnahme gewährten Versicherungs- (z. B. Arbeitslosengeld) oder Fürsorgeleistung (Sozialhilfe, Arbeitslosenhilfe u. a.) auch während der Maßnahmeteilnahme zugesichert wird. Zusätzlich kann der Gutschein einen Qualifizierungszuschuß enthalten, der die durch die Teilnahme entstehenden Mehraufwendungen abdeckt.[50]

Für die Funktionalität der Gutscheinlösung ist wesentlich, daß jeder Teilnehmer an einer Qualifizierungsmaßnahme ein geringeres Einkommen aufweist als irgendein zu einem beliebigen Entgelt beschäftigter Arbeitnehmer.[51] Diese Bedingung hat im Verbund mit einem kompetitiven System privater Arbeitsvermittler zur Folge, daß der Gutschein nur von denjenigen Arbeitslosen in Anspruch genommen wird, für die diese arbeitsmarktpolitische Hilfestellung zur arbeitsmarktlichen Reintegration notwendig ist. Der Tatbestand, daß hiermit auch der erstgenannte Ansatzpunkt zur Umsetzung des Wirtschaftlichkeitsgedankens im Zuge der FuU-Förderung realisierbar wird, ist dabei auf den folgenden Wirkungsmechanismus zurückzuführen: Bei einer freien Wahl, mit oder ohne öffentlich geförderte Qualifizierung in das Beschäftigungssystem zurückzukehren, wird sich ein Arbeitsloser

---

[50] Die Mehraufwendungen werden im referierten Förderungssystem durch separate Zuwendungen finanziert. Vgl. hierzu etwa § 18 A FuU zur Erstattung der anfallenden Fahrkosten sowie § 19 A FuU zur Finanzierung der Kosten, die für die Beschaffung adäquater Arbeitskleidung notwendig sind.

[51] Diese Forderung ist ceteris paribus bei den Leistungen Arbeitslosengeld und Arbeitslosenhilfe wegen der deutlich unter 100 % liegenden Kompensationszahlung gewährleistet (vgl. D.II.). Für Sozialhilfeempfänger kann die Forderung als erfüllt gelten, wenn entweder das sog. „Lohnabstandsgebot" realisiert ist oder der im Rahmen der Sozialhilfereform vorgeschlagene Zuschuß zum Arbeitsentgelt gewährt wird (vgl. Steffen, 1995, S. 252 ff., insbesondere S. 257). Individuell wirkende Arbeitsanreize stellt auch das Fürsorgesystem der „negativen Einkommensteuer" sicher (vgl. Metze, 1982; Kress, 1994; siehe zum erheblichen Finanzierungsaufwand aber Deutsches Institut für Wirtschaftsforschung, 1996).

wegen der im Falle der Qualifizierung zu erleidenden Einkommensverluste grundsätzlich für die zweite Alternative entscheiden.[52]

Vorstellbar wäre hierbei allerdings, daß ein Arbeitsloser seine Vermittelbarkeit nicht sofort erkennt und der mit arbeitsmarktlicher Kompetenz ausgestattete Bildungsträger ihn hierüber nicht aufklärt, um die renditeträchtige, gutscheinfinanzierte Qualifizierung durchführen zu können. Dieser Effekt wird aber durch private Arbeitsvermittler verhindert, die zu den Bildungsträgern in Konkurrenz stehen: Da für sie die Vermittlung des Arbeitslosen ein Gewinnpotential darstellt, werden sie ihn über seine Arbeitsmarktchancen ins Bild setzen und ihm anbieten, in das Beschäftigungssystem qua Vermittlungsakt reintegriert zu werden. Der Arbeitslose wird das Angebot wegen der sich ihm nach dem oben aufgezeigten Mechanismus eröffnenden besseren Entlohnungssituation annehmen.

Durch die zielkompatible Konfiguration des Leistungsumfangs läßt sich schließlich auch der letzte Ansatzpunkt der Umsetzung des Wirtschaftlichkeitsgedankens in der FuU-Förderung realisieren: die Festlegung arbeitsmarktlich zweckmäßiger Qualifizierungsinhalte, um so das mit der Qualifizierungsförderung verfolgte Ziel, die Bekämpfung der Arbeitslosigkeit qua arbeitsmarktlicher Reintegration, erreichen zu können. Da eine öffentliche Arbeitsvermittlung annahmegemäß nicht mehr zur Verfügung steht, ist diese Entscheidung vom Bildungsträger zu treffen, der hierzu auf ein idiosynkratisches arbeitsmarktbezogenes Know-how zurückgreifen können muß, das dem von (privaten) Arbeitsvermittlern aufzuweisenden vergleichbar ist.[53] Aufgabe der inhaltlichen Ausgestaltung des mit dem Qualifizierungsgutschein verbundenen Leistungsumfangs ist es, durch eine spezifische

---

[52] Dies gilt nur unter der Prämisse, daß die Qualifizierung via Humankapitalsteigerung nicht zu Einkommenserhöhungen führt, deren Barwert den Barwert des Einkommenausfalls überkompensiert. Diese Voraussetzung kann als eine plausible Annahme gelten, wenn etwa das von Thurow (1975, S. 75 ff.; 1978) formulierte Modell des Arbeitsplatzwettbewerbs zugrunde gelegt wird: Nach diesem ist der (Wieder)Eintritt in das Beschäftigungssystem nur über die sog. ports of entry möglich, die mit einer spezifischen Entlohnung verbunden sind; Qualifizierung außerhalb des Betriebes führt im Rahmen dieses Ansatzes nicht zu einem sofortigen return on investment, sondern hat zunächst lediglich die Aufgabe, qua Senkung der Einarbeitungskosten die Position des (arbeitslosen) Arbeitsuchenden innerhalb der Warteschlange zu verbessern, damit er überhaupt eine Chance zu erhält, bei der Besetzung einer Vakanz berücksichtigt zu werden.

[53] Mit dieser Forderung korreliert ist die oben getroffene Feststellung, daß 80 % der in Frankreich gezählten Vermittlungsunternehmen über die Arbeitsvermittlung hinaus Beratungs- und Qualifizierungsdienstleistungen anbieten. Vgl. C.II.2.a.ii.

Regelung den Bildungsträger dazu zu motivieren, sein idiosynkratisches Know-how in den arbeitsmarktbezogenen Qualifizierungsprozeß einzubringen.

Ein solches Anreizsystem läßt sich durch die Etablierung eines erfolgsorientierten Ansatzes realisieren: Er sieht vor, daß der Bildungsträger den ihm vom zu qualifizierenden Arbeitslosen überreichten Gutschein nur dann bei der zuständigen staatlichen Stelle liquidieren kann, wenn der Qualifizierte nach Abschluß der Bildungsmaßnahme in ein (sozialversicherungspflichtiges)[54] Beschäftigungsverhältnis eingemündet ist. Um den hierzu erforderlichen Nachweis in praktikabler Form umsetzen zu können, ist der vom Gutschein profitierende Arbeitslose bei Erhalt des Gutscheins dazu zu verpflichten, den im Idealfall von ihm abgeschlossenen Arbeitsvertrag bei der die Gutscheine ausgebenden staatlichen Behörde einzureichen.[55] Um eine auf Mißbrauch der Qualifizierungsgutscheine abzielende "Kooperation" zwischen einem Bildungsträger und einem (Schein)Arbeitgeber zu verhindern,[56] kann zusätzlich vorgesehen werden, daß ein Teil des durch die Liquidation des Gutscheines erzielbaren Entgelts erst nach Ablauf der 6-monatigen Probezeit geltend gemacht werden kann, da der Arbeitnehmer ab diesem Zeitpunkt in den vollen Genuß des Kündigungsschutzrechts kommt.[57]

Sollen schließlich die mit der Einführung der Qualifizierungsgutscheine realisierbaren arbeitsmarktpolitischen Effekte beurteilt werden, so ist zu diesem Zweck das ökonomische Kalkül des Bildungsträgers näher zu beleuchten. Ein Ertrag fließt dem Bildungsträger für die Qualifizierung eines über einen Gutschein finanzierten Arbeitslosen nur zu, wenn er nach absolvierter Qualifizierung eine Beschäftigung findet. Im Rahmen des screening, das der Bildungsträger der Ent-

---

[54] Die Frage, ob der Erfolgsfall nur bei Abschluß eines sozialversicherungspflichtigen Beschäftigungsverhältnisses eintritt, muß im Rahmen eines gesellschaftspolitischen Diskurses geklärt werden. Die Entscheidung hängt davon ab, ob diese besondere Form der Beschäftigung forciert werden soll.

[55] Eine solche "Mitwirkungspflicht" stellt auch für die aktuelle Ausgestaltung sozialrechtlicher Leistungen eine wesentliche Voraussetzung dar. Vgl. hierzu § 60 SGB I.

[56] Eine mißbräuchliche Verwendung der Gutscheine könnte nach dem folgenden Muster erfolgen: Der Bildungsträger führt die Qualifizierung in rudimentärer und damit kostenarmer Weise durch; nach Ende der Bildungsmaßnahme wird der Qualifizierte von einem Arbeitgeber eingestellt, so daß der Bildungsträger den Gutschein liquidieren kann. Nach kurzer Zeit - noch in der Probezeit - wird der betreffende Arbeitnehmer ohne Angabe von Gründen wieder freigesetzt. Für diese Aktivität erhält der Arbeitgeber vom Bildungsträger die durch die Kurzbeschäftigung entstandenen Lohnkosten zuzüglich einer "Prämie".

[57] Vgl. hierzu Siebert/Klodt (1991, S. 13), die das Kündigungsschutzrecht auch in ihrem Ansatz für die Mißbrauchsbekämpfung funktionalisieren.

scheidung, die Qualifizierung eines Arbeitslosen für den auf dem Gutschein ausgewiesenen, im Erfolgsfall zu realisierenden Betrag zu übernehmen, voranstellen muß, wird jedem untersuchten Arbeitslosen eine individuelle Wahrscheinlichkeit zugeordnet, mit der er einen Job erhalten wird. Die individuelle Wahrscheinlichkeit ergibt durch die Multiplikation mit dem Nominalwert des Gutscheins den für den Arbeitslosen gültigen Erwartungswert des Ertrages. Der Erwartungswert wird bei einer bestimmten Qualifizierungsleistung um so geringer sein, je geringer die Produktivität und damit die Wiedereinstellungschance eines Arbeitslosen ist.

Vor dem Hintergrund dieses Kalküls wird jeder Bildungsträger versuchen, Arbeitslose mit einer möglichst hohen Produktivität für eine Qualifizierung zu akquirieren. Die Auswahl eines Bildungsträgers durch die Arbeitslosen wird durch dessen jeweilige Reputation bestimmt, mit Blick auf die Qualität der vermittelten beruflichen Bildung bei der arbeitsmarktlichen Reintegration erfolgreich sein zu können.

Für wieviele Arbeitslose die Gesamtheit der Bildungsträger Qualifizierungsmöglichkeiten anbieten wird, hängt von der quantitativen Dimensionierung der mit den Gutscheinen im Erfolgsfall liquidierbaren Beträge ab. Das hierfür maßgebliche Kalkül der Bildungsträger läßt sich mit Hilfe von *Abbildung 7* veranschaulichen. In *Abbildung 7* bezeichnet x die Zahl der durch die Inanspruchnahme solcher Bildungsleistungen reintegrierten Arbeitslosen, die durch Gutscheine refinanziert worden sind. Da annahmegemäß die obligatorisch an jeden Arbeitslosen ausgehändigten Qualifizierungsgutscheine jeweils denselben Liquidationsbetrag aufweisen, ist der für Bildungsträger realisierbare Grenzerlös pro reintegriertem Arbeitslosen unabhängig von deren Zahl. Die Grenzerlöskurve $GE_0$ verläuft demnach parallel zur Abszisse und schneidet die Ordinate in Höhe des auf dem Gutschein vermerkten Liquidationsbetrages $Q_0$.

Abbildung 7: Das Gleichgewicht auf dem Markt für Qualifizierungsgutscheine

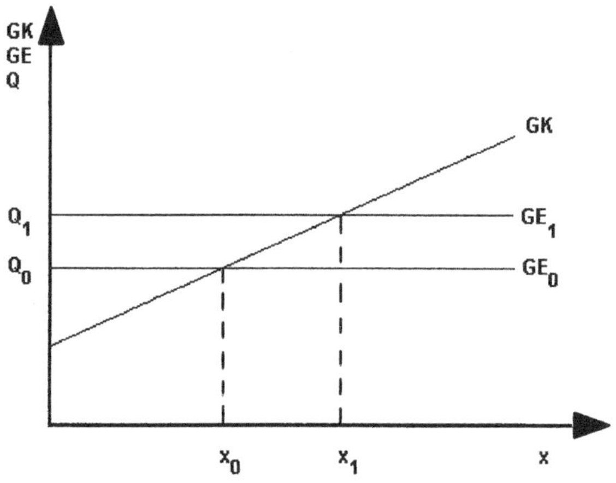


Für den Verlauf der Grenzkostenkurve GK kann unterstellt werden, daß sie die in *Abbildung 7* ausgewiesene positive Steigung annimmt. Entscheidend für den angenommenen Verlauf ist die Überlegung, daß die weiterbildungsgestützte arbeitsmarktliche Reintegration jedes zusätzlichen Arbeitslosen mit höheren Grenzkosten einhergeht. Sie sind darauf zurückzuführen, daß für Arbeitslose mit geringerer Produktivität ein größerer Qualifizierungsaufwand erforderlich ist, um diesen eine „marktgängige" Produktivität zu verschaffen. Das Gleichgewicht auf dem Markt für Qualifizierungsgutscheine stellt sich dort ein, wo Grenzkosten und Grenzerlös einander entsprechen. In dem durch *Abbildung 7* dokumentierten Beispiel bedeutet dies, daß bei einem Liquidationsbetrag von $Q_0$ $x_0$ Arbeitslose in den Arbeitsmarkt reintegriert werden.

Mit Hilfe der *Abbildung 7* läßt sich schließlich auch anschaulich demonstrieren, welcher Effekt von einer Erhöhung des Nominalbetrages der Gutscheine zu erwarten ist. Wird der Liquidationsbetrag von $Q_0$ auf $Q_1$ erhöht, so verschiebt sich die Grenzerlöskurve $GE_0$ auf $GE_1$. Hieraus folgt, daß die Zahl der durch die Inanspruchnahme von Qualifizierungsgutscheinen in den Arbeitsmarkt wiedereingegliederten Arbeitslosen von $x_0$ auf $x_1$ gesteigert wird.[58]

Sollen mit Hilfe der Ausgabe von Qualifizierungsgutscheinen auch die Zielgruppen des AFG durch die Vermittlung beruflicher Bildung gefördert werden, so sind erstere mit einer weiteren Empfangsauflage zu versehen. Für den Fall, daß beispielhaft auch Langzeitarbeitslose durch das hier in Rede stehende arbeitsmarktpolitische Instrument eine auf arbeitsmarktliche Reintegration abzielende Hilfestellung erhalten sollen, ist einem Arbeitslosen von der zuständigen staatlichen Behörde ein *spezieller* Gutschein auszuhändigen, wenn er seit 12 Monaten oder länger arbeitslos ist. In gleicher Weise können auch die übrigen Zielgruppen des AFG mit gesonderten Qualifizierungsgutscheinen versorgt werden.

Entscheidend für die Wirksamkeit der zielgruppenorientierten Gutscheine ist die großzügigere Dimensionierung des durch den Gutschein liquidierbaren Betrages: Da die arbeitsmarktpolitischen Problemgruppen über eine vergleichsweise geringere Produktivität verfügen, ist ein entsprechend höherer Aufwand vonnöten, um deren arbeitsmarktliche Reintegration zu erreichen.

Nachdem durch die vorstehenden Überlegungen der Nachweis gelungen ist, daß sich mit der Einführung von Qualifizierungsgutscheinen das mit der Förderung der beruflichen Bildung verfolgte Ziel, einen Beitrag zum Abbau der Arbeitslosigkeit unter Berücksichtigung der eingangs erwähnten Nebenbedingungen zu leisten, auch im Kontext einer privaten Arbeitsvermittlung realisieren läßt, ist abschlie-

---

[58] Bei der Interpretation ist zu beachten, daß es sich hier um eine mikroökonomische Partialbetrachtung handelt, das Problem der Arbeitslosigkeit also nicht durch die dauernde Erhöhung der durch die Gutscheine ausgelobten Beträge in toto zu lösen ist. Dies ist im Rahmen des hier zu führenden Nachweises allerdings auch nicht erforderlich, da vor dem Hintergrund der oben vorgenommenen Zielbestimmung des AFG auch durch die modifizierten Instrumente lediglich Beiträge zur Bekämpfung der Arbeitslosigkeit zu leisten sind.

ßend zu zeigen, ob dies auch für die Ziele der Förderung der beruflichen Mobilität und der Unterstützung der Strukturpolitik gilt.

Das Ziel der Förderung der beruflichen Mobilität ist oben hinsichtlich seiner instrumentellen Konsequenzen dahingehend operationalisiert worden, daß für seine Realisierung die Senkung des Anteils Ungelernter wesentlich ist. Auch dieses Ziel läßt sich mit Hilfe des Konzepts der Qualifizierungsgutscheine verfolgen, indem jedem Ungelernten das Recht auf einen Gutschein zuerkannt wird, den er bei einem Bildungsträger zur Qualifizierung mit dem Ziel des Erwerbs eines Berufsabschlusses einreichen kann. Als Ungelernte im Rahmen der hier vorgeschlagenen Gutscheinlösung sollten - analog zu der bereits bestehenden Regelung - all diejenigen "Antragsteller gefördert werden, die noch keinen beruflichen Abschluß ... erworben haben. Ein solcher Abschluß liegt (auch innerhalb des an dieser Stelle unterbreiteten Förderungsentwurfs, M. H.) nur vor, wenn er in einem nach dem BBiG, der HwO oder nach bundes- oder landesrechtlichen Vorschriften anerkannten Beruf erreicht wurde, für den nach den jeweiligen Rechtsvorschriften eine Ausbildungsdauer von mindestens zwei Jahren festgelegt ist"[59].

Durch die Annahme eines Gutscheins verpflichtet sich ein anerkannter Bildungsträger, den Ungelernten dergestalt zu qualifizieren, daß er die Abschlußprüfung in einem nach den o. a. Vorschriften anerkannten Beruf bestehen kann. Zur Qualitätssicherung, die über die im Rahmen der Anerkennung des Bildungsträgers erfolgende Kontrolle hinausgeht, ist der durch den Gutschein ausgelobte Betrag an die erfolgreiche Abschlußprüfung zu koppeln.

Ähnlich den für Arbeitslose ausgestellten Gutscheinen läßt sich auch beim Qualifizierungsgutschein für Ungelernte die Zahl der Förderungsfälle über die Höhe des durch den Gutschein im Erfolgsfall erzielbaren Betrags regulieren. Da die Ungelernten – abhängig etwa von der bisherigen Erwerbsbiographie oder dem persönlichen Lebenslauf - sich durch ein disparates Lernverhalten auszeichnen werden, ist die auf das Bestehen der Abschlußprüfung angelegte Qualifizierung

---

[59] DA A FuU 14.12 Abs. 1.

mit einem je unterschiedlichen Aufwand durchzuführen. Vor diesem Hintergrund wird ein Qualifizierungsgutschein vom Bildungsträger nur dann angenommen werden, wenn der Erwartungswert des Ertrages, also der mit der Wahrscheinlichkeit des Bestehens der Abschlußprüfung multiplizierte Nominalbetrag des Gutscheins, die Qualifizierungskosten übersteigt. Eine zusätzliche Begrenzung wird die Bereitschaft eines Ungelernten darstellen, die gutscheinfinanzierte Qualifizierung überhaupt anzunehmen: Insbesondere beschäftigte Ungelernte werden den durch die Qualifizierung bedingten erwarteten Einkommensausfall nur dann akzeptieren, wenn der return on investment des erworbenen Berufsabschlusses dies rechtfertigt.

Zur Komplettierung der in diesem Kapitel zu leistenden Analyse bleibt abschließend zu zeigen, daß auch ohne das Vorhandensein einer öffentlichen Arbeitsvermittlung durch das arbeitsmarktpolitische Instrument der Förderung der beruflichen Weiterbildung das Ziel der Unterstützung der Strukturpolitik umsetzbar ist. Unterstützung der Strukturpolitik meint entsprechend der oben vorgenommenen Aufgabenbeschreibung, das Arbeitsangebot durch geeignete Maßnahmen an die durch den Strukturwandel veränderte Arbeitsnachfrage anzupassen, um auf diese Weise strukturelle Arbeitslosigkeit zu bekämpfen bzw. zu verhindern.

Im Kontext einer öffentlichen Arbeitsvermittlung ist dies leistbar, indem sie für das (arbeitslose) Arbeitsangebot solche Qualifizierungsmaßnahmen auswählt, die es hinsichtlich seiner Qualifikation mit der aktuellen Arbeitsnachfrage zur Deckung bringen. Der Effekt kann aber auch mit Hilfe der hier vorgeschlagenen Qualifizierungsgutscheine für Arbeitslose erzielt werden, da die im System integrierte Erfolgsorientierung die für die inhaltliche Konturierung der Qualifizierungsmaßnahmen verantwortlichen Bildungsträger veranlaßt, zur Realisierung einer möglichst großen Reintegrationsquote die Bildungsinhalte streng an den maßgeblichen arbeitsmarktlichen Anforderungsprofilen auszurichten. Resümierend kann somit festgestellt werden, daß durch die hier vorgetragene Modifikation des Instruments der Förderung der beruflichen Weiterbildung die Umsetzung der durch das AFG kodifizierten Ziele auch ohne die Existenz einer öffentlichen Arbeitsvermittlung möglich ist.

## IV. „Moderne" Arbeitsmarktpolitik II: Lohnsubventionen

Als letztes der zur Repräsentation der arbeitsmarktpolitischen Möglichkeiten des AFG ausgewählten Instrumente soll in diesem Kapitel der Ansatz der Lohnsubventionen dahingehend untersucht werden, ob die mit ihm verfolgte Umsetzung der AFG-kodifizierten arbeitsmarktpolitischen Ziele auch im Kontext einer ausschließlich privaten Arbeitsvermittlung gelingen kann. Werden Lohnsubventionen hier verstanden als "geldwerte Vorteile, die der Staat Arbeitgebern für die Beschäftigung von Arbeitnehmern gewährt, sei es als Geldzahlungen, als Befreiung von Abgabepflichten oder als ähnliche Begünstigungen"[60], so kann unter diesem Rubrum sowohl die Analyse der Arbeitsbeschaffungsmaßnahmen als auch des Einarbeitungszuschusses erfolgen.[61] Während die Subventionierung des Produktionsfaktors Arbeit bei ersteren eher *arbeitsplatzbezogen* erfolgt, indem neben dem zu subventionierenden Personenkreis auch Vorgaben hinsichtlich der zu fördernden Arbeiten gemacht werden,[62] stellt der EZ eine eher *personenbezogene* Subventionsform dar, bei der die Subventionierung im Rahmen eines regulären, unbefristeten Arbeitsverhältnisses durchgeführt wird.[63]

### 1. Arbeitsbeschaffungsmaßnahmen

Nach § 91 Abs. 1 AFG kann die Bundesanstalt für Arbeit die Schaffung von Arbeitsplätzen fördern. Sie realisiert dies im Rahmen von Arbeitsbeschaffungsmaßnahmen durch die finanzielle Alimentation von Arbeiten, die im öffentlichen Interesse liegen, und die sonst nicht oder erst zu einem späteren Zeitpunkt durchge-

---

[60] Albeck (1982), S. 9.
[61] Vgl. zu dieser Einschätzung die unter C.II.3.b.i.i-2. geleistete Beschreibung der beiden Instrumente wie auch Bohlen (1993), S. 5 ff.
[62] Siehe hierzu ebenda, S. 109 ff.
[63] Vgl. Blaschke/Brinkmann/Nagel (1995), S. 7 f.

führt würden. Die beiden in § 91 Abs. 2 AFG kodifizierten und als ABM-Förderungsvoraussetzung figurierenden Kriterien des *öffentlichen Interesses* und der (im zweiten Relativsatz formulierten) *Zusätzlichkeit* bedeuten, daß zum einen der von den subventionierten Arbeiten ausgehende Nutzen der Allgemeinheit zugute kommen muß. Zum anderen versucht die Bedingung der Zusätzlichkeit die subventionierten Tätigkeiten auf die Bereiche zu beschränken, in denen eine auf privatwirtschaftlichem Engagement basierende Produktionstätigkeit aktuell nicht zu erwarten ist. Durch letzteres soll erreicht werden, daß die aus arbeitsmarktpolitischen Erwägungen erfolgende Beeinträchtigung der privaten Produktionstätigkeit in ihrem Ausmaß begrenzt bleibt.[64]

Für den durch Allgemeine Maßnahmen zur Arbeitsbeschaffung zu fördernden Personenkreis gilt, daß er aus solchen Arbeitslosen bestehen soll, deren arbeitsmarktliche Reintegration sich als besonders problematisch darstellt. Dementsprechend legt § 2 Abs. 1 Satz 1 Nr. 2 A ABM fest, daß grundsätzlich nur solche Arbeitnehmer zugewiesen werden dürfen, die u. a. "innerhalb der letzten zwölf Monate vor der Zuweisung mindestens sechs Monate beim Arbeitsamt arbeitslos gemeldet waren." Innerhalb der arbeitsmarktpolitischen Prioritätensetzung sollen nach § 2 Abs. 2 A ABM bei der Zuweisung "schwer vermittelbare" Arbeitslose bevorzugt berücksichtigt werden. Schwer vermittelbar sind nach § 2 Abs. 3 A ABM insbesondere Langzeitarbeitslose, Schwerbehinderte, Arbeitslose, die mindestens fünfzig Jahre alt sind, sowie Jugendliche unter 25 Jahre, die u. a. über keinen beruflichen Abschluß verfügen.

Wenn vor diesem Hintergrund im folgenden untersucht werden soll, ob das arbeitsmarktpolitische Instrument ABM auch im Kontext einer ausschließlich privaten Arbeitsvermittlung funktioniert, so gilt es im Vorfeld zu zeigen, in welcher Form Arbeitsbeschaffungsmaßnahmen unter der hier zugrunde gelegten Rechtssituation zur Realisierung der AFG-normierten Ziele beitragen; gleichzeitig ist zu

---

[64] Vgl. Büchner/Henning/Kästner (1992), S. 63 ff. Zu den Kriterien der Zusätzlichkeit und des öffentlichen Interesses siehe auch Schickler (1989), S. 47 ff.

beleuchten, welche Funktion in dem Prozeß die öffentliche Arbeitsvermittlung einnimmt.

Wie zu Beginn des ersten Kapitels dieses Abschnitts festgestellt, beziehen sich von den drei Modulen des für das AFG maßgeblichen Zielsystems, Abbau der Arbeitslosigkeit, Förderung der beruflichen Mobilität, Unterstützung der Strukturpolitik, die beiden letztgenannten auf die berufsfachliche Qualifikation, die zielgerichtet nur mit dem Instrument der Förderung der beruflichen Weiterbildung beeinflußt werden kann; demzufolge wird auch das Instrument ABM im wesentlichen auf das Ziel des Abbaus der Arbeitslosigkeit konzentriert. Die Bekämpfung der Arbeitslosigkeit durch Maßnahmen der Arbeitsbeschaffung erfolgt dabei in zwei Stufen: In der ersten Stufe wird die Arbeitslosigkeit eines zur Teilnahme an einer ABM vorgesehenen Arbeitslosen sofort dadurch beendet, daß die Zuweisung in eine ABM gleichbedeutend mit der Aufnahme einer subventionierten Beschäftigung ist. In der zweiten, allerdings nicht von jedem ABM-Beschäftigten erreichten Stufe kann die ABM-gestützte Bekämpfung der Arbeitslosigkeit aber auch die zeitliche Reichweite der subventionierten Beschäftigung überdauern, wenn es gelingt, während oder nach der ABM einen durch die ABM erleichterten Wechsel in ein unsubventioniertes Beschäftigungsverhältnis zu realisieren.[65]

Der öffentlichen Arbeitsvermittlung kommt - wie oben bereits erwähnt - bei der administrativen Umsetzung von Arbeitsbeschaffungsmaßnahmen die Aufgabe zu, den im Rahmen der Durchführung von ABM subventionierten Arbeiten die entsprechenden Teilnehmer zuzuweisen, wobei insbesondere die arbeitsmarktpolitischen Zielgruppen zu berücksichtigen sind. Vor der Zuweisung in eine ABM ist darüber hinaus zu prüfen, ob der potentielle Teilnehmer nicht bereits durch den

---

[65] Vgl. Büchner/Henning/Kästner (1992), S. 33 ff. Der Wechsel in ein unsubventioniertes Beschäftigungsverhältnis kann durch ABM gefördert werden, da die durch ABM ermöglichte Beschäftigung die oben der Arbeitslosigkeit attestierten negativen Begleiterscheinungen wie Verlust der Qualifikation und der Arbeitsmotivation eindämmen, teilweise sogar rückgängig machen kann. Vgl. hierzu Schickler (1989), S. 98 f. Über die bisher diskutierte Zielrichtung hinaus, durch ABM Arbeitslosigkeit unmittelbar zu bekämpfen, weisen Schickler (1989, S. 25 f.) und Spitznagel (1989, S. 523) zudem auf das qua ABM verfolgte Ziel der Strukturverbesserung hin; hierdurch sollen die Chancen für die Schaffung von Dauerarbeitsplätzen erhöht werden, um so einen Beitrag zum Abbau der Arbeitslosigkeit zu leisten. Da in diesem Zusammenhang der Begriff der Strukturverbesserung aber im wesentlichen auf allgemeinpolitische und insbesondere nicht auf qualifikatorische Aspekte abhebt, gehört das Ziel nicht zum engeren Konzept des konsolidierten AFG-Zielsystems und kann somit hier außer acht gelassen werden.

(kostengünstigeren) Akt der Arbeitsvermittlung arbeitsmarktlich reintegriert werden kann. Schließlich hat die öffentliche Arbeitsvermittlung während der gesamten Laufzeit der ABM den Versuch zu unternehmen, den ABM-Teilnehmer aus der ABM heraus in ein dauerhaftes, unsubventioniertes Beschäftigungsverhältnis zu vermitteln.[66] Die rechtlich festgelegten Obliegenheiten kann die öffentliche Arbeitsvermittlung nach ihrer Abschaffung nicht mehr wahrnehmen, so daß nunmehr zu überlegen ist, ob die für die Umsetzung des arbeitsmarktpolitischen Instrumentes ABM konstitutiven Aufgaben der öffentlichen Arbeitsvermittlung nicht anderweitig vollzogen werden können.

Die von der aufgelösten öffentlichen Arbeitsvermittlung nicht mehr wahrgenommene Zuweisung von Teilnehmern in die verschiedenen Arbeitsbeschaffungsmaßnahmen kann mit Blick auf den angestrebten arbeitsmarktpolitischen Zweck opportunitätskostenfrei von der bereits im ersten Kapitel dieses Abschnitts eingeforderten, für die Umsetzung arbeitsmarktpolitischer Programme zuständigen Behörde geleistet werden, da für das Feststellen des formalen Kriteriums der Arbeitslosigkeit kein idiosynkratisches, vermittlungsspezifisches Know-how erforderlich ist. Wie schon im vorhergehenden Kapitel ausgeführt, gilt wegen der formalisierten Erfüllungstatbestände das gleiche für die Zuweisung der arbeitsmarktpolitischen Zielgruppen.

Nicht leisten kann die staatliche Behörde für Arbeitsmarktpolitik die vorab zu realisierende Prüfung der Vermittelbarkeit, da ihr definitionsgemäß idiosynkratische Vermittlungskenntnisse nicht zur Verfügung stehen. Dies könnte zur Folge haben, daß in einem System mit ausschließlich privater Arbeitsvermittlung den Maßnahmen der Arbeitsbeschaffung ebenso solche Arbeitslose zugewiesen werden, deren arbeitsmarktliche Reintegration auch ohne den Einsatz dieses arbeitsmarktpolitischen Instruments gelingen würde. Der betreffende Arbeitslose könnte trotz einer bestehenden Chance auf Arbeitsvermittlung an der Zuweisung in eine ABM interessiert sein. Dies wird aber durch eine förderungsrechtliche Bestimmung verhindert, die eine ABM-finanzierte Tätigkeit im Vergleich zu einem regulären Be-

---

[66] Vgl. C.II.3.b.ii.

schäftigungsverhältnis unattraktiv macht. Die maßgebliche Regelung findet sich in § 94 Abs. 1 AFG, der festlegt, daß das zu berücksichtigende Arbeitsentgelt lediglich 90 % des Arbeitsentgelts für gleiche oder vergleichbare ungeförderte Tätigkeiten betragen darf.

Schließlich kann auch die Wahrnehmung der dritten und letzten Aufgabe der öffentlichen Arbeitsvermittlung bei der Umsetzung des arbeitsmarktpolitischen Instruments ABM in einem System ausschließlich privater Arbeitsvermittlung sichergestellt werden: die Vermittlung aus der laufenden ABM heraus in ein unsubventioniertes Beschäftigungsverhältnis. Das Angebot dieser Dienstleistung kann von privaten Arbeitsvermittlern erwartet werden, da die Vermittlungsaktivitäten für sie mit Gewinnmöglichkeiten verbunden sind. Die Vermittlungschancen ABM-Beschäftigter sind dabei gegenüber Arbeitslosen ceteris paribus als höher einzustufen, da durch die subventionierte Beschäftigung die arbeitslosigkeitsbedingten Produktivitätsnachteile tendenziell verringert werden. Sollte trotzdem die Produktivität des ABM-Beschäftigten eine Vermittlung in ein unsubventioniertes Beschäftigungsverhältnis nicht erlauben, so könnte hieran auch eine öffentliche Arbeitsvermittlung nichts ändern, wenn sie nicht auf zusätzliche arbeitsmarktpolitische Hilfestellungen zurückgreift. Insgesamt kann also festgestellt werden, daß sich das Instrument ABM auch im Kontext einer ausschließlich privaten Arbeitsvermittlung ohne arbeitsmarktpolitische Opportunitätskosten umsetzen läßt.

### 2. Einarbeitungszuschuß

Der Einarbeitungszuschuß kann als finanzielle Zuwendung mit arbeitsmarktpolitischer Zielsetzung einem Arbeitgeber gewährt werden, wenn dieser "durch eine über die übliche - in der Regel kurzfristige - Einweisung hinausgehende Maßnahme dem (durch die Maßnahme geförderten, M. H.) Arbeitnehmer im Rahmen eines Einarbeitungsplanes qualifizierende berufliche Kenntnisse und Fertigkeiten in einem unbefristeten Arbeitsverhältnis vermittelt"[67]. Wegen seiner Ausrichtung

[67] § 25 Abs. 1 A FuU.

auf die Qualifizierung des geförderten Arbeitnehmers firmiert der EZ formal als eine berufliche Bildungsmaßnahme.[68] Mit Blick auf die zu Beginn dieses Kapitels vorgenommene Definition kann der EZ analytisch gleichwohl als Lohnsubvention aufgefaßt werden, da auch er eine (finanzielle) Begünstigung darstellt, die Arbeitgebern vom Staat für die Beschäftigung von Arbeitnehmern gewährt wird.

Das AFG-normierte Ziel, einen Beitrag zur Bekämpfung der Arbeitslosigkeit zu leisten, wird durch den EZ verfolgt, indem Arbeitgebern Zuschüsse für die (unbefristete) Einstellung und Einarbeitung nur solcher Arbeitnehmer bewilligt werden, die vor Beginn der Einarbeitung arbeitslos oder von Arbeitslosigkeit unmittelbar bedroht sind;[69] durch die Berücksichtigung letzterer wird dabei auch der EZ dem Anspruch einer prophylaktischen Ausrichtung der durch das AFG kodifizierten Instrumente gerecht. Die Forderung nach einem wirtschaftlichen Einsatz auch des Instrumentes EZ wird schließlich durch verschiedene Vorkehrungen angestrebt, für deren Umsetzung in jedem Fall der Rückgriff auf die öffentliche Arbeitsvermittlung erforderlich ist.

Zunächst ist von der öffentlichen Arbeitsvermittlung zu prüfen, ob die Gewährung eines EZ für die arbeitsmarktliche Reintegration des betreffenden Arbeitslosen *notwendig* ist. Dies bedeutet, daß die öffentliche Arbeitsvermittlung analog zu der für die FuU-Förderung maßgeblichen Regelung darüber zu befinden hat, ob der Zustand der Arbeitslosigkeit nicht auch ohne die Nutzung des arbeitsmarktpolitischen Instruments bereits durch den Akt der Arbeitsvermittlung beendet werden kann.[70] Über diese qualitative Einschätzung hinaus hat die öffentliche Arbeitsvermittlung in quantitativer Hinsicht die Dauer und die Höhe des als einkommensproportionale Leistung ausgestalteten Einarbeitungszuschusses festzulegen. Die Dimensionierung der beiden Parameter richtet sich dabei "grundsätzlich nach dem Unterschied zwischen dem vorhandenen Leistungsvermögen, Berufs-

---

[68] Vgl. DA A FuU 25.01. Die Interpretation des EZ als berufliche Bildungsmaßnahme wird auch durch die Plazierung des § 49, der die gesetzliche Grundlage des EZ bildet, innerhalb der Systematik des AFG untermauert: Er ist im vierten Unterabschnitt des zweiten Abschnitts angesiedelt, der die Förderung der beruflichen Bildung normiert. Vgl. hierzu die Darstellung des AFG unter C.II.3.b.i.i-2.

[69] Vgl. § 49 Abs. 1 AFG.

[70] Vgl. C.II.3.b.ii.

wissen sowie der Lernfähigkeit des einzuarbeitenden Arbeitnehmers und den Anforderungen am vorgesehenen Arbeitsplatz."[71]

Abbildung 8: Produktivitätsverlauf und zeitlich degressiv gestaffelte Lohnsubvention

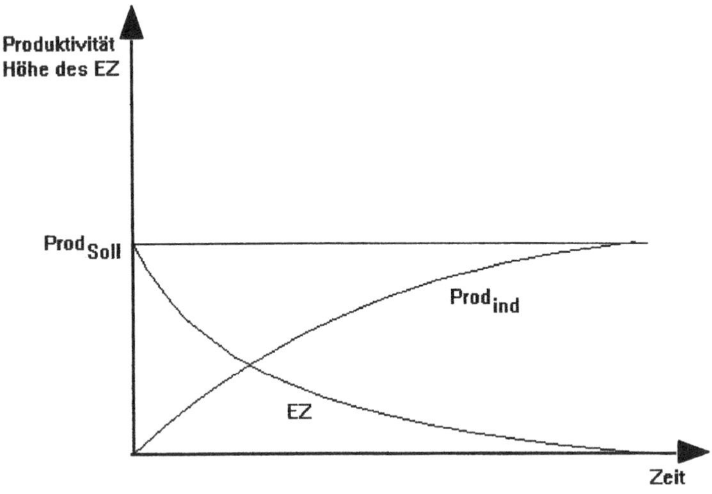


Quelle: In Anlehnung an Heidinger/Kasprzok (1992), S. 41.

Analytisch bedeutet die Richtlinie, daß das Volumen des EZ exakt die Differenz zwischen der aktuellen und der durch die Bedingungen des betreffenden Arbeitsplatzes, insbesondere dessen Entlohnung, eingeforderten Produktivität auszugleichen hat. Wird wie in *Abbildung 8* unterstellt, daß die individuelle Produktivität durch Lerneffekte die Sollproduktivität des besetzten Arbeitsplatzes schließlich erreicht, so könnte der EZ zeitlich degressiv gestaffelt werden. Da die einschlägigen Weisungen mit der Konsequenz eines vereinfachten Subventionsverfahrens jedoch vorgeben, die Höhe des EZ "für die gesamte Einarbeitungszeit in einem

[71] § 26 Abs. 1 A FuU.

gleichbleibenden Prozentsatz festzulegen"[72], ist das Förderungsvolumen so zu bemessen, daß der Barwert der einem Arbeitgeber insgesamt gewährten Lohnsubvention genau der Differenz der Integrale von Soll- und individueller Produktivität bis zum Zeitpunkt des Ausgleichs der Produktivitätsdisparität entspricht.

Die beiden dargestellten Verfahren der qualitativen und quantitativen Steuerung der EZ-Gewährung haben gezeigt, wie die öffentliche Arbeitsvermittlung das Postulat des wirtschaftlichen Instrumenteneinsatzes durch die Vermeidung von *Mitnahmeeffekten*, die auch bei der hier betrachteten (Lohn)Subvention virulent werden können,[73] *idealiter* umzusetzen versucht. Dem gleichen Ziel dient die von der öffentlichen Arbeitsvermittlung bei der EZ-Bewilligung zu beachtende Weisung, daß die Einarbeitung eines Arbeitnehmers beim bisherigen bzw. letzten Arbeitgeber grundsätzlich nicht mit einem Einarbeitungszuschuß gefördert werden darf.[74] Schließlich hat die öffentliche Arbeitsvermittlung auch den vom Arbeitgeber zwingend vorzulegenden Einarbeitungsplan dahingehend zu überprüfen, ob die durch ihn inhaltlich dokumentierte Einarbeitungszeit zum Angleichen der individuellen an die arbeitsplatzspezifische (Soll)Produktivität tatsächlich erforderlich ist.[75] Da alle von der öffentlichen Arbeitsvermittlung vor der Bewilligung eines EZ zu bewältigenden Aspekte bis auf das formal abgreifbare Kriterium des letzten Arbeitgebers ohne arbeitsmarktbezogenes Know-how nicht beurteilt werden können, können sie nach Abschaffung der öffentlichen Arbeitsvermittlung in der bisherigen Form der EZ-Gewährung nicht mehr zugrunde gelegt werden.

Vor diesem Hintergrund ist es unverzichtbar, auch das arbeitsmarktpolitische Instrument EZ auf gestalterische Alternativen hin zu untersuchen, um die Erledigung der ehedem von der öffentlichen Arbeitsvermittlung wahrzunehmenden Auf-

---

[72] DA A FuU 26.11 Abs. 1.

[73] Wird mit der oben gefundenen Definition unter einer Lohnsubvention eine Begünstigung verstanden, die der Staat einem Arbeitgeber für die Beschäftigung von Arbeitnehmern gewährt, so kann der auch bei einer Lohnsubvention in Erscheinung tretende "Mitnahmeeffekt als der Teil einer Begünstigung quantifiziert werden, der nicht zu der qua Subventionsvergabe motivierten Verhaltensänderung führt und somit das Erreichen des intendierten Zwecks nicht befördert" (Heidinger, 1996, S. 77). Bei der Gewährung eines EZ würde ein Mitnahmeeffekt folglich u. a. dann auftreten, wenn der EZ über das kritische Maß hinaus bemessen würde, das den betreffenden Arbeitgeber gerade zur Einstellung eines ansonsten nicht vermittelbaren Arbeitslosen bewegt.

[74] Vgl. DA A FuU 25.02 Abs. 2.

[75] Vgl. § 25 Abs. 7 A FuU.

gaben auf andere Weise sicherzustellen. Wird hierzu noch einmal auf die bei der Analyse der Instrumente FuU und ABM gewonnenen Erkenntnisse zurückgegriffen, so läßt sich feststellen, daß dort das Problem, den Einsatz der Instrumente auf "notwendige" Fälle zu beschränken, durch eine Selbstselektion der Arbeitslosen gelöst worden ist, die in informationeller Hinsicht durch die Aktivitäten privater Arbeitsvermittler unterstützt wurde. Die Teilnahme an einer FuU- resp. Arbeitsbeschaffungsmaßnahme war für den Arbeitslosen wegen bestehender Opportunitätskosten nur dann interessant, wenn dessen arbeitsmarktliche Reintegration ohne den Einsatz dieser arbeitsmarktpolitischen Hilfestellungen nicht zu realisieren ist.

Ein vergleichbarer Ansatz läßt sich beim hier analysierten Instrument nicht realisieren, da der EZ *nicht* auf die Aufnahme eines regulären, auf Dauer angelegten Arbeitsverhältnisses *vorbereitet*, sondern dessen *Abschluß* bereits zur Förderungsvoraussetzung macht. Einkommensunterschiede scheiden somit als motivationaler Hebel der Selbstselektion aus und machen auch insofern keinen Sinn, als es nachgerade der arbeitsmarktpolitische Zweck der (personenbezogenen) Lohnsubvention ist, Produktivitätsdifferentiale nicht durch einen Einkommensnachlaß, sondern durch Geld- oder sonstige Leistungen an den Arbeitgeber auszugleichen.[76] Da die Umsetzung der in der bisherigen Konzeption von der öffentlichen Arbeitsvermittlung zu leistenden Aufgaben folglich anderweitig nicht sichergestellt werden kann, ist entsprechend dem zu Beginn dieses Abschnitts festgelegten Arbeitsprogramm im folgenden zu untersuchen, ob die öffentliche Arbeitsvermittlung *realiter* dem ihr zugedachten Auftrag gerecht wird. Auf diese Weise lassen sich auch hier die arbeitsmarktpolitischen Opportunitätskosten des Verzichts auf eine öffentliche Arbeitsvermittlung bestimmen.

Wenn es somit nunmehr zu analysieren gilt, ob die Ausschaltung der Mitnahmeeffekte durch die öffentliche Arbeitsvermittlung, d. h. durch die Vermittler in

---

[76] Das Festhalten an der tariflichen resp. ortsüblichen Entlohnung gibt der öffentlichen Arbeitsvermittlung im gegenwärtigen System darüber hinaus die Möglichkeit zu signalisieren, daß der einzuarbeitende Arbeitslose nach Beendigung der Einarbeitungszeit seinen Lohn wird erwirtschaften können; folgerichtig ist dieses Ziel sogar zur Förderungsvoraussetzung gemacht worden. Vgl. zu letzterem DA A FuU 26.11 Abs. 2.

den Arbeitsämtern, tatsächlich realisiert wird, so ist das faktische Bewilligungsverhalten näher zu betrachten. Da eine Untersuchung der einzelnen Förderungsfälle nicht nur wegen deren Zahl, sondern zudem wegen des Fehlens des für die Beurteilung von Förderungsentscheidungen erforderlichen arbeitsmarktbezogenen Know-hows hier nicht geleistet werden kann, sollen statt dessen Vermutungen angestellt werden, welches Verhalten mit Blick auf die bestehenden Anreizstrukturen von der öffentlichen Arbeitsvermittlung zu erwarten ist. Hierzu kann auf die Ergebnisse der NPÖ zurückgegriffen werden, deren Konzept aus den folgenden Eckpunkten besteht.[77]

Der Ansatz der NPÖ unterstellt den öffentlich Bediensteten unter Rekurs auf das ökonomische Modell, daß sie ihren Nutzen unter der Beachtung von Nebenbedingungen maximieren. Dabei wird davon ausgegangen, daß die Bürokraten ihren Nutzen insbesondere aus ihrem eigenen Einkommen, Anerkennung, inner- und außerbehördlichem Prestige, einem ruhigen, möglichst konfliktfreien Arbeitsablauf sowie aus „non-pecuniary benefits" (repräsentative Büros, Dienstwagen und –reisen etc. pp.) ziehen. Zu den von den Bürokraten zu beachtenden Einschränkungen gehören zum einen *finanzielle* Nebenbedingungen, wie sie etwa durch das zur Verfügung stehende Budget vorgegeben sind. Einschränkend wirken darüber hinaus auch *administrative* Nebenbedingungen wie Gesetze, Verordnungen, Erlasse und andere Vorschriften, die zumindest insoweit beachtet werden müssen, als Verstöße gegen sie nicht offenkundig und damit justitiabel werden dürfen. Als *politische* Nebenbedingungen greifen schließlich die von den Bürokraten zu berücksichtigenden Erfordernisse, Konflikte sowohl mit der Regierung als auch mit gut organisierten Interessengruppen zu vermeiden.

Die vorstehend beschriebenen Verhaltensannahmen laufen hinsichtlich ihrer Auswirkungen auf das von Niskanen (1971) entwickelte Modell der Budgetmaximierung hinaus, das die für bürokratische Organisationen typischen Funktions-

---

[77] Vgl. zum folgenden Frey (1980), S. 658 ff., insbesondere S. 663 f.; Brümmerhoff (1987), S. 113 ff.; Widmaier/Blien (1990), S. 123 ff.; Frey/Kirchgässner (1994), S. 173 ff., insbesondere S. 181 ff.; Berg/Cassel/Hartwig (1999), S. 232 ff. Zur Entwicklungsgeschichte der NPÖ siehe auch Herder-Dorneich (1992), S. 17 ff.

muster impliziert: So wirkt sich zum einen ein hohes Budget direkt auf die Handlungsmöglichkeiten und damit den persönlichen Status aus. Zum anderen kann das i. d. R. von der Zahl der unterstellten Mitarbeiter abhängige Einkommen resp. der Grad der Bequemlichkeit der Aufgabenerledigung gesteigert werden, indem die im Rahmen der Budgetmaximierung akquirierten Ressourcen zur Beschaffung der o. a. aufgeführten „non-pecuniary benefits" sowie zur Beschäftigung von – gemessen an der effizienten Referenzsituation – überzähligem Personal genutzt werden.

Zwar wird die hier in groben Zügen entworfene, eher dem traditionellen Verständnis der NPÖ entsprechende Skizze in neueren Ansätzen wegen ihrer Überbetonung des opportunistischen Moments kritisiert. So wird darauf hingewiesen, daß es etwa durch die Ausbildung einer zielführenden Organisationskultur auch in Bürokratien gelingen kann, die Bürokraten auf das vorgegebene Organisationsziel zu normieren.[78] Gleichwohl kann jene den folgenden Überlegungen zugrunde gelegt werden, da in der Literatur zugleich angemerkt wird, daß die klassische NPÖ wegen ihrer vielfachen empirischen Bestätigungen nach wie vor von Relevanz ist.[79]

Wird aus diesem Blickwinkel die Situation der öffentlichen Arbeitsvermittlung analysiert, so erscheint es unwahrscheinlich, daß die dort wirksam werdenden Anreizstrukturen Arbeitsvermittler dazu motivieren, bei der Bewilligung von Einarbeitungszuschüssen Mitnahmeeffekte zu vermeiden. So wird das Interesse an einer Maximierung der zugeteilten Budgets, also auch des EZ-Titels, dazu führen, daß der öffentlichen Arbeitsvermittlung an einer möglichst frühzeitig erfolgenden Ausschöpfung des betreffenden Haushaltsansatzes gelegen ist. Hierdurch kann der für die Bemessung der arbeitsmarktpolitischen Budgets zuständigen Stelle signalisiert werden, daß die augenblickliche Situation auf dem Arbeitsmarkt eine Ausweitung der finanziellen Handlungsmöglichkeiten erforderlich macht. Das aus einer konsequenten Reduzierung von Mitnahmeeffekten resultierende "Freirech-

---

[78] Vgl. Richter/Furubotn (1996), S. 457 ff. Zu Möglichkeiten der Neugestaltung des Verhältnisses von Regierung und Verwaltung siehe auch Kirsch (1997), S. 308 ff.
[79] Vgl. Grossekettler (1995), S. 616.

nen" von Fördermitteln würde aber zur Folge haben, daß für eine vollständige Bindung des EZ-Etats mehr Förderfälle bewilligt werden müßten: Der beschriebene, im Interesse der öffentlichen Arbeitsvermittlung liegende Prozeß wäre infolgedessen nur mit einem größeren Aufwand durchzuführen.

Darüber hinaus ist es der öffentlichen Arbeitsvermittlung möglich, durch ein Zulassen von Mitnahmeeffekten die für sie zentrale Aufgabe der Arbeitsvermittlung "bequemer" zu erledigen: So kann die bei "marginalen Vermittlungskandidaten" gegenüber dem Arbeitgeber im Vermittlungsprozeß zu leistende Überzeugungsarbeit dadurch substituiert werden, daß auch für die arbeitsuchenden Arbeitslosen zur Unterstützung des Vermittlungserfolgs ein EZ bewilligt wird, für die die Subvention mit Blick auf die individuelle Produktivität nicht notwendig wäre.

Als letztes Argument zur Untermauerung der These, daß die öffentliche Arbeitsvermittlung an der Vermeidung von Mitnahmeeffekten nicht interessiert ist, können schließlich solche Indizien angeführt werden, die darauf hinweisen, daß selbst der Gesetzgeber von einer zufriedenstellenden Erledigung dieser Aufgabe nicht überzeugt ist. Wäre dies der Fall, so könnte er sich darauf beschränken, der öffentlichen Arbeitsvermittlung den EZ-Titel und die als Zielvorgabe dienenden arbeitsmarktpolitischen Prioritäten mit dem Hinweis an die Hand zu geben, die entsprechenden Bewilligungen auf das notwendige Maß zu begrenzen. In Abkehr von dieser Vorgehensweise schreibt er jedoch in dezidierter Form vor, bis zu welchem Volumen den jeweiligen Zielgruppen des Arbeitsmarktes Einarbeitungszuschüsse gewährt werden dürfen.[80] Wenngleich sich hierdurch nur die Höhe potentieller Mitnahmeeffekte beschränken läßt, nicht aber deren Auftreten überhaupt,[81] so wird durch diesen Tatbestand doch nachdrücklich unter Beweis ge-

[80] § 49 Abs. 2 AFG gibt vor, daß der EZ regelmäßig bei einem Förderungssatz von höchstens 30 % des zugrunde zu legenden Arbeitsentgelts bis zu einem halben Jahr, in besonders begründeten Ausnahmefällen bei einem Förderungssatz von höchstens 50 % bis zu einem Jahr gewährt werden kann. § 26 Abs. 2 A FuU spezifiziert diese Vorgabe dahingehend, daß zu den begründeten Ausnahmefällen u. a. Arbeitnehmer, die länger als zwei Jahre arbeitslos sind, Schwerbehinderte und Arbeitslose, die 50 Jahre oder älter sind, gehören.

[81] Bis zu den ausgewiesenen, zielgruppenabhängigen Förderungshöchstgrenzen kann theoretisch nach wie vor auch im Falle einer fehlenden Notwendigkeit eine Bewilligung ausgesprochen werden, wenn der Förderungsfall nur entsprechend begründet wird. Eine fehlende Notwendigkeit kann dabei wegen der hohen Spezifität des Einzelfalls im Rahmen der internen Revision der BA nur sehr schwer nachgewiesen werden.

stellt, daß Mitnahmeeffekte auch von der oben genannten arbeitsmarktpolitischen Autorität für realistisch gehalten werden.

Resümierend läßt sich somit feststellen, daß auch im Hinblick auf das arbeitsmarktpolitische Instrument EZ das Abschaffen der öffentlichen Arbeitsvermittlung nicht mit (arbeitsmarktpolitischen) Opportunitätskosten verbunden ist. Offen bleibt dabei aber noch die Frage, wie das Instrument EZ vor dem Hintergrund des aufgezeigten Defekts im Kontext einer privaten Arbeitsvermittlung in concreto ausgestaltet werden soll, da annahmegemäß eine öffentliche Arbeitsvermittlung zur Bewilligung von Einarbeitungszuschüssen nicht mehr zur Verfügung steht. Eine Möglichkeit, das arbeitsmarktpolitische Instrument "personenbezogene Lohnsubvention" gleichwohl administrativ umsetzen zu können, besteht darin, daß die oben eingeforderte staatliche Behörde für Arbeitsmarktpolitik analog zu den Vermittlungs- und Qualifizierungsgutscheinen auch "Einarbeitungsgutscheine" ausgibt.

Die Einarbeitungsgutscheine werden auf Antrag Arbeitslosen, von Arbeitslosigkeit unmittelbar Bedrohten sowie den Angehörigen der arbeitsmarktpolitischen Zielgruppen ausgehändigt. Die genannten Personengruppen reichen den Gutschein an ein einstellungsbereites Unternehmen weiter, das den Gutschein im Erfolgsfall bei der staatlichen Arbeitsmarktbehörde liquidieren kann. Als Erfolg wird auch bei diesem Instrument die Begründung eines (sozialversicherungspflichtigen) Beschäftigungsverhältnisses definiert, das zur Mißbrauchsbekämpfung in gleicher Weise wie bei den Qualifizierungsgutscheinen mindestens sechs Monate Bestand haben muß.[82]

Um die mit der Gewährung von Einarbeitungsgutscheinen einhergehenden Mitnahmeeffekte in ihrem Ausmaß zu begrenzen, ist die Dimensionierung des qua

---

[82] Eine solche Nachbeschäftigungspflicht sehen auch die gesetzlichen Bestimmungen zur Normierung des EZ vor. Vgl. hierzu § 49 Abs. 4 AFG. Auf die Erstellung des für die EZ-Bewilligung noch obligatorischen Einarbeitungsplans kann im Rahmen des hier vorgeschlagenen Konzepts verzichtet werden, da es im originären Eigeninteresse des Betriebes liegt, den Arbeitslosen im Zuge der Einarbeitung mit dem für eine effiziente Aufgabenerledigung erforderlichen betriebsspezifischen und -unspezifischen Humankapital auszustatten.

Einarbeitungsgutschein liquidierbaren Betrages an der "Qualität" der Erstempfänger auszurichten. Wegen der tendenziell größeren Reintegrationsprobleme der arbeitsmarktpolitischen Zielgruppen sollten diese mit höher dotierten Einarbeitungsgutscheinen versehen werden. Entsprechend der im vorigen Kapitel aufgezeigten Wirkungslogik läßt sich durch den Nominalbetrag der verschiedenen Einarbeitungsgutscheine festlegen, bis zu welcher Produktivität Arbeitslose von diesem arbeitsmarktpolitischen Instrument profitieren. Allerdings läßt sich auch durch die hier vorgeschlagene Marktsegmentierung die Existenz von Mitnahmeeffekten nicht vermeiden.

Aus der gesamtfiskalischen Perspektive des Subventionsgebers müssen die verbleibenden Mitnahmeeffekte jedoch nicht unbedingt ineffizient sein. Hintergrund dieser These ist die Erkenntnis, daß eine Reduktion von Mitnahmeeffekten zwar realisierbar, grundsätzlich aber mit Kosten verbunden ist. So läßt sich (modell)analytisch zeigen, daß durch eine Variation der der Subventionsvergabe zugrunde liegenden Empfangs- und Verwendungsauflagen der Grad der sich einstellenden Mitnahmeeffekte prinzipiell beeinflußbar ist; gleichzeitig führen die Differenzierungsaktivitäten aber zu einem höheren Verwaltungsaufwand anläßlich der Subventionsgewährung, so daß ein vollständiges Vermeiden von Mitnahmeeffekten regelmäßig ökonomisch nicht sinnvoll sein wird.[83] Ob trotz dieser Überlegungen die hier festgelegte Gestalt der Einarbeitungsgutscheine im Kontext eines integrativen, alle arbeitsmarktpolitischen Instrumente umfassenden Ansatzes gleichwohl der Modifizierung bedarf, muß im abschließenden Kapitel noch näher beleuchtet werden.

---

[83] Vgl. Heidinger (1996). In diesem Beitrag ist vom Verfasser gezeigt worden, daß unter bestimmten Bedingungen sogar ein optimaler Mitnahmeeffekt formulierbar ist. Verfolgt der Subventionsgeber das plausible Ziel, bei einem vorgegebenen Subventionsziel die Summe aus Verwaltungsaufwand und gezahlten Subventionsleistungen zu minimieren, so gilt das Attribut der Optimalität für den Mitnahmeeffekt, der bei dem soeben beschriebenen Minimum noch verbleibt. Analytisch wird dieses Minimum erreicht, "wenn der Grenzverwaltungsaufwand einer weiteren Subventionsdifferenzierung der Grenzersparnis der gewährten Subventionssumme entspricht" (ebenda, S. 79).

## V. Ein integrativer Ansatz: der „Arbeitslosentender“

Die in den ersten vier Kapiteln dieses Abschnitts durchgeführte Analyse hat gezeigt, daß die für das AFG wesentlichen Instrumente auch ohne die Existenz einer öffentlichen Arbeitsvermittlung zielgerecht umgesetzt werden können: Durch eine Modifikation der untersuchten arbeitsmarktpolitischen Instrumente konnte die Erledigung der überwiegenden Zahl der bisher von der öffentlichen Arbeitsvermittlung beim Instrumenteneinsatz übernommenen Aufgaben auf anderweitige Weise sichergestellt werden. Dort, wo dies nicht zu realisieren war, konnte unter Referenz auf die analytischen Ergebnisse festgestellt werden, daß auf die Wahrnehmung der von einem Funktionsdefizit betroffenen Aufgaben ohne arbeitsmarktpolitische Opportunitätskosten verzichtet werden kann.

Wenn somit der Nachweis gelungen ist, daß ein zielführender Einsatz der durch das AFG kodifizierten arbeitsmarktpolitischen Instrumente *isoliert* auch ohne die Existenz einer öffentlichen Arbeitsvermittlung bewältigt werden kann, bleibt abschließend allerdings noch zu zeigen, daß dies ebenso für die in jedem Einzelfall zu leistende *Auswahl* des zweckdienlichen, an einer aus dem AFG abgeleiteten Prioritätenliste ausgerichteten Instrumentes gilt. Da für die Ausführung dieses arbeitsmarktpolitischen Erfordernisses gleichfalls eine öffentliche Arbeitsvermittlung nicht mehr zur Verfügung steht, muß die Funktion von der oben als organisatorische Voraussetzung eingeforderten Behörde zur Umsetzung der staatlichen Arbeitsmarktpolitik übernommen werden. Deren Beschaffenheit macht die Installierung institutioneller Arrangements notwendig, die die Instrumentenauswahl auch ohne Rückgriff auf das arbeitsmarktbezogene, idiosynkratische Know-how einer staatlichen Organisation ermöglichen.

Bevor jedoch im folgenden die Ausgestaltung derartiger Vorkehrungen näher untersucht wird, sind zunächst die bisher zu den Prioritäten des Instrumenteneinsatzes gemachten Aussagen zur besseren Übersicht synoptisch aufzubereiten. Werden zu diesem Zweck die für das AFG als wesentlich klassifizierten Instrumente noch einmal betrachtet, so sind einer ersten Prioritätsstufe die Instrumente

"Arbeitsvermittlung", "Förderung der beruflichen Bildung" und die "personenbezogene Lohnsubvention" zuzuordnen, die den Zustand der Arbeitslosigkeit durch die Anbahnung eines regulären, auf Dauer angelegten Beschäftigungsverhältnisses zu beenden trachten.[84] Innerhalb der ersten Stufe ist dem Instrument Arbeitsvermittlung gegenüber den beiden anderen arbeitsmarktpolitischen Hebeln wegen des insgesamt geringeren Ressourcenaufwands ceteris paribus der Vorrang einzuräumen: Während das Instrument "staatliche Arbeitsvermittlung" lediglich eine Subvention der Informationsbeschaffung darstellt, erfordern "Bildungsförderung" und "personenbezogene Lohnsubvention" darüber hinaus einen zusätzlichen Ressourcenaufwand, der auf die mit beiden Instrumenten angestrebte Steigerung der Produktivität des Faktors Arbeit zurückzuführen ist.

In der zweiten Prioritätsstufe ressortieren die "Arbeitsbeschaffungsmaßnahmen", die eine staatlich subventionierte Ersatzbeschäftigung darstellen und die entsprechend der obigen Analyse immer dann zu schalten sind, wenn die "primären" Instrumente der Arbeitsmarktpolitik nicht zum Erfolg geführt haben. In der Konsequenz erfolgt ihr Einsatz regelmäßig erst nach einer längeren Zeit der Arbeitslosigkeit, um den prioritären Instrumenten eine ausreichende "Ausreifungszeit" einzuräumen. Der dritten Prioritätsstufe gehört schließlich mit der Arbeitslosenversicherung das einzige passive Instrument der Arbeitsmarktpolitik an. Der durch Beitragsentrichtung erworbene, zeitlich befristete Anspruch auf die Gewährung von Arbeitslosengeld ermöglicht als subsidiäre Auffanglinie der Arbeitsmarktpolitik die finanzielle Alimentierung der ersten Zeit der Arbeitslosigkeit; als temporäre Hilfe zur Aufrechterhaltung des Lebensstandards kann dabei das Arbeitslosengeld nicht nur der Überbrückung der o. e. "Wirkungszeit" der arbeitsmarktpolitischen Instrumente dienen,[85] sondern auch als finanzielle Absicherung der wäh-

---

[84] Das gleiche gilt für die Verhinderung einer unmittelbar drohenden Arbeitslosigkeit.

[85] Zu dieser Wirkungszeit gehört beispielsweise die Dauer der Teilnahme an einer Maßnahme zur Förderung der beruflichen Bildung; sie kann aber auch den Prozeß der Arbeitsvermittlung umfassen, sofern er - im Rahmen der Arbeitslosigkeitsprophylaxe - nicht schon vor Eintritt der Arbeitslosigkeit beendet ist. Für die Teilnahme an einer Bildungsmaßnahme gilt darüber hinaus die in Kapitel D.III vorgegebene Bedingung, daß dem betreffenden Teilnehmer der Erhalt der unmittelbar vor Eintritt in die Qualifizierungsmaßnahme gewährten Fürsorgeleistung zugesichert wird, sofern er auf die Versicherungsleistung „Arbeitslosengeld" keinen Anspruch hat. Für den Empfänger einer personenbezogenen Lohnsubvention bzw. Teilnehmer an einer Arbeitsbeschaffungsmaßnahme sind (zusätzliche) Leistungen zum Lebensunterhalt nicht erforderlich, da die zuvor Arbeitslosen in beiden Fällen ein Arbeitsentgelt erhalten.

rend der eigeninitiativen Einschaltung der übrigen Informationskanäle bestehenden Sucharbeitslosigkeit fungieren. Werden die Regelungen zur arbeitsmarktpolitischen Prioritätensetzung mit den für die einzelnen Instrumente isoliert entwikkelten Lösungsansätzen zusammengeführt, so ergibt sich das in *Abbildung 9* festgehaltene Tableau.

Abbildung 9: Prioritätenliste des arbeitsmarktpolitischen Instrumenteneinsatzes

| Stufe | | Instrument | Status | Leistung |
|---|---|---|---|---|
| 1 | A | Arbeitsvermittlung | aktiv | Vermittlungsgutschein |
| 1 | B | Förderung der beruflichen Bildung | aktiv | Qualifizierungsgutschein |
| 1 | B | personenbezogene Lohnsubvention | aktiv | Einarbeitungsgutschein |
| 2 | | Arbeitsbeschaffungsmaßnahmen | aktiv | subventionierte Ersatzbeschäftigung |
| 3 | | Arbeitslosenversicherung | passiv | Arbeitslosengeld |

Um den Wirkungsprozeß der Arbeitsmarktpolitik entsprechend der hier veranschaulichten Prioritätensetzung inszenieren und die oben eingeforderte Auswahl des fallbezogen effizienten Instrumentes sicherstellen zu können, wird an dieser Stelle ein Verfahren vorgeschlagen, das mit dem Begriff *Arbeitslosentender* belegt werden soll. Der Arbeitslosentender hat die Aufgabe, in der ersten Prioritätsstufe diejenigen Angebote hinsichtlich ihrer Wirtschaftlichkeit zu selektieren, die auf das arbeitsmarktpolitisch definierte Ziel der Reintegration eines arbeitslosen Arbeitnehmers in ein auf Dauer angelegtes Beschäftigungsverhältnis ausgerichtet sind. Um seiner Aufgabe gerecht werden zu können, wird der Arbeitslosentender als ein Instrument konzipiert, das das Konzept der Ausschreibung aufgreift. Er basiert auf den zuvor entwickelten Gutscheinlösungen und bedient sich zur Herstellung einer instrument- und anbieterselektierenden Kompetenz der Anreizstrukturen der am Prozeß der arbeitsmarktlichen Reintegration beteiligten Akteure (Arbeitslose, private Arbeitsvermittler, einstellende Unternehmen).

Führt das im folgenden noch schärfer zu konturierende Konzept des Arbeitslosentenders nicht zum Erfolg, so wird die der Prioritätsstufe 2 vorbehaltene Maßnahme ergriffen und dem Arbeitslosen eine ABM angeboten. Dies könnte etwa nach einem Jahr ununterbrochener Arbeitslosigkeit erfolgen. Ein solcher Zeitraum scheint als Wirkungszeit für die Instrumente der Prioritätsstufe 1 ausreichend und hätte zudem den Vorteil, für den von der ABM profitierenden Arbeitslosen das Eintreten von Langzeitarbeitslosigkeit im Sinne der aktuell gültigen Definition zu verhindern. Subsidiär zu diesen Aktivitäten greift das der Prioritätsstufe 3 zugeordnete Instrument, indem dem Anspruchsberechtigten Arbeitslosengeld gewährt wird, sofern die individuelle Anspruchsdauer noch nicht verbraucht ist und er sich im Augenblick nicht in einem Beschäftigungsverhältnis befindet.[86]

Wenn vor diesem Hintergrund nunmehr der Arbeitslosentender als ein integratives und im Kontext einer ausschließlich privaten Arbeitsvermittlung funktionales arbeitsmarktpolitisches Instrument näher beschrieben wird, so ist eingangs darauf hinzuweisen, daß er sich sowohl begrifflich als auch konzeptionell an den sog. „Mengentender" anlehnt, der *theoretisch*[87] von der Europäischen Zentralbank (EZB) im Rahmen ihrer der Beeinflussung des Geldmarktes dienenden Offenmarktgeschäfte mit den Geschäftsbanken verwendet werden könnte. Würde sich die EZB beispielsweise dazu entschließen, den Mengentender zum Zwecke einer

[86] Beschäftigungsverhältnisse in diesem Sinne können sowohl subventioniert als auch unsubventioniert sein wie auch aus einer Arbeitsbeschaffungsmaßnahme bestehen; nicht als Beschäftigungsverhältnis gilt jedoch die Teilnahme an einer Maßnahme zur Förderung der beruflichen Bildung.

[87] Für den hier verfolgten analytischen Zweck ist lediglich das *Konzept* relevant, wie es in einschlägigen Lehrbüchern dargestellt wird. Es wird davon abstrahiert, ob die Europäische Zentralbank den Mengentender *tatsächlich* im Rahmen ihrer Offenmarktpolitik einsetzt.

kontraktiv ausgerichteten Geldpolitik durch Offenmarktgeschäfte mit Rückkaufsvereinbarung, den sog. Wertpapierpensionsgeschäften, einzusetzen, so würde dies nach dem folgenden Mechanismus geschehen: Die EZB bietet den Geschäftsbanken an, zu einem ex ante fixierten Zinssatz Wertpapiere von ihr zeitlich befristet „in Pension" zu nehmen. Hierdurch wird den Geschäftsbanken - wie von der EZB beabsichtigt - für die Vertragslaufzeit Zentralbankgeld entzogen. Das Ausmaß des den Geschäftsbanken dergestalt zu entziehenden Zentralbankgeldes hängt von der Dimensionierung des angebotenen Zinssatzes ab. Dabei kann in plausibler Weise unterstellt werden, daß für einen höheren Zentralbankgeldentzug höhere Zinssätze geboten werden müssen, da bei knapper werdender Verfügbarkeit von Zentralbankgeld im Geschäftsbankensystem der Entzug mit steigenden Opportunitätskosten einhergeht.

Der Mengentender sorgt als ein der Ausschreibung verwandtes Verfahren dafür, daß die EZB auf freiwilliger Basis denjenigen Geschäftsbanken das Zentralbankgeld entzieht, für die der Entzug mit den geringsten Opportunitätskosten verbunden ist. Da jeder Geschäftsbank derselbe Zinssatz angeboten wird, können beim Mengentenderverfahren bis auf das marginale Wirtschaftssubjekt alle übrigen Geschäftsbanken „Anbieterrenten"[88] realisieren.[89]

In ähnlicher, allerdings differenzierterer Weise funktioniert auch das hier vorgeschlagene Konzept des Arbeitslosentenders. Die Möglichkeit zu einer weitergehenden Differenzierung erwächst dabei aus dem Umstand, daß es sich bei Arbeitslosen und damit bei der Dienstleistung der arbeitsmarktlichen Reintegration

---

[88] Wenngleich Geschäftsbanken in der geldtheoretischen Literatur regelmäßig als Nachfrager von Zentralbankgeld in Erscheinung treten, werden sie in Lehrbuchdarstellungen einer kontraktiv wirkenden Offenmarktpolitik gleichwohl als „Anbieter" von Zentralbankgeld bezeichnet, die der Zentralbank gegen ein Entgelt die zeitlich befristete Rücknahme von Zentralbankgeld offerieren. Siehe statt anderer Jarchow (1992), S. 111 f.

[89] Alternativ zum Mengentender könnte die EZB auch den sog. "Zinstender" verwenden. Bei diesem Verfahren haben die Geschäftsbanken neben dem von ihnen angebotenen Betrag an Zentralbankgeld auch den für sie akzeptablen Zinssatz zu nennen. Die Angebote werden von der EZB nach der Höhe der offerierten Zinssätze sortiert und solange berücksichtigt, bis sich das von der Bundesbank gewünschte Transaktionsvolumen ergibt. Die Abgabe der Wertpapiere und der gleichzeitige Entzug von Zentralbankgeld kann dann entweder zum individuell angebotenen Zinssatz ("amerikanische" Zuteilungsmethode) oder für alle Anbieter zum Gleichgewichts-, d. h. dem marginalen Zinssatz ("holländische" Zuteilungsmethode) erfolgen. Vgl. Deutsche Bundesbank (1983), S. 23 ff.; Deutsche Bundesbank (1993), S. 34 ff. Eine anschauliche Darstellung bietet auch Jarchow (1992), S. 108 ff.

Arbeitsloser im Gegensatz zum Zentralbankgeld nicht um ein homogenes Gut handelt. Dementsprechend wird diese Dienstleistung im Rahmen des Arbeitslosentenders nicht in unspezifischer Weise ausgeschrieben; durch die Anbindung an die zuvor bei den einzelnen Instrumenten entwickelten Gutscheinlösungen wird bei der hier präsentierten Konzeption vielmehr eine Marktsegmentation durchgeführt.

Die Strategie wird prozessual dergestalt umgesetzt, daß jeder Arbeitslose von der für die Arbeitsmarktpolitik zuständigen Behörde ein Leistungspaket erhält, das mit dem Vermittlungs-, dem Qualifizierungs- und dem Einarbeitungsgutschein drei Berechtigungszertifikate enthält. Das Paket wird dem Arbeitslosen unter der Bedingung ausgehändigt, daß er von den drei Gutscheinen nur einen verwenden darf. Vom Arbeitslosen eingelöst werden kann

- der *Vermittlungsgutschein* bei einem privaten Arbeitsvermittler, der über eine gültige Lizenz verfügt,
- der *Qualifizierungsgutschein* bei einem Bildungsträger, der eine der Prüfung nach § 34 AFG vergleichbare staatliche Anerkennung besitzt,
- der *Einarbeitungsgutschein* bei einem Unternehmen, mit dem der Arbeitslose ein (sozialversicherungspflichtiges) Beschäftigungsverhältnis abgeschlossen hat.

Da - wie oben festgestellt - der Vermittlungsgutschein lediglich der Kompensation des Aufwandes dienen soll, der einem privaten Arbeitsvermittler beim Vorschlag eines Arbeitslosen anläßlich der Reduzierung des auf den Arbeitgeber wirkenden negativen Signals entsteht, kann der mit ihm verbundene Betrag deutlich geringer als bei den beiden übrigen Gutscheinen ausfallen, die unmittelbar auf eine Beeinflussung des "gehandelten" Produktionsfaktors Arbeit selbst abzielen. In welcher Weise die Höhe des durch den Vermittlungsgutschein liquidierbaren Betrags den Umfang der eingelösten Gutscheine bestimmt, läßt sich mit Hilfe der *Abbildung 10* veranschaulichen.

In *Abbildung 10* bezeichnet x die Zahl der durch Rückgriff auf einen Vermittlungsgutschein in den Arbeitsmarkt reintegrierten Arbeitslosen. Da annahmegemäß jeder Gutschein denselben Nominalbetrag aufweist,[90] ist der von privaten Arbeitsvermittlern erzielbare Grenzerlös unabhängig von der Zahl der qua Gutschein vermittelten Arbeitslosen. Die Grenzerlöskurve GE verläuft deshalb parallel zur Abszisse. Ihr Abstand zur Abszisse wird durch den Nominalbetrag des Vermittlungsgutscheins definiert: Liegt der Betrag bei $V_1$, so schneidet GE die Ordinate in ebendieser Höhe.

Abbildung 10: Das Gleichgewicht auf dem Markt für Vermittlungsgutscheine

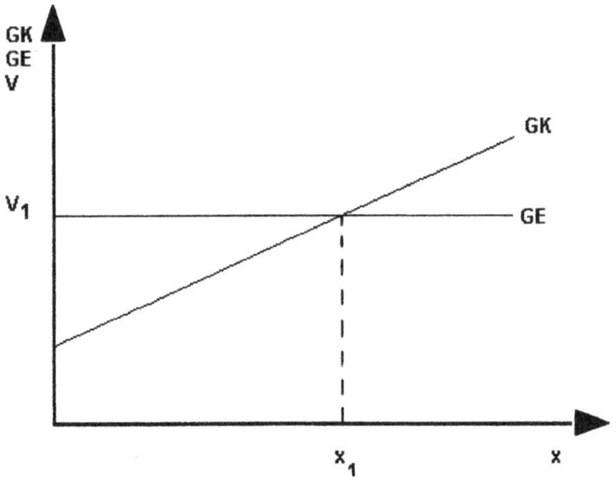


Für die Grenzkostenkurve GK der privaten Arbeitsvermittler kann ein steigender Verlauf unterstellt werden. Er ist darauf zurückzuführen, daß die Ausweitung der mit Hilfe von Vermittlungsgutscheinen in den Arbeitsmarkt wiedereingegliederten Arbeitslosen die Hinzuziehung solcher Arbeitsloser bedeutet, die eine größere

[90] Die später erfolgende Differenzierung der Gutscheine in solche für Arbeitslose, von Arbeitslosigkeit unmittelbar Bedrohte und Angehörige der Zielgruppen des AFG bleibt hier noch außer Betracht.

negative Signalstärke aufweisen. Dementsprechend steigen die Grenzkosten mit jedem zusätzlichen eingelösten Gutschein, da die privaten Arbeitsvermittler einen höheren Ressourcenverzehr zu kalkulieren haben, um die stärkeren negativen Signale der betreffenden Arbeitslosen bei den grundsätzlich einstellungsbereiten Unternehmern zu kompensieren.

Das Gleichgewicht auf dem Markt für Vermittlungsgutscheine wird schließlich dort erreicht, wo Grenzerlös und Grenzkosten einander entsprechen. Für die in *Abbildung 10* dargestellte Konstellation folgt daraus, daß bei einem Gutscheinbetrag von $V_1$ $x_1$ Arbeitslose qua Vermittlungsgutschein in den Arbeitsmarkt reintegriert werden.

Abbildung 11: Das Gleichgewicht auf dem Markt für Einarbeitungsgutscheine

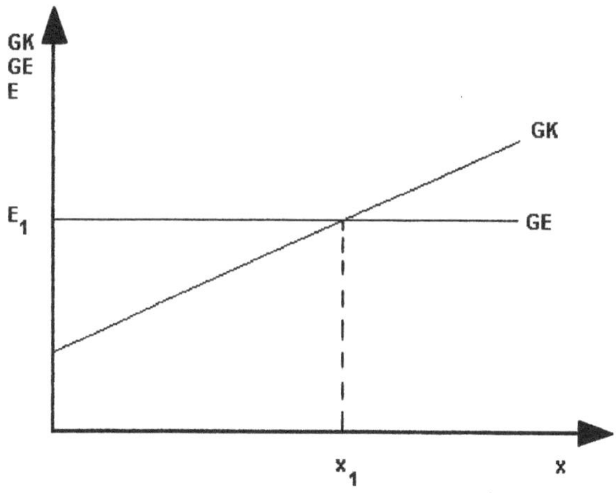


In vergleichbarer Weise stellt sich auch das Marktsegment für Qualifizierungsgutscheine dar, wobei zu dessen Funktionsbeschreibung in vollem Umfang auf die Analyse des durch Gutscheine refinanzierten Bildungsmarktes zurückgegriffen

werden kann.[91] Wie durch *Abbildung 11* dokumentiert, besitzt das dem Mengentender nachempfundene Prinzip ebenso für das Marktsegment der Einarbeitungsgutscheine Gültigkeit. Die Einlösung von Einarbeitungsgutscheinen erfolgt ceteris paribus bis zu dem Arbeitslosen, dessen Produktivitätsdifferential durch den mit dem Gutschein verbundenen Betrag gerade noch kompensiert werden kann. Wird der Einarbeitungsgutschein - dem in *Abbildung 11* gewählten Beispiel folgend - mit dem Nominalbetrag $E_1$ versehen, so werden $x_1$ Arbeitslose qua Einarbeitungsgutschein in den Arbeitsmarkt wiedereingegliedert. Hinsichtlich des Verfahrens ist vorstellbar, daß die Kontaktanbahnung zwischen dem mit einem Einarbeitungsgutschein bewehrten Arbeitslosen und dem einstellungsbereiten Unternehmen durch private Arbeitsvermittler erfolgt, die im Rahmen der intensiven Informationsbeschaffung auch ermitteln werden, ob der einlösbare Gutschein tatsächlich in der Lage ist, die diagnostizierten Produktivitätsnachteile auszugleichen.

Nachdem die grundsätzliche ökonomische Funktionsweise des auf drei Marktsegmente wirkenden Arbeitslosentenders demonstriert worden ist, gilt es nunmehr die förderungsrechtlichen Details noch etwas näher auszuführen, um die Realisierung des angestrebten Erfolgs, die Abwehr von Mißbrauch sowie die Einhaltung der vorgegebenen Prioritäten, sicherzustellen. Hierzu ist die bereits bei der Einzelanalyse der Instrumente aufgestellte Forderung aufrechtzuerhalten, daß der jeweils verwendete Gutschein nur liquidiert werden kann, wenn ein (sozialversicherungspflichtiges) Beschäftigungsverhältnis begründet worden ist.

Zur Mißbrauchsabwehr ist für den Qualifizierungs- und den Einarbeitungsgutschein darüber hinaus festzulegen, daß der gesamte Subventionsbetrag zurückzufordern ist, wenn das Beschäftigungsverhältnis die i. d. R. sechs Monate währende Probezeit nicht überdauert.[92] Beim Vermittlungsgutschein ist auf die zusätzliche Bedingung zu verzichten. Der Grund hierfür liegt darin, daß ohne Gutschein vermittelte Arbeitsuchende regelmäßig während der Probezeit wieder freigesetzt werden können. Eine Verknüpfung des Vermittlungsgutscheins mit der

---

[91] Vgl. D.III. sowie *Abbildung 7*.
[92] Zum Erscheinungsbild eines möglichen Mißbrauchs vgl. Fußnote 56 dieses Abschnitts.

genannten Förderungsvoraussetzung könnte vor diesem Hintergrund den beabsichtigten Stimulus zur bevorzugten Vermittlung Arbeitsloser konterkarieren.

Eine elegante Möglichkeit, gleichwohl auch beim Vermittlungsgutschein Mißbrauchsbekämpfung zu betreiben, besteht in der Einbindung des Arbeitslosen. Damit dies gelingt, muß ein Mißbrauch der Gutscheine seitens der liquidierenden Organisation für den Arbeitslosen mit Opportunitätskosten verbunden sein. Voraussetzung hierfür ist, daß die Gutscheine für die Arbeitslosen ein knappes Gut darstellen. Das läßt sich erreichen, indem in den Arbeitslosentender für den einzelnen Arbeitslosen eine Wartezeit, beispielsweise von einem Jahr Dauer, eingebaut wird.[93] Dies bedeutet, daß einem Arbeitslosen frühestens ein Jahr nach dem Zeitpunkt ein neuerliches Leistungspaket ausgehändigt wird, da für ihn ein Gutschein von einem Empfangsberechtigten liquidiert worden ist. Ist eine solche Regelung installiert, so hat der Arbeitslose ein massives Interesse daran, daß ein qua Gutschein vermitteltes Beschäftigungsverhältnis auch Bestand hat. Hierfür bürgen insbesondere solche Vermittlungsunternehmen, die sich eine entsprechende Reputation erworben haben. Private Arbeitsvermittler, die Mißbrauch im oben beschriebenen Sinne betreiben, würden eine Erosion ihrer bestehenden resp. das Ausbleiben eines Aufbaus von Reputation erfahren, wodurch sie vom Markt verdrängt und zumindest perspektivisch am Mißbrauch gehindert werden.

In gleicher Weise können die auf den Arbeitslosen wirkenden Anreizstrukturen dazu genutzt werden, zur Sicherstellung eines wirtschaftlichen Instrumenteneinsatzes das Einhalten der aus dem AFG abgeleiteten Prioritätenliste zu garantieren. Dies bedeutet mit Blick auf die erste Prioritätsstufe, daß die spezifischen Liquidationsbedingungen der Gutscheine so auszugestalten sind, daß der Arbeitslose zunächst versucht, mit Hilfe des Vermittlungsgutscheins arbeitsmarktlich reintegriert zu werden. In diesem Sinne wird sich der Arbeitslose immer dann verhalten, wenn der Rückgriff auf den Vermittlungsgutschein für ihn attraktiver ist als die Nutzung der beiden übrigen Berechtigungszertifikate.

---

[93] Eine solche Wartezeitregelung ist im AFG etwa für die FuU-Förderung vorgesehen. Vgl. § 42 Abs. 2 AFG.

Wie oben festgestellt, trifft dies für einen Vergleich von Vermittlungs- und Qualifizierungsgutschein zu: Die arbeitsmarktliche Reintegration, die über den Umweg einer bei einem Bildungsträger durchgeführten Qualifizierungsmaßnahme realisiert wird, hat zur Folge, daß wegen des noch nicht begründeten Beschäftigungsverhältnisses lediglich Leistungen des Systems der sozialen Sicherung zur Verfügung stehen. Da diese annahmegemäß prinzipiell niedriger als eine auf Erwerbsarbeit fußende Entlohnung sein sollen, ist die Nutzung eines Qualifizierungsgutscheins - bei bestehender Möglichkeit der Plazierung des Vermittlungsgutscheins - mit individuellen Opportunitätskosten in Höhe des Einkommensausfalls verbunden.[94]

Damit die Nutzung der Gutscheine durch die Arbeitslosen in der vorgegebenen Reihenfolge auch tatsächlich erfolgt, ist allerdings zudem dafür Sorge zu tragen, daß für den Arbeitslosen die Einlösung des Vermittlungsgutscheins auch attraktiver ist als die Verwendung des Einarbeitungsgutscheins. Dies kann etwa dadurch erreicht werden, daß der Arbeitslose im Falle des Rückgriffs auf den letztgenannten Gutschein verpflichtet wird, 10 % des Betrages, der dem das Beschäftigungsverhältnis mit dem Arbeitslosen begründenden Unternehmen durch den Gutschein garantiert wird, der Arbeitsmarktbehörde nach erfolgreich bestandener Probezeit zurückzuerstatten.[95] Die Eigenbeteiligung führt dazu, daß ceteris paribus die Einmündung in das Beschäftigungssystem via Vermittlungsgutschein für den Arbeitslosen günstiger ist, da bei einer solchen Fallgestaltung ein Abzug von der ansonsten gleichen Entlohnung nicht erfolgt.[96]

Gestört werden könnte der Prozeß der vom Arbeitslosen vorgenommenen Selektion des ökonomisch für ihn vorteilhaftesten Gutscheins durch eine Informations-

---

[94] Dies galt nach dem oben Gesagten nur in dem Fall, da durch die Qualifizierung nicht eine perspektivisch höhere Entlohnung erzielbar ist. Vgl. D.III., zu letzterem insbesondere auch Fußnote 52.

[95] Eine solche Eigenbeteiligung sieht auch das von Siebert/Klodt (1991, S. 11) vorgetragene Konzept der Qualifizierungsgutscheine vor. Diese dürfen nach den im Kapitel D.III. erzielten Ergebnissen allerdings nicht mit den in dieser Arbeit konzipierten Qualifizierungsgutscheinen verwechselt werden.

[96] Dem dargestellten Verfahren könnte möglicherweise der Einwand entgegengebracht werden, daß es bürokratisch (zu) aufwendig ist. Dem Vorwurf kann mit dem Hinweis begegnet werden, daß die wenigen Vorgaben, die bei der Umsetzung des Arbeitslosentenders zu beachten sind, noch nicht einmal einen Bruchteil der gegenwärtig für die Arbeitsmarktpolitik gültigen Rechtsvorschriften (Gesetz, Anordnungen, Durchführungsanweisungen, Erlasse der Hauptstelle der Bundesanstalt für Arbeit, Rundverfügungen der Landesarbeitsämter, Amtsverfügungen der Arbeitsämter) ausmachen.

verzerrung, die von seiten eines privaten Arbeitsvermittlers erfolgt: So ist vorstellbar, daß ein privater Arbeitsvermittler den von ihm betreuten Arbeitslosen dazu drängt, den Einarbeitungsgutschein anstelle des Vermittlungsgutscheins einzulösen, indem er letzterem glaubhaft versichert, daß die Verwendung des Vermittlungsgutscheins für dessen Reintegration nicht ausreicht. Zu der Verhaltensweise motiviert sein könnte der Arbeitsvermittler, da er einen Arbeitslosen, der seinen Einarbeitungsgutschein einzulösen bereit ist, wegen der Lohnsubvention möglicherweise zu einem höheren Vermittlungspreis anbieten kann.

Ist die Differenz dieses Vermittlungspreises zum "Standardpreis" höher als der durch den Vermittlungsgutschein ausgelobte Betrag, so wäre die Strategie für den Arbeitsvermittler das Vorgehen der Wahl. Verhindert wird eine solche Entwicklung allerdings durch den zwischen den Vermittlern bestehenden Wettbewerb: Wird einem Arbeitslosen von einem privaten Arbeitsvermittler signalisiert, daß seine Einmündung in ein Beschäftigungsverhältnis unter Zuhilfenahme lediglich des Vermittlungsgutscheins chancenlos ist, so kann der Arbeitslose das Zutreffen der arbeitsmarktlichen Einschätzung durch "Angebote" weiterer Vermittler überprüfen.

Nachdem gezeigt worden ist, daß durch eine anreizkompatible Konditionierung der Gutscheine die vorrangige Nutzung des Vermittlungsgutscheins sichergestellt werden kann, gilt es im folgenden noch zu überlegen, ob das vor dem Hintergrund der Anreizstrukturen sich ergebende Attraktivitätsverhältnis von Qualifizierungs- und Einarbeitungsgutschein arbeitsmarktpolitisch gewünscht ist. Werden die bei der alternativen Verwendung der beiden letztgenannten Gutscheine für den Arbeitslosen maßgeblich werdenden Bedingungen zu diesem Zwecke betrachtet, so ist festzustellen, daß der Einkommensnachteil beim Einarbeitungsgutschein regelmäßig geringer ausfallen wird. Dies wird offenkundig, wenn etwa unterstellt wird, daß der Teilnehmer an einer beruflichen Qualifizierungsmaßnahme als finanzielle Leistung zur Sicherung des Lebensunterhaltes auf das Arbeitslosengeld zurückgreift: Es macht mit Blick auf die aktuelle rechtliche Ausgestaltung einen Betrag von 60 % resp. 67 % des zugrunde zu legenden Nettoarbeitsentgelts aus.[97] Beläuft sich somit der Einkommensausfall bei dieser Konstellation immerhin auf einen Wert von 33 % bis 40 %, so beträgt der "Abzug" beim Einarbeitungsgutschein in der hier vorgeschlagenen Fassung lediglich 10 % des relevanten Bruttoarbeitsentgelts.

Da die Nutzung des Einarbeitungsgutscheins somit für den Arbeitslosen attraktiver ist als die Verwendung des Qualifizierungsgutscheins, wird er versuchen, auf den Marktsegmenten in der Reihenfolge Markt für Vermittlungs-, Einarbeitungs- und Qualifizierungsgutscheine mit seinem jeweiligen Gutschein zum Zuge zu kommen. Dieses Auswahlverhalten ist arbeitsmarktpolitisch auch mit Blick auf die relative Wertschätzung der beiden letztgenannten Gutscheine zu begrüßen: Bei der Qualifizierung im Unternehmen kann neben dem Aufbau von betriebsunspezifischem Humankapital das betriebsspezifische Humankapital uno actu vermittelt werden, so daß Synergieeffekte realisierbar sind. Diese Möglichkeit bleibt der Qualifizierung bei einem Bildungsträger verschlossen.[98]

Wenn sich vor dem Hintergrund der hier angestellten Überlegungen der Qualifizierungsgutschein somit als der für die Arbeitslosen vergleichsweise unattraktivste Gutschein darstellt, muß schließlich noch einmal kritisch darüber nachgedacht werden, ob sich mit Blick auf die vorgeschlagenen Konditionen des Qualifizierungsgutscheins überhaupt Bildungsträger bereit finden werden, einen nur im Erfolgsfall liquidierbaren Gutschein als Gegenleistung für erbrachte Qualifizierungsleistungen zu akzeptieren: Die Bildungsträger sehen sich einem erheblichen Risiko ausgesetzt, da sie die Erfolgswahrscheinlichkeit ihrer Qualifizierungen nicht nur über die gesamte Schulungsdauer, sondern auch über die Periode der Probezeit zu prognostizieren haben.[99]

Dem Risiko können die Bildungsträger aber begegnen, indem sie versuchen, vor Beginn der Qualifizierungen Kooperationsverträge mit Arbeitskräfte suchenden Unternehmen abzuschließen. Diese könnten in einem solchen Vertrag dazu ver-

---

97 Vgl. D.II.
98 Eine ähnliche Auffassung vertreten zu dieser Frage auch Siebert/Klodt (1991, S. 18).
99 Vgl. hierzu D.III.

pflichtet werden, den Absolventen einer Bildungsmaßnahme nach Abschluß der Schulung in ein Beschäftigungsverhältnis zu übernehmen. Als Gegenleistung könnte ein gleichzeitig als privater Arbeitsvermittler tätiger Bildungsträger einen Nachlaß bei der Vermittlungsgebühr gewähren.[100] Arbeitsmarktpolitisch ist eine solche Vorgehensweise zu begrüßen, da hierdurch das strukturpolitische Ziel der möglichst dichten Anpassung des Arbeitsangebots an die Arbeitsnachfrage in hohem Maße umgesetzt wird.

Um die auf den drei Märkten für Vermittlungs-, Einarbeitungs- und Qualifizierungsgutscheine virulent werdenden Effekte auch zielgruppenspezifisch wirksam werden zu lassen, hat eine Differenzierung der drei Gutscheine nach den für die Abgrenzung der arbeitsmarktpolitisch definierten Problemgruppen des Arbeitsmarktes vorgesehenen Kriterien zu erfolgen.[101] Insgesamt ergibt sich dann für das mit marktwirtschaftlicher Mechanik funktionierende arbeitsmarktpolitische Konzept des Arbeitslosentenders die in *Abbildung 12* festgehaltene Struktur.

Da der in dieser Arbeit entwickelte Arbeitslosentender als eine auf dem ökonomischen Prinzip basierende arbeitsmarktpolitische Strategie entwickelt worden ist, ist abschließend die konzeptionelle Entscheidung zu verteidigen, daß der Arbeitslosentender nicht dem Zinstender, sondern dem Mengentender der EZB nachempfunden worden ist: Mit der Anlehnung des Arbeitslosentenders an den Zinstender mit amerikanischer Zuteilungsmethode wäre es möglich gewesen, in der *allokationspolitischen* Perspektive die Anbieterrenten abzuschöpfen bzw. in *subventionspolitischer* Hinsicht Mitnahmeeffekte zu vermeiden.

---

[100] Derartige Konstellationen sind insbesondere für solche Vakanzen wahrscheinlich, für die betriebsunspezifische Qualifikationen relativ wichtiger als betriebsspezifische sind, und für die ansonsten keine geeigneten Bewerber zur Verfügung stehen.

[101] Obwohl in Kapitel D.I. gezeigt worden ist, daß von Arbeitslosigkeit unmittelbar Bedrohte wegen ihrer Attraktivität für private Arbeitsvermittler eines Vermittlungsgutscheins nicht bedürfen, sollen sie im Konzept des Arbeitslosentenders gleichwohl zum Empfang eines solchen berechtigt sein. Hintergrund dieser Entscheidung sind Praktikabilitätsüberlegungen, da dem Bedrohten bei der hier vorgeschlagenen Ausgestaltung des Arbeitslosentenders das gleiche Leistungspaket wie einem Arbeitslosen ausgehändigt werden kann.

Abbildung 12: Der Arbeitslosentender

| | Vermittlungsgutschein [= V] | Einarbeitungsgutschein [= E] | Qualifizierungsgutschein [= Q] |
|---|---|---|---|
| **Erstempfänger** | • Bedrohte [B]<br>• Arbeitslose [A]<br>• Zielgruppen [Z] | dto. | dto. |
| **Zweitempfänger [liquidationsberechtigt]** | lizensierte private Arbeitsvermittler | jedes Unternehmen | Bildungsträger mit staatlicher Anerkennung |
| **Leistungsbedingung** | Vermittlung | Einarbeitung | Qualifizierung |
| **Erfolgsbedingung** | Begründung eines Beschäftigungsverhältnisses | Begründung und 6-monatiger Bestand eines Beschäftigungsverhältnisses | Begründung und 6-monatiger Bestand eines Beschäftigungsverhältnisses |
| **Liquidationsbetrag *** | $L_{V,B} = f$<br>$L_{V,A} = f$<br>$L_{V,Z} = g$ | $L_{E,B} = h$<br>$L_{E,A} = h$<br>$L_{E,Z} = i$ | $L_{Q,B} = h$<br>$L_{Q,A} = h$<br>$L_{Q,Z} = i$ |
| *** Zur Sicherstellung der beschriebenen Wirkungslogik muss gelten: $f < g \wedge h < i \wedge f < h \wedge g < i$.** | | | |

Gleichwohl lassen sich für die hier vertretene Wahl des Mengentenderkonzeptes die folgenden Argumente anführen: Wie im vorhergehenden Kapitel erläutert, ist die subventionspolitisch motivierte und der Einsparung von Subventionsleistungen dienende Differenzierung der Anbieter nach ihren spezifischen Anbieterpreisen grundsätzlich mit Kosten verbunden. Wenngleich an dieser Stelle nicht abschließend beurteilt werden kann, ob sich eine weitergehende Subventionsdifferenzierung im Kontext des Arbeitslosentenders aus Sicht des Subventionsgebers rechnet, muß doch festgestellt werden, daß die maßgeblichen Rahmenbedingungen für eine solche Differenzierung einen erheblichen Aufwand erwarten lassen: Entscheidend für diese Einschätzung ist der Tatbestand, daß - wie bereits zuvor erwähnt - die Dienstleistung der arbeitsmarktlichen Reintegration Arbeitsloser im Gegensatz zum Zentralbankgeld ein extrem heterogenes Gut darstellt. Es könnte somit nicht mehr länger ein einheitlicher Gutschein für alle Arbeitslosen ausgegeben werden, sondern es müßte für jeden Arbeitslosen durch das Einholen diverser Angebote ausgelotet werden, auf welchem Niveau sich der für ihn gültige minimale Angebotspreis befindet. Ein solches Verfahren dürfte mit Blick auf die aktuellen Arbeitslosenzahlen einen nicht mehr vertretbaren Ressourcenverzehr bedingen.

In gleicher Weise verbietet sich die Übernahme des Zinstenderkonzeptes auch wegen der negativen Anreizwirkungen, die das Einebnen von Anbieterrenten auf das Angebotsverhalten privater Arbeitsvermittler ausübt: Letztere sind entweder unmittelbar (Vermittlungsgutschein) oder mittelbar (Vermittlung eines Arbeitslosen unter Einsatz des Einarbeitungs- oder Qualifizierungsgutscheins) in den Prozeß der Reintegration Arbeitsloser involviert und werden im Falle des Beibehaltens eines Gewinngefälles dazu motiviert, es durch Verfahrensinnovationen steiler zu gestalten.[102] Die hieraus resultierende dynamische Effizienz sollte vor diesem Hintergrund auch in den Dienst einer marktwirtschaftlich konzipierten Arbeitsmarktpolitik gestellt werden.

Nicht zuletzt wegen der sich hierin zeigenden Marktkonformität weist der Arbeitslosentender gegenüber der bisherigen Ausgestaltung des AFG-Instrumentariums komparative Effizienzvorteile auf. Er kann somit als pareto-superior gelten und ist deshalb trotz bestehender Bedenken gegen arbeitsmarktpolitische Interventionen auch von seiten der *Marktpriorisierer* konsensfähig.

---

[102] In diesem Sinne hat schon früh Gandenberger (1961, S. 194 ff.) auf die positiven ökonomischen Effekte hingewiesen, die die Festsetzung eines einheitlichen Preises auch in dem Fall zur Folge hat, daß im Rahmen einer Ausschreibung mehrere Anbieter zum Zuge kommen, die ihrerseits unterschiedliche Angebotspreise offeriert hatten.

# E. Ergebnisse und Ausblick

Die vorliegende Studie hat sich zum Ziel gesetzt, das Konzept einer Arbeitsmarktpolitik bei marktkonformer Arbeitsvermittlung zu entwickeln. Ihr lag der Anspruch zugrunde, einen Reformvorschlag abzuleiten, der auch im Kontext des aktuell zu beobachtenden Kräftefeldes verfestigter Meinungen eine Realisierungschance besitzt. Als kaum zu überwinden wurden die kontroversen Standpunkte eingestuft, weil die gegenwärtige Diskussion zur Rekonstruktion des Sozialstaates sowohl in der Politik als auch in der Wissenschaft mit großen Anteilen auf der normativen Ebene geführt wird. Sie entzieht sich damit einer wissenschaftlichen Betrachtung und vergibt die in der wissenschaftlichen Politikberatung liegenden Chancen.

Um dieser politisch und wissenschaftlich unbefriedigenden Situation gleichwohl konstruktiv begegnen zu können, hat sich die Analyse der konstitutionenökonomischen Perspektive bedient. Sie ermöglichte die Ableitung eines Reformkonzepts, das wegen seiner Pareto-Superiorität jenseits verhärteter Standpunkte eine umfassende Zustimmungsfähigkeit erwarten ließ.

Zum Gegenstand der Reformüberlegungen erhoben wurde die Arbeitsvermittlung. Sie ist als janusköpfiges Phänomen dargestellt worden, das nicht nur die Eigenschaften eines ökonomischen Gutes aufweist, sondern auch als Instrument der Arbeitsmarktpolitik einen zentralen Stellenwert besitzt. Als Zeuge für die Notwendigkeit eines auf Konsens ausgerichteten Reformansatzes wurde die intensive Debatte benannt, die seit vielen Jahren zur Berechtigung einer monopolisierten öffentlichen Arbeitsvermittlung geführt wird, ohne zu substantiellen Annäherungen in den verschiedenen Auffassungen zu gelangen.

Zur Erschließung des konstitutionenökonomischen Ansatzes für das politische und wissenschaftliche Konfliktfeld „Arbeitsvermittlung“ wurden zwei Interessengruppen typisiert, die sich zur Reform der Arbeitsvermittlung in unterschiedlicher Weise positionieren.

Für die Gruppe der *Marktpriorisierer* wurde das Interesse an einer Arbeitsvermittlung formuliert, die sich durch maximale Effizienz auszeichnet. Um ein solches Vermittlungssystem ableiten zu können, ist der Markt für private Arbeitsvermittlung – nach seiner theoretischen Durchleuchtung – auf mögliche Versagenstatbestände überprüft worden. Den ausgewiesenen Defiziten wurden problemadäquate Therapievorschläge gegenübergestellt. Sie wurden zur (Re)Konstruktion eines Systems privater Arbeitsvermittlung zusammengeführt, dem mit Blick auf die gewählte Vorgehensweise das Attribut „marktkonform" und die Eigenschaft maximaler Effizienz attestiert werden konnte.

Die Einführung einer marktkonform konfigurierten Arbeitsvermittlung konnte auch von den *Sozialstaatspriorisierern* konsentiert werden, da die Effizienzgewinne prinzipiell die Finanzierungsbasis des Sozialstaats erweitern könnten. Voraussetzung der Zustimmung war aber der Nachweis, daß eine marktkonforme Arbeitsvermittlung der Realisierung zentraler arbeitsschutz- und arbeitsmarktpolitischer Ziele nicht entgegensteht.

Die Untersuchung der sozialpolitischen Bezüge der Arbeitsvermittlung zeigte im Ergebnis, daß für die Umsetzung der arbeitsschutzpolitischen Ziele eine öffentliche Arbeitsvermittlung nicht erforderlich ist. Die analoge Analyse für den Bereich der Arbeitsmarktpolitik wurde auf das AFG orientiert, das für die arbeitsmarktpolitische Konzeption der *Sozialstaatspriorisierer* als repräsentativ eingestuft wurde. Aus den Überlegungen war der Schluß zu ziehen, daß eine öffentliche Arbeitsvermittlung für die Umsetzung der AFG-kodifizierten Arbeitsmarktpolitik konstitutiv ist. Hieraus folgte zwingend, daß die Einführung einer ausschließlich privaten Arbeitsvermittlung von den *Sozialstaatspriorisierern* abgelehnt würde, wenn nicht der Nachweis gelänge, daß die Instrumente in zieladäquater Weise umzugestalten und der Rahmenbedingung einer ausschließlich privaten Arbeitsvermittlung anzupassen sind.

Es zeigte sich, daß nur die Arbeitslosenversicherung als das einzig passive Instrument des Samples nicht dergestalt zu modifizieren war, daß die bei ihrer Umsetzung von der öffentlichen Arbeitsvermittlung zu übernehmenden Funktionen in gleicher Weise von einer privaten Arbeitsvermittlung wahrgenommen werden konnten. Allerdings ließ sich herausarbeiten, daß das durch die Abschaffung der öffentlichen Arbeitsvermittlung bedingte Funktionsdefizit nicht mit arbeitsmarktpolitischen Opportunitätskosten verbunden ist.

Für die aktiven arbeitsmarktpolitischen Instrumente des AFG gelang dahingegen der Nachweis, daß sich mit ihnen auch ohne die Existenz einer öffentlichen Arbeitsvermittlung die durch das AFG kodifizierten Ziele umsetzen lassen. Die hierzu notwendigen Modifizierungen sahen für alle Instrumente die Einführung von Gutscheinen vor, die von den finalen Empfängern arbeitsmarktpolitischer Hilfestellungen bei privaten Wirtschaftssubjekten eingelöst werden können. Letztere werden durch die spezifizierten Erfolgsbedingungen dazu motiviert, die vom Staat gewünschten arbeitsmarktpolitischen Effekte in effizienter Weise zu "produzieren".

Die insoweit für die einzelnen Instrumente gefundenen Insellösungen sind schließlich zum arbeitsmarktpolitischen Gesamtkonzept des „Arbeitslosentenders“ zusammengefaßt worden. Der Arbeitslosentender wurde als ein den finalen Empfängern auszuhändigendes Paket vorgestellt, das mit dem Vermittlungs-, Einarbeitungs- und Qualifizierungsgutschein drei Berechtigungszertifikate enthält. Als wesentliches Kennzeichen konnte dem Arbeitslosentender attestiert werden, daß er durch die gezielte Funktionalisierung individueller Anreizstrukturen nicht nur den Mißbrauch arbeitsmarktpolitischer Dienstleistungen verhindert; er zeigte sich auch imstande, den Einsatz der Gutscheine in der arbeitsmarktpolitisch für sinnvoll befundenen Reihenfolge zu garantieren. Die sich hierin manifestierende Marktkonformität ließ im Vergleich zur bisherigen Konfiguration AFG-normierter Instrumente komparative Effizienzvorteile erwarten und führte zu der Schlußfolgerung, daß der Arbeitslosentender deswegen auch von den gegenüber arbeitsmarktpolitischen Eingriffen skeptisch eingestellten *Marktpriorisierern* konsentiert werden kann.

Als politische Quintessenz empfiehlt die vorgelegte Analyse, mit der Chance einer umfassenden Zustimmungsfähigkeit die öffentliche Arbeitsvermittlung der Bundesanstalt für Arbeit umgehend formell und perspektivisch materiell zu privatisieren. Gleichzeitig ist eine mit der Umsetzung des Arbeitslosentenders zu betrauende „Behörde für Arbeitsmarktpolitik" zu etablieren, die wegen der transaktionskostengünstigen Struktur des Tenders von „schlankem" Zuschnitt bleiben kann. Über den Hebel der finanziellen Ausgestaltung des Tenders wird schließlich sichergestellt, daß *politisch* das arbeitsmarktpolitische Aktivitätsniveau festgelegt werden kann. In der Konsequenz bleibt somit auf der *Ebene der Einzelfallentscheidungen* der Streit um die „richtige" Intensität arbeitsmarktpolitischer Korrekturen weiterhin möglich; gleichzeitig ist auf der *Regelebene* aber sichergestellt, daß die politisch beschlossenen Aktivitäten im Rahmen einer pareto-superior rekonstruierten Arbeitsmarktpolitik bei marktkonformer Arbeitsvermittlung realisiert werden können.

Für die fortschreitenden Diskussionen zur Zukunft des Sozialstaates kann die vorliegende Studie neue Anregungen geben. Sie zeigt, daß durch das Einnehmen der konstitutionenökonomischen Perspektive jenseits konfliktärer Wertvorstellungen Reformansätze generierbar sind, die als Folge ihrer Pareto-Superiorität gerade in demokratisch verfaßten Marktwirtschaften hohe Realisierungschancen besitzen. Die wissenschaftliche Politikberatung sollte das Ergebnis dazu ermutigen, zur konstitutionenökonomisch fundierten Rekonstruktion des Sozialstaates weitere Vorschläge vorzulegen.

# Anhang A

## Spezifizierung des Arbeitsförderungsrechts

**I. SGB I**
Sozialgesetzbuch - Erstes Buch - Allgemeiner Teil vom 11. Dezember 1975 (BGBl. I S. 3015) in der zuletzt durch Artikel 95 des Einführungsgesetzes zur Insolvenzordnung vom 5. Oktober 1994 (BGBl. I S. 2911) geänderten Fassung.

**II. AFG**
Arbeitsförderungsgesetz vom 25. Juni 1969 (BGBl. I S. 582) in der zuletzt durch Artikel 93 des Einführungsgesetzes zur Insolvenzordnung vom 5. Oktober 1994 (BGBl. I S. 2911) geänderten Fassung.

**III. A FuU**
Anordnung des Verwaltungsrats der Bundesanstalt für Arbeit über die individuelle Förderung der beruflichen Fortbildung und Umschulung vom 29. April 1993 (ANBA 1993 Sondernummer 5. Mai 1993) in der zuletzt durch die 1. Änderungsanordnung vom 16. März 1994 (ANBA 1994 S. 295) geänderten Fassung.

**IV. A ABM**
Anordnung des Verwaltungsrats der Bundesanstalt für Arbeit über die Förderung von Allgemeinen Maßnahmen zur Arbeitsbeschaffung aus Mitteln der Bundesanstalt vom 13. Dezember 1984 (ANBA 1985 S. 71) in der zuletzt durch die 6. Änderungsanordnung vom 25. November 1994 (ANBA 1995 S. 243) geänderten Fassung.

**V. ZumAO**
Anordnung des Verwaltungsrats der Bundesanstalt für Arbeit über die Beurteilung der Zumutbarkeit einer Beschäftigung vom 16. März 1982 (ANBA 1982 S. 523).

**VI. DA A FuU**
Durchführungsanweisungen zur A FuU in der zuletzt durch Runderlaß vom 19. Dezember 1994 - 5530A/... geänderten Fassung.

# Anhang B

## Tabellen

Tabelle 1

## Private Arbeitsvermittlungen von nach dem 1. April 1994 tätigen Vermittlern 1995 - 1999

| Jahr | Private Arbeitsvermittlungen [von nach dem 1. April 1994 tätigen Vermittlern] | Veränderungen gegenüber dem Vorjahr | |
|---|---|---|---|
| | | absolut | relativ [in %] |
| 1 | 2 | 3 | 4 |
| 1995 | 81.465 | | |
| 1996 | 105.027 | + 23.562 | 28,9 |
| 1997 | 139.949 | + 34.922 | 33,3 |
| 1998 | 201.550 | + 61.601 | 44,0 |
| 1999 | 303.691 | + 102.141 | 50,7 |
| Quelle: Bundesanstalt für Arbeit (o. J.a; o. J.b); eigene Berechnungen. | | | |

Tabelle 2

## Ausgabenanteile ausgewählter Instrumente der Arbeitsmarktpolitik 1985 - 1994[1]

| Jahr | F u U | | | E Z | A B M | Arbeitslosengeld | Σ | Gesamtausgaben BA | Anteil in %[2] |
|---|---|---|---|---|---|---|---|---|---|
| | Sachkosten | Unterhaltsgeld | insgesamt | | | | | | |
| 1 | 2 | 3 | 4 | 5 | 6 | 7 | 8 | 9 | 10 |
| 1985 | 1.581,30 | 1.850,10 | 3.431,40 | [3] | 2.177,30 | 14.066,50 | 19.675,20 | 29.736,80 | 66,16 |
| 1986 | 2.121,10 | 2.301,10 | 4.422,20 | [3] | 2.709,60 | 14.022,10 | 21.153,90 | 31.862,10 | 66,39 |
| 1987 | 2.771,00 | 2.844,30 | 5.615,30 | [3] | 3.177,20 | 15.252,10 | 24.044,60 | 35.960,70 | 66,86 |
| 1988 | 2.859,30 | 3.049,70 | 5.909,00 | [3] | 3.431,50 | 18.039,40 | 27.379,90 | 40.844,40 | 67,03 |
| 1989 | 2.361,40 | 3.023,40 | 5.384,80 | [3] | 3.070,30 | 17.544,10 | 25.999,20 | 39.832,90 | 65,27 |
| 1990 | 2.360,70 | 3.651,90 | 6.012,60 | 424,50 | 2.425,10 | 18.202,90 | 27.065,10 | 44.576,60 | 60,72 |
| 1991 | 5.137,10 | 5.469,60 | 10.606,70 | 816,30 | 5.613,90 | 23.718,50 | 40.755,40 | 71.923,20 | 56,67 |
| 1992 | 7.380,00 | 10.222,70 | 17.602,70 | 805,20 | 10.294,20 | 31.547,70 | 60.249,80 | 93.522,10 | 64,42 |
| 1993 | 6.110,90 | 10.949,70 | 17.060,60 | 132,10 | 10.990,30 | 42.589,00 | 70.772,00 | 109.535,30 | 64,61 |
| 1994 | 4.460,80 | 8.864,60 | 13.325,40 | 71,20 | 10.309,90 | 45.852,60 | 69.559,10 | 99.864,50 | 69,65 |
| | | | | | | | | Mittelwert | 64,78 |

1 Angaben in Mio. DM

2 Anteil Spalte 8 an Spalte 9

3 nicht einzeln ausgewiesen

Quelle: Bundesanstalt für Arbeit (1985x ff.); eigene Berechnungen.

Tabelle 3

## Verhältnis von Sperrzeiten und Bewilligungen von Anträgen auf Arbeitslosengeld 1988 - 1994

| Jahr | Sperrzeitfälle | | | Bewilligungen von Anträgen auf Arbeitslosengeld | Verhältnis von Sp. 4 zu Sp. 5 in % |
|---|---|---|---|---|---|
| | nach § 119 Abs. 1 Nr. 2 | nach § 119 Abs. 1 Nr. 3 | Σ | | |
| 1 | 2 | 3 | 4 | 5 | 6 |
| 1988 | 11.719 | 2.590 | 14.309 | 2.517.510 | 0,57 |
| 1989 | 14.650 | 2.824 | 17.474 | 2.586.842 | 0,68 |
| 1990 | 17.196 | 3.961 | 21.157 | 2.139.272 | 0,99 |
| 1991 | 14.670 | 3.990 | 18.660 | 2.008.012 | 0,93 |
| 1992 | 11.423 | 3.764 | 15.187 | 2.249.970 | 0,67 |
| 1993 | 12.228 | 2.702 | 14.930 | 2.658.568 | 0,56 |
| 1994 | 9.620 | 2.342 | 11.962 | 2.565.271 | 0,47 |
| | | | | Mittelwert | 0,70 |

Quelle: ANBA (1995 Sondernummer 21. Juli 1995), S. 221 f.; eigene Berechnungen.

# Literatur

Adamy, W. (1994), 25 Jahre Arbeitsförderungsgesetz, in: AuS, 48. Jg., Heft 7/8, S. 32-40.

Adamy, W. (1996a), Gewerkschaftliche Anforderungen an eine Reform des Arbeitsförderungsgesetzes, in: SozSich, 45. Jg., S. 201-205.

Adamy, W. (1996b), Mehr oder weniger Chancen für Arbeitslose?, in: SozSich, 45. Jg., S. 299-307.

Adamy, W., Möller-Lücking, N. (1992), Zum Reformbedarf am Arbeitsförderungsgesetz, in: SozFort, 41. Jg., S. 298-304.

Aigner, D. J., Cain, G. G. (1977), Statistical Theories of Discrimination in Labor Markets, in: ILRR, 30. Jg., S. 175-187.

Akerlof, G. A. (1970), The Market for "Lemons": Quality Uncertainty and the Market Mechanism, in: QJE, 84. Jg., S. 488-500.

Akerlof, G. A. (1976), The Economics of Caste and of the Rat Race and Other Woeful Tales, in: QJE, 90. Jg., S. 599-617.

Albeck, H. (1982), Lohnsubventionen als Mittel der Arbeitsmarktpolitik, in: P. Herder-Dorneich, Hg., Arbeitsmarkt und Arbeitsmarktpolitik, SchrdVfSocPol, N. F., Bd. 127, Berlin, S. 9-27.

Albers, W. (1986), Sozialverfassung, in: R. Vaubel, H. D. Barbier, Hg., Handbuch Marktwirtschaft, Pfullingen, S. 187-198.

Alchian, A. A., Demsetz, H. (1972), Production, Information Costs, and Economic Organization, in: AER, 62. Jg., S. 777-795.

Ammermüller, M. (1997), Grundlinien, in: Bdarbbl, o. J., Heft 7-8, S. 7-13.

Arnold, R. (1994), Qualitätssicherung in der Weiterbildung, in: GdW, 5. Jg., Heft 1, S. 6-10.

Arrow, K. J. (1969), The Organization of Economic Activity: Issues Pertinent to the Choice of Market versus Nonmarket Allocation, in: U.S. Joint Economic Committee, Hg., The Analysis and Evaluation of Public Expenditure, 91. Congress, Bd. 1, Teil I, Sektion A, Washington, S. 47-63.

Arrow, K. J. (1973), Higher Education as a Filter, in: JPublE, 2. Jg., S. 193-216.

Arthur, W. B. (1990), Positive Rückkopplung in der Wirtschaft, in: SpdW, ohne Jg., Heft 4, S. 122-129.

Ashton, P. K. (1987), Some Economic Effects of Standards - Comment, in: ApEc, 19. Jg., S. 1515-1519.

Bach, H. W. (1992), Langzeitarbeitslosigkeit - nun auch in Ostdeutschland?, in: aub, 43. Jg., S. 161-165 und 196-199.

Bach, H. W., Henning, W. (1993), Arbeitsvermittlung und Arbeitsberatung in Deutschland, HRfdAuF, Nürnberg.

Bach, H.-U., Brinkmann, C., Spitznagel, E. (1994), Individuelle und gesellschaftliche Belastungen durch Arbeitslosigkeit, in: AuS, 48. Jg., Heft 5/6, S. 15-24.

Bach, H.-U., Spitznagel, E. (1994), Gesamtfiskalische Kosten der Arbeitslosigkeit im Jahr 1993 auf 116 Mrd DM gestiegen, IAB-kzb, Nr. 6 vom 11.3.1994, Nürnberg.

Barron, J. M., Mellow, W. (1982), Labor Contract Formation, Search Requirements, and Use of a Public Employment Service, in: EI, 20. Jg., S. 381-387.

Basedow, J. (1992), Arbeit durch private Vermittlung: Vom Ende des staatlichen Arbeitsvermittlungsmonopols, in: WD, 72. Jg., S. 180-182.

Bator, F. M. (1958), The Anatomy of Market Failure, in: QJE, 72. Jg., S. 351-379.

Becker, F. (1992), Art. "Arbeitnehmerüberlassung", in: E. Gaugler, W. Weber, Hg., HdP, 2. Aufl., Stuttgart, Sp. 242-253.

Becker, G. S. (1964), Human Capital, New York-London.

Becker, G. S. (1982), Der ökonomische Ansatz zur Erklärung menschlichen Verhaltens, Tübingen.

Beenstock, M., Brasse, V. (1986), Insurance for Unemployment, London.

Beilstein, F. (1988), Arbeitsvermittlung. Grundlagen, Monopol, Reformen, Studie der Industrie- und Handelskammer zu Koblenz, Koblenz.

Bellmann, L., Kohaut, S. (1995), Betriebliche Determinanten der Lohnhöhe und der übertariflichen Bezahlung, in: MittAB, 28. Jg., S. 62-75.

Berg, H., Cassel, D., Hartwig, K.-H. (1999), Theorie der Wirtschaftspolitik, in: D. Bender et al., Vahlens Kompendium der Wirtschaftstheorie und Wirtschaftspolitik, Bd. 2, 7. Aufl., München, S. 171-298.

Berthold, N. (1991), Ansätze einer ökonomischen Theorie der Sozialpolitik, in: JfS, 42. Jg., S. 145-178.

Berthold, N. (1992), Arbeitslosigkeit in Deutschland. Auf der Suche nach einer effizienten Arbeitsmarktpolitik, in: APuZ, B 12/92 vom 13. März 1992, S. 3-13.

Berthold, N. (1997), Sozialstaat und marktwirtschaftliche Ordnung – Ökonomische Theorie des Sozialstaates, in: K.-H. Hartwig, Hg., Alternativen der sozialen Sicherung – Umbau des Sozialstaates, Baden-Baden, S. 27-35.

Berthold, N. (1998), Sozialpolitik, in: P. Klemmer, Hg., Handbuch europäische Wirtschaftspolitik, München, S. 945-999.

Berthold, N., Schmid, C. (1997), Krise der Arbeitsgesellschaft und Privatisierung der Sozialpolitik, in: ApuZ, B 48-49/97 vom 21. November 1997, S. 3-11.

Bieback, K.-J. (1978), Arbeitslosigkeit und Arbeitsvermittlung, in: Jahrbuch für Sozialökonomie und Gesellschaftstheorie: Arbeitsmarktpolitik, Veröffentlichung der Hochschule für Wirtschaft und Politik Hamburg, Opladen, S. 82-103.

Biehler, H. et al. (1979), Interne und externe Arbeitsmärkte - Theorie und Empirie zur Kritik eines neoklassischen Paradigmas, in: C. Brinkmann et al., Hg., Arbeitsmarktsegmentation - Theorie und Therapie im Lichte der empirischen Befunde, BeitrAB 33, Nürnberg, S. 102-147.

Blaschke, D. (1987), Erfolgswege zum neuen Arbeitsplatz, in: MittAB, 20. Jg., S. 164-180.

Blaschke, D., Brinkmann, C., Nagel, E. (1995), Einarbeitungszuschüsse. Befunde und Perspektiven, IAB-wstb, Nr. 2 vom 30.1.1995, Nürnberg.

Blien, U. (1986), Unternehmensverhalten und Arbeitsmarktstruktur, BeitrAB 103, Nürnberg.

Blum, R. (1980), Art. "Marktwirtschaft, soziale", in: W. Albers et al., Hg., HdWW, Bd. 5, Stuttgart u.a.O., S. 153-166.

Bohlen, C. (1993), Zur Theorie und Empirie von Lohnsubventionen, Berlin.

Bonus, H. (1982), Information und Emotion in der Politikberatung – Zur politischen Umsetzung eines wirtschaftstheoretischen Konzepts, in: ZgS, 138. Jg., S. 1-21.

Borchert, M., Grossekettler, H. (1985), Preis- und Wettbewerbstheorie, Stuttgart u.a.O.

Bosch, G. et al. (1987), Beschäftigungspolitik in der Region, Köln.

Bössmann, E. (1978), Art. "Information", in: W. Albers et al., Hg., HdWW, Bd. 4, Stuttgart u.a.O., S. 184-200.

Bössmann, E. (1982), Volkswirtschaftliche Probleme der Transaktionskosten, in: ZgS, 138. Jg., S. 664-679.

Bössmann, E. (1983), Unternehmungen, Märkte, Transaktionskosten: Die Koordination ökonomischer Aktivitäten, in: WiSt, 12. Jg., S. 105-111.

Bourdieu, P. (1983), Ökonomisches Kapital, kulturelles Kapital, soziales Kapital, in: R. Kreckel, Hg., Soziale Ungleichheiten, Göttingen, S. 183-198.

Braudel, F. (1986), Sozialgeschichte des 15. - 18. Jahrhunderts, Bd. 2: Der Handel, München.

Brennan, G., Buchanan, J. M. (1985), Die Begründung von Regeln, Tübingen 1993.

Brinkmann, C. (1984), Die individuellen Folgen langfristiger Arbeitslosigkeit, in: MittAB, 17. Jg., S. 454-473.

Brinkmann, C. (1986), Finanzielle und psychosoziale Folgen der Arbeitslosigkeit, MatAB 8/1986, Nürnberg.

Brox, H. (1989), Arbeitsrecht, 9. Aufl., Stuttgart-Berlin-Köln.

Brück, G. W. (1976), Allgemeine Sozialpolitik, Köln.

Brümmerhoff, D. (1987), Finanzwissenschaft, 2. Aufl., München-Wien.

Buchanan, J. M. (1975), Die Grenzen der Freiheit, Tübingen 1984.

Buchanan, J. M. (1986), Liberty, Market and State, Brighton.

Buchanan, J. M., Tullock, G. (1962), The Calculus of Consent, Ann Arbor.

Büchner, H., Henning, W., Kästner, G. (1992), Arbeitsbeschaffungsmaßnahmen, HRfdAuF, Nürnberg.

Büchner, H., Henning, W., Kästner, G. (1994), Förderung der beruflichen Fortbildung und Umschulung, HRfdAuF, 2. Aufl., Nürnberg.

Bund, D. (1984), Die ökonomische Theorie der Verfassung, Baden-Baden.

Bundesanstalt für Arbeit (1952x ff.), Geschäftsbericht, lfd. Jgg., Nürnberg.

Bundesanstalt für Arbeit (1974), Überlegungen zu einer vorausschauenden Arbeitsmarktpolitik, Nürnberg.

Bundesanstalt für Arbeit (1978), Überlegungen II zu einer vorausschauenden Arbeitsmarktpolitik, Nürnberg.

Bundesanstalt für Arbeit (1989a), Organisation und Verwaltung (einschließlich Finanzwirtschaft). Kompendium der Fachaufgaben der Bundesanstalt für Arbeit, HRfdAuF, 3. Aufl., Nürnberg.

Bundesanstalt für Arbeit (1989b), Leistungsrecht. Kompendium der Fachaufgaben der Bundesanstalt für Arbeit, HRfdAuF, 4. Aufl., Nürnberg.

Bundesanstalt für Arbeit (1991), "Qualität beruflicher Bildungsmaßnahmen", in: ba-intern, 15. Jg., Nr. 13 vom 1.10.1991, S. 4-6.

Bundesanstalt für Arbeit (1993), Die Bundesanstalt für Arbeit stellt sich vor, Nürnberg.

Bundesanstalt für Arbeit (1995), AFG-Textausgabe mit angrenzenden Gesetzen, Verordnungen und BA-Regelungen, 42. Ausgabe, Nürnberg.

Bundesanstalt für Arbeit (1997), „Bundesanstalt teilt mit", in: aub, 48. Jg., S. 179.

Bundesanstalt für Arbeit (o. J.a), Arbeitsmarkt in Zahlen. Statistische Daten der privaten Arbeitsvermittlung nach § 299 SGB III. Bundesrepublik Deutschland. Berichtszeit: 1. Januar 1995 bis 30. Juni 1998, Nürnberg.

Bundesanstalt für Arbeit (o. J.b), Arbeitsmarkt in Zahlen. Statistische Daten der privaten Arbeitsvermittlung nach § 299 SGB III. Bundesrepublik Deutschland. Berichtszeit: 2. Halbjahr 1998 bis 1. Halbjahr 2000, Nürnberg.

Buttler, F. (1986), Regulierung und Deregulierung der Arbeitsbeziehungen, in: H. Winterstein, Hg., Sozialpolitik in der Beschäftigungskrise II, SchrdVfSocPol, N. F., Bd. 152/II, Berlin, S. 9-52.

Buttler, F. (1987), Vertragstheoretische Interpretation von Arbeitsmarktinstitutionen, in: G. Bombach, B. Gahlen, A. E. Ott, Hg.,Arbeitsmärkte und Beschäftigung - Fakten, Analysen, Perspektiven, Tübingen, S. 203-224.

Buttler, F. (1994a), Finanzierung der Arbeitsmarktpolitik, IAB-wstb, Nr. 8 vom 31.8.1994, Nürnberg.

Buttler, F. (1994b), Berufliche Weiterbildung als öffentliche Aufgabe, in: MittAB, 27. Jg., S. 33-42.

Buttler, F., Gerlach, K. (1982), Art. "Arbeitsmarkttheorien", in: W. Albers et al., Hg., HdWW, Bd. 9, Stuttgart u.a.O., S. 686-696.

Buttler, F., Walwei, U. (1995), Different Institutional Arrangements for Job Placement, in: F. Buttler et al., Hg., Institutional Frameworks and Labor Market Performance, London-New York, S. 248-269.

Button, K. J., Weyman-Jones, T. G. (1992), Ownership Structure, Institutional Organization and Measured X-Efficiency, in: AER, P&P, 82. Jg., S. 439-445.

Caire, G. (1990), The Intervention of Private Firms in the Functioning of Labour Markets in the Twelve EEC Countries, Bericht für das International Labour Office und die Kommission der Europäischen Gemeinschaften, unveröffentlichtes Manuskript, Paris.

Cavin, E. S., Stafford, F. P. (1985), Efficient Provision of Employment Service Outputs: A Production Frontier Analysis, in: JHR, 20. Jg., S. 484-503.

Clausnitzer, K. (1994), Mehr Wettbewerb bei der Vermittlungsarbeit?, in: SozSich, 43. Jg., S. 91-94.

Coase, R. H. (1937), The Nature of the Firm, in: Ec, 4. Jg., S. 386-405.

Coester, F. (1967), Neue Perspektiven der Arbeitsmarktpolitik, Beiträge des Deutschen Industrieinstituts, 5. Jg., Heft 7, Köln.

Cramer, U., Koller, M. (1988), Gewinne und Verluste von Arbeitsplätzen in Betrieben - der "Job-Turnover"-Ansatz, in: MittAB, 21. Jg., S. 361-377.

Dahlman, C. J. (1979), The Problem of Externality, in: JLE, 22. Jg., S. 141-162.

Dahrendorf, R. (1956), Industrielle Fertigkeiten und soziale Schichtung, in: KZfSS, 8. Jg., S. 540-568.

Deeke, A. (1991), Informelle Beziehungen auf dem Arbeitsmarkt, Frankfurt/M.-New York.

Deeke, A. (1992), Zur Kontroverse um das "Vermittlungsmonopol" der Bundesanstalt für Arbeit, in: WSI-Mit, 45. Jg., S. 459-467.

Deeke, A. (1995), Öffentliche und private Arbeitsvermittlung, in: H. Seifert, Hg., Reform der Arbeitsmarktpolitik, Köln, S. 276-318.

Deeke, A., Fischer, J. (1986), Wege der Rekrutierung auf dem Arbeitsmarkt - Ausgewählte erste Ergebnisse einer schriftlichen Betriebsbefragung, SAMF-Arbpap 1986-6, Paderborn.

Deeke, A., Fischer, J. (1987), Wege der Rekrutierung von Arbeitskraft am Beispiel von Dortmund, in: A. Deeke, J. Fischer, U. Schumm-Garling, Hg., Arbeitsmarktbewegung als sozialer Prozeß, SAMF-Arbpap 1987-3, Paderborn, S. 68-81.

Deeke, A., Fischer, J. (1988), Der vermittelte Arbeitsmarkt, in: aub, 39. Jg., S. 73-77.

Demsetz, H. (1969), Information and Efficiency: Another Viewpoint, in: JLE, 12. Jg., S. 1-22.

Deregulierungskommission (1991), Marktöffnung und Wettbewerb, Stuttgart.

Deutsche Bundesbank (1983), Monatsbericht Mai, 35. Jg., Frankfurt/M.

Deutsche Bundesbank (1993), Geldpolitische Aufgaben und Instrumente, Sonderdrucke der Deutschen Bundesbank, Nr. 7, 6. Aufl., Frankfurt/M.

Deutsche Bundesbank (1998), Monatsbericht August, 50. Jg., Frankfurt/M.

Deutscher Bundestag (1966), Schriftlicher Bericht des Ausschusses für Arbeit (19. Ausschuß) über den die Anpassung des Gesetzes über Arbeitsvermittlung und Arbeitslosenversicherung (AVAVG) an den technischen Fortschritt und die wirtschaftliche Entwicklung betreffenden Antrag der Fraktion der CDU/CSU, Bundestagsdrucksache V/752 vom 23.6.1966.

Deutscher Bundestag (1967), Entwurf eines Arbeitsförderungsgesetzes (AFG), beschlossen von der Bundesregierung der Bundesrepublik Deutschland, Bundestagsdrucksache V/2291 vom 16.11.1967.

Deutsches Institut für Wirtschaftsforschung (1996), Auswirkungen der Einführung eines Bürgergeldes, in: Wochenbericht, Nr. 32 vom 8.8.1996, 63. Jg., S. 533-543.

Dichtl, E., Diller, H. (1980), Art. "Markenartikel", in: W. Albers et al., Hg., HdWW, Bd. 5, Stuttgart u.a.O., S. 99-104.

Dieckmann, B. (1978), Zur theoretischen und begrifflichen Grundlage unterschiedlicher Konzeptionen der Flexibilitätsforschung, in: D. Mertens, M. Kaiser, Hg., Berufliche Flexibilitätsforschung in der Diskussion, BeitrAB 30, Nürnberg, S. 9-27.

Döring, D. (1993), Eine kritische Betrachtung des Systems der sozialen Sicherung bei Arbeitslosigkeit in Deutschland, in: R. Neubäumer, Hg., Arbeitsmarktpolitik kontrovers, Darmstadt, S. 229-251.

Dostal, W. (2000), Greencard für Computerfachleute: Anwerbung kann Ausbildung nicht ersetzen, IAB-kzb, Nr. 3 vom 4.4.2000, Nürnberg.

Drumm, H. J. (1987), Ansätze zu einer unternehmerischen Arbeitsmarktpolitik, in: G. Bombach, B. Gahlen, A. E. Ott, Hg., Arbeitsmärkte und Beschäftigung - Fakten, Analysen, Perspektiven, Tübingen, S. 37-61.

Eberwein, W., Tholen, J. (1987), Die öffentliche Arbeitsvermittlung als politisch-sozialer Prozeß, Frankfurt/M.-New York.

Eberwein, W., Tholen, J. (1990), Krise des Arbeitsmarktes - Krise der öffentlichen Arbeitsvermittlung?, in: SW, 41. Jg., S. 346-364.

Eickhof, N. (1986), Theorien des Markt- und Wettbewerbsversagens, in: WD, 66. Jg., S. 468-476.

Eisenträger, J. (1983), Zur Geschichte der Arbeitsvermittlung und des Vermittlungsmonopols, in: WuB, 35. Jg., S. 245-249.

Engelen-Kefer, U. (1980), Beschäftigungspolitik, 2. Aufl., Köln.

Engelen-Kefer, U. (1992), Die Arbeitsvermittlung verbessern - nicht privatisieren, in: WD, 72. Jg., S. 175-177.

Engels, F. (1886), Vorwort zur englischen Ausgabe von K. Marx, Das Kapital, in: K. Marx, Das Kapital, Bd. 1, MEW, Bd. 23, Berlin 1986, S. 36-40.

Erhard, L. (1957), Wohlstand für alle, Düsseldorf.

Ernst, M. (1990), Neue Informations- und Kommunikationstechnologien und marktwirtschaftliche Allokation, München.

Eucken, W. (1950), Die Grundlagen der Nationalökonomie, 9. Aufl., Berlin u.a.O. 1989.

Eucken, W. (1952), Grundsätze der Wirtschaftspolitik, Bern-Tübingen.

Finzer, P., Mungenast, M. (1992), Art. "Personalauswahl", in: E. Gaugler, W. Weber, Hg., HdP, 2. Aufl., Stuttgart, Sp. 1583-1596.

Fischer, C. (1981), Staatliche Arbeitsförderung. Ein Lehrstück deutscher Sozialpolitik, Frankfurt/M.-New York.

Franke, H. (1985), Die Bundesanstalt für Arbeit im System der sozialen Sicherung, Stuttgart u.a.O.

Franke, H. (1987), Arbeit für alle, Herford.

Franke, H. (1988), Zusammenarbeit zwischen Forschung und Verwaltung - dargestellt am Beispiel des IAB, in: L. Reyher, J. Kühl, Hg., Resonanzen. Arbeitsmarkt und Beruf - Forschung und Politik, BeitrAB 111, Nürnberg, S. 133-138.

Franke, H. (1990), Brennpunkt Arbeitsmarkt, Percha.

Franke, H. (1992a), Art. "Bundesanstalt für Arbeit", in: E. Gaugler, W. Weber, Hg., HdP, 2. Aufl., Stuttgart, Sp. 709-718.

Franke, H. (1992b), Vierzig Jahre Bundesanstalt für Arbeit, in: aub, 43. Jg., S. 125-129.

Frantz, R. S. (1992), X-Efficiency and Allocative Efficiency: What Have We Learned?, in: AER, P&P, 82. Jg., S. 434-438.

Franz, W. (1991), Arbeitsmarktökonomik, Berlin u.a.O.

Frerich, J. (1987), Sozialpolitik. Das Sozialleistungssystem der Bundesrepublik Deutschland, München-Wien.

Frey, B. S. (1980), Art. "Ökonomische Theorie der Politik", in: W. Albers et al., Hg., HdWW, Bd. 5, Stuttgart u.a.O., S. 658-667.

Frey, B. S. (1990), Ökonomie ist Sozialwissenschaft, München.

Frey, B. S., Kirchgässner, G. (1994), Demokratische Wirtschaftspolitik, 2. Aufl., München.

Fritsch, M. (1983), Ökonomische Ansätze zur Legitimation kollektiven Handelns, Berlin.

Fritsch, M. (1985), Verteilungspolitische Implikationen der Vertragstheorie, in: E. Boettcher, P. Herder-Dorneich, K.-E. Schenk, Hg., Jahrbuch für Neue Politische Ökonomie, 4. Band: Die Vertragstheorie als Grundlage der Parlamentarischen Demokratie, Tübingen, S. 160-177.

Fritsch, M., Wein, T., Ewers, H.-J. (1993), Marktversagen und Wirtschaftspolitik, München.

Gandenberger, O. (1961), Die Ausschreibung, Heidelberg.

Gerlach, K., Lorenz, W. (1992), Art. "Arbeitsmarkttheorie/-ökonomie", in: E. Gaugler, W. Weber, Hg., HdP, 2. Aufl., Stuttgart, Sp. 169-179.

Görgens, E. (1996), Aktive Arbeitsmarktpolitik, in: WiSt, 25. Jg., S. 175-180.

Goethe, J. W. von (1808), Faust. Eine Tragödie, in: J. W. von Goethe, Werke, Hamburger Ausgabe in 14 Bänden, München 1988, S. 7-364.

Gordon, S. (1976), The New Contractarians, in: JPE, 84. Jg., S. 573-590.

Grauel, M., Stöhr, A. (1987), Strukturveränderungen in der Arbeitsvermittlung, in: aub, 38. Jg., S. 205-210 und 244-249.

Grossekettler, H. (1984), Verwaltungsstrukturpolitik, in: H.-J. Ewers, H. Schuster, Hg., Probleme der Ordnungs- und Strukturpolitik, Festschrift für H. St. Seidenfus zum 60. Geburtstag, Göttingen, S. 16-51.

Grossekettler, H. (1989), Deregulierung und Privatisierung, in: WiSt, 18. Jg., S. 437-445.

Grossekettler, H. (1995), Öffentliche Finanzen, in: D. Bender et al., Vahlens Kompendium der Wirtschaftstheorie und Wirtschaftspolitik, Bd. 1, 6. Aufl., München, S. 483-628.

Grundmann, W. (1992), Das Alleinvermittlungsrecht der Bundesanstalt für Arbeit auf dem Prüfstand, in: SozFort, 41. Jg., S. 163-166.

Habich, R. (1987), Wege der Stellenfindung und berufliche Plazierung, in: A. Deeke, J. Fischer, U. Schumm-Garling, Hg., Arbeitsmarktbewegung als sozialer Prozeß, SAMF-Arbpap 1987-3, Paderborn, S. 143-173.

Hagedorn, J. R. (1992), Ein völlig überholtes Auslaufmodell, in: DerArb, 44. Jg., S. 274-275.

Hänchen, T., Ungern-Sternberg, T. von (1985), Information Costs, Intermediation and Equilibrium Price, in: Ec, 52. Jg., S. 407-419.

Hamm, W. (1989), Wirtschaftsordnung als Sozialpolitik, in: ORDO, 40. Jg., S. 363-382.

Hardes, H.-D. (1979), Problemgruppen der Arbeitsmarktpolitik, in: H. Lampert, Hg., Arbeitsmarktpolitik, Stuttgart-New York, S. 69-80.

Hartwig, K.-H. (1993), Privatisierung in Westdeutschland: Vertane Chancen bei der deutschen Wiedervereinigung, in: H. J. Thieme, Hg., Privatisierungsstrategien im Systemvergleich, SchrdVfSocPol, N. F., Bd. 223, Berlin, S. 41-64.

Hartwig, K.-H. (1997), Hg., Alternativen der sozialen Sicherung – Umbau des Sozialstaates, Baden-Baden.

Hax, H. (1977), Art. "Sozialpolitik II: betriebliche", in: W. Albers et al., Hg., HdWW, Bd. 7, Stuttgart u.a.O., S. 76-85.

Heidinger, M. (1993), Meßziffern der Arbeitsvermittlung. Eine Kritik des Beitrags "offiziöser" Kenngrößen zur Diskussion des Alleinvermittlungsrechts der Bundesanstalt für Arbeit, in: aub, 44. Jg., S. 69-71.

Heidinger, M. (1996), Mitnahmeeffekt, in: WiSt, 25. Jg., S. 77-79.

Heidinger, M., Kasprzok, C. (1992), Langzeitarbeitslosigkeit und Lohnkostensubventionen, in: aub, 43. Jg., S. 39-41 und 68.

Hennig, W., Kühl, H., Heuer, E., Henke, N. (1997), Arbeitsförderungsgesetz. Kommentar, zuletzt aktualisiert durch die 97. Ergänzungslieferung im April 1997, Neuwied-Kriftel/Ts.-Berlin.

Henning, H. (1977), Art. "Sozialpolitik III: Geschichte", in: W. Albers et al., Hg., HdWW, Bd. 7, Stuttgart u.a.O., S. 85-110.

Herder-Dorneich, P. (1992), Neue Politische Ökonomie, Baden-Baden.

Hesse, J. J., Lüder, K., Pitschas, R. (1992), Verbesserungsmöglichkeiten bei der Aufgabenwahrnehmung im Interesse einer wirtschaftlicheren Gestaltung der Fachaufgaben in den Dienststellen der Bundesanstalt für Arbeit (§§ 7, 9 BHO), Gutachten erstattet im Auftrage des Präsidenten der Bundesanstalt für Arbeit, Speyer-Oxford.

Heuer, E., Lomb, W. (1972), Arbeitslosenversicherung und Arbeitslosenhilfe, Teil I, Stuttgart u.a.O.

Hicks, J. R. (1932), The Theory of Wages, London 1963.

Hirshleifer, J. (1973), Where Are We in the Theory of Information?, in: AER, 63. Jg., P & P, S. 31-39.

Hobbes, T. (1651), Leviathan, herausgegeben mit einer Einleitung von C. B. Macpherson, Harmondsworth u. a. O. 1982.

Holleis, W. (1987), Unternehmenskultur und moderne Psyche, Frankfurt/M.-New York.

Holler, M. J. (1986), Ökonomische Theorie des Arbeitsmarktes, Darmstadt.

Homann, K., Pies, I. (1996), Sozialpolitik für den Markt: Theoretische Perspektiven konstitutioneller Ökonomik, in: I. Pies, M. Leschke, Hg., James Buchanans konstitutionelle Ökonomik, Tübingen, S. 203-239.

Hülsmeier, C. (1994), Antworten auf die Beschäftigungskrise, in: SozSich, 43. Jg., S. 121-125.

Jarchow, H.-J. (1992), Theorie und Politik des Geldes, Bd. 2: Geldmarkt, Bundesbank und geldpolitisches Instrumentarium, 6. Aufl., Göttingen.

Jetter, C. (1994), Zur Reform der Finanzierung der Arbeitsmarktpolitik, in: AuS, 48. Jg., Heft 5/6, S. 64-67.

Kahrs, H. (1990), Die ordnende Hand der Arbeitsämter. Zur deutschen Arbeitsverwaltung 1933 bis 1939, in: G. Aly et al., Hg., Arbeitsmarkt und Sondererlaß, Beiträge zur nationalsozialistischen Gesundheits- und Sozialpolitik, Bd. 8, Berlin, S. 9-61.

Kath, D. (1992), Sozialpolitik, in: D. Bender et al., Vahlens Kompendium der Wirtschaftstheorie und Wirtschaftspolitik, Bd. 2, 5. Aufl., München, S. 405-457.

Keller, B. (1993), Einführung in die Arbeitspolitik, 3. Aufl., München-Wien.

Keller, B., Seifert, H. (1992), Vom steigerungsfähigen, aber begrenzten Nutzen des Arbeitsförderungsgesetzes, in: WSI-Mit, 45. Jg., S. 411-420.

Kirchner, C., Picot, A. (1987), Transaction Cost Analysis of Structural Changes in the Distribution System: Reflections on Institutional Developments in the Federal Republic of Germany, in: ZgS, 143. Jg., S. 62-81.

Kirsch, G. (1997), Neue Politische Ökonomie, 4. Aufl., Düsseldorf.

Klein, T. (1993), Zweckmäßigkeit staatlicher Regelungen der Arbeitsvermittlung, Baden-Baden.

Kleinhenz, G. (1986), Der wirtschaftliche Wert der Sozialpolitik, in: H. Winterstein, Hg., Sozialpolitik in der Beschäftigungskrise I, SchrdVfSocPol, N. F., Bd. 152/I, Berlin, S. 51-81.

Klös, H.-P. (1991), Reform der Arbeitsvermittlung, Beiträge zur Wirtschafts- und Sozialpolitik, Bd. 191, Köln.

König, H. (1979), Job-Search-Theorien, in: G. Bombach, B. Gahlen, A. E. Ott, Hg., Neuere Entwicklungen in der Beschäftigungstheorie und -politik, Tübingen, S. 63-115.

Kösters, W. (1986), Zur theoretischen und empirischen Bestimmung der Vollbeschäftigung, Göttingen.

Kreikebaum, H. (1992), Art. "Arbeit", in: E. Gaugler, W. Weber, Hg., HdP, 2. Aufl., Stuttgart, Sp. 29-39.

Kress, U. (1994), Die negative Einkommensteuer: Arbeitsmarktwirkungen und sozialpolitische Bedeutung, in: MittAB, 27. Jg., S. 246-254.

Kruse, J. (1979), Informationspolitik für Konsumenten, Göttingen.

Kuck, K.-H. (1992), Vierzig Jahre Arbeitsverwaltung, in: SozSich, 41. Jg., S. 359-362.

Kühl, H., Lawrenz, G. (1978), Arbeitslosenhilfe und Konkursausfallgeld, Stuttgart u. a. O.

Kühl, J. (1982), Das Arbeitsförderungsgesetz (AFG) von 1969, in: MittAB, 15. Jg., S. 251-260.

Kühl, J. (1989), Arbeitsmarkt ohne Vollbeschäftigung - Reaktionsweisen und Strategieoptionen öffentlicher Arbeitsmarktpolitik, in: W. Peters, Hg., Massenarbeitslosigkeit und Politik, SAMF-Arbpap 1989-1, Paderborn, S. 9-32.

Kühl, J. (1992), Konzeptionelle Überlegungen für die Weiterentwicklung des Arbeitsförderungsgesetzes, in: WSI-Mit, 45. Jg., S. 402-411.

Kühl, J. (1994), Finanzierungsprobleme der Arbeitsmarktpolitik, in: AuS, 48. Jg., Heft 5/6, S. 25-30.

Külp, B. (1992), Zur These der Alibifunktion politikwissenschaftlicher Beratung, in: H. Mäding, F. L. Sell, W. Zohlnhöfer, Hg., Die Wirtschaftswissenschaft im Dienste der Politikberatung, Berlin, S. 53-66.

Kunz, H. (1985), Marktsystem und Information, Tübingen.

Kuschnereit, K. (1994), Qualität bei der FAA Bildungsgesellschaft - Chance oder Ballast?, in: GdW, 5. Jg., Heft 1, S. 15-20.

Kuster, F. (1976), Die geschichtliche Entwicklung der deutschen Arbeitsverwaltung, in: Fachkunde für den Dienst beim Arbeitsamt, bearbeitet von F. Kuster, 5. Aufl., Stuttgart u.a.O., S. 213-226.

Laine, V., Massar, W. (1984), Das Arbeitsvermittlungsmonopol der Bundesanstalt für Arbeit, Freiburg i. B.

Lampert, H. (1977), Art. "Sozialpolitik I: staatliche", in: W. Albers et al., Hg., HdWW, Bd. 7, Stuttgart u.a.O., S. 60-76.

Lampert, H. (1979), Arbeitslosigkeit, in: H. Lampert, Hg., Arbeitsmarktpolitik, Stuttgart-New York, S. 39-51.

Lampert, H. (1989), 20 Jahre Arbeitsförderungsgesetz, in: MittAB, 22. Jg., S. 173-186.

Lampert, H. (1990), Notwendigkeit, Aufgaben und Grundzüge einer Theorie der Sozialpolitik, in: T. Thiemeyer, Hg., Theoretische Grundlagen der Sozialpolitik, SchrdVfSocPol, N. F., Bd. 193, Berlin, S. 9-71.

Lampert, H. (1991), Lehrbuch der Sozialpolitik, 2. Aufl., Berlin u.a.O.

Lampert, H., Bossert, A. (1987), Die soziale Marktwirtschaft – eine theoretisch unzulänglich fundierte ordnungspolitische Konzeption?, in: HJWG, 32. Jg., S. 109-130.

Lampert, H., Englberger, J., Schüle, U. (1991), Ordnungs- und prozeßpolitische Probleme der Arbeitsmarktpolitik in der Bundesrepublik Deutschland, Berlin.

Leibenstein, H. (1982), The Prisoners' Dilemma in the Invisible Hand: An Analysis of Intrafirm Productivity, in: AER, 72. Jg., P & P, S. 92-97.

Leibenstein, H., Maital, S. (1992), Empirical Estimation and Partitioning of X-Inefficiency: A Data-Envelopment Approach, in: AER, P & P, 82. Jg., S. 428-433.

Leipold, H. (1985), Wirtschafts- und Gesellschaftssysteme im Vergleich, 4. Aufl., Stuttgart.

Leipold, H. (1987), Vertragstheoretische Begründung staatlicher Aufgaben, in: WiSt, 16. Jg., S. 177-182.

Lippman, S. A., McCall, J. J. (1976), The Economics of Job Search: A Survey, in: EI, 14. Jg., S. 155-189 und 347-368.

Ludwig, F. (1903), Die Gesindevermittlung in Deutschland, Tübingen.

Ludwig, F. (1906), Der gewerbsmäßige Arbeitsnachweis, Berlin.

Lutz, B., Sengenberger, W. (1974), Arbeitsmarktstrukturen und öffentliche Arbeitsmarktpolitik, Göttingen.

Lutz, W. (1995), "Sozialpolitische Nachrichten", in: aub, 46. Jg., S. 209-211.

Mag, W. (1975), Art. "Informationsbeschaffung", in: E. Grochla, W. Wittmann, Hg., HdB, 4. Aufl., Stuttgart, Sp. 1882-1894.

Mag, W. (1990), Grundzüge der Entscheidungstheorie, München.

Maibaum, K., Pfuhlmann, H., Rademacher, M. (1986), Die Praxis der Arbeitsvermittlung, 3. Aufl., Stuttgart u.a.O.

Maier, D. (1993), Die geschichtliche Entwicklung des Alleinvermittlungsrechts der Bundesanstalt für Arbeit, in: aub, 44. Jg., S. 2-6 und 40-42.

Mann, E. (1991), Die Bundesanstalt für Arbeit, in: WiSt, 20. Jg., S. 532-535.

Mansel, B. (1996), AFRG soll den Arbeitsmarkt deregulieren, in: SozSich, 45. Jg., S. 254-258.

Marelli, B. (1985), Arbeitsvermittlung und Stellensuche in der Schweiz, Grüsch.

Marx, K. (1867), Das Kapital, Bd. 1, MEW, Bd. 23, Berlin 1986.

Meckling, W. H. (1976), Values and the Choice of the Model of the Individual in the Social Sciences, in: SZVS, 112. Jg., S. 545-560.

Mertens, D. (1970), Rationale Arbeitsmarktpolitik, München.

Mertens, D. (1973), Der Arbeitsmarkt als System von Angebot und Nachfrage, in: MittAB, 6. Jg., S. 229-235.

Mertens, D., Kühl, J. (1977), Art. "Arbeitsmarkt I: Arbeitsmarktpolitik", in: W. Albers et al., Hg., HdWW, Bd. 1, Stuttgart u.a.O., S. 279-292.

Merton, R. K. (1972), Die Eigendynamik gesellschaftlicher Voraussagen, in: E. Topitsch, Hg., Logik der Sozialwissenschaften, Köln, S. 144-161.

Metze. I. (1982), Art. "Negative Einkommensteuer", in: W. Albers et al., Hg., HdWW, Bd. 9, Stuttgart u. a. O., S. 788-799.

Milgrom, P., Roberts, J. (1982), Predation, Reputation and Entry Deterrence, in: JET, 27. Jg., S. 280-312.

Möhle, E.-M. (1982), Die Filterfunktion des Bildungswesens: Filtermodelle und ihre empirische Überprüfung, BeitrAB 71, Nürnberg.

Molitor, B. (1992), Erst versagt der Markt, und dann versagt der Staat, in: DerArb, 44. Jg., S. 231-232.

Möller, R. (1989), Marktanteil der Arbeitsvermittlung und Konjunktur, in: aub, 40. Jg., S. 69-73.

Mortensen, D. T. (1986), Job Search and Labor Market Analysis, in: O. Ashenfelter, R. Layard, Hg., Handbook of Labor Economics, Bd. 2, Amsterdam, S. 849-919.

Mosley, H. (1997), Marktanteil und Marktsegment der Arbeitsvermittlung in der EU: Erkenntnisse aus der Europäischen Arbeitskräfteerhebung, in: inforMISEP, Nr. 57 (Frühjahr), S. 29-39.

Müller, G., Seifert, H. (1991), Deregulierung aus Prinzip?, in: WSI-Mit, 44. Jg., S. 489-499.

Müller-Armack, A. (1956), Art. "Soziale Marktwirtschaft", in: E. v. Beckerath et al., Hg., HdSW, Bd. 9, Stuttgart-Tübingen-Göttingen, S. 390-392.

Münz, T. (1976), Aufgaben, Rechtsgrundlagen und organisatorische Gliederung der Arbeitsvermittlung, in: Fachkunde für den Dienst beim Arbeitsamt, bearbeitet von F. Kuster, 5. Aufl., Stuttgart u.a.O., S. 264-270.

Musgrave, R. A. (1959), The Theory of Public Finance, New York.

Musgrave, R. A., Musgrave, P. B., Kullmer, L. (1987), Die öffentlichen Finanzen in Theorie und Praxis, Bd. 1, 4. Aufl., Tübingen.

Nelson, P. (1970), Information and Consumer Behavior, in: JPE, 78. Jg., S. 311-329.

Nelson, P. (1974), Advertising as Information, in: JPE, 82. Jg., S. 729-754.

Neubauer, G. (1988), Regulierung und Deregulierung im Gesundheitswesen der Bundesrepublik Deutschland, in: T. Thiemeyer, Hg., Regulierung und Deregulierung im Bereich der Sozialpolitik, SchrdVfSocPol, N. F., Bd. 177, Berlin, S. 9-45.

Nienhaus, V. (1985), Konsens als praktische Entscheidungsregel, in: E. Boettcher, P. Herder-Dorneich, K.-E. Schenk, Hg., Jahrbuch für Neue Politische Ökonomie, 4. Band: Die Vertragstheorie als Grundlage der Parlamentarischen Demokratie, Tübingen, S. 137-159.

Niskanen, W. A. (1971), Bureaucracy and Representative Government, Chicago-New York.

Okun, A. M. (1981), Prices and Quantities: A Macroeconomic Analysis, Oxford.

Pätzold, J. (1991), Stabilisierungspolitik, 4. Aufl., Bern-Stuttgart.

Pfeiffer, D. K. (1976), Organisationssoziologie, Stuttgart u.a.O.

Pfriem, H. (1978), Die Grundstruktur der neoklassischen Arbeitsmarkttheorie, in: W. Sengenberger, Hg., Der gespaltene Arbeitsmarkt, Frankfurt/M.-New York, S. 43-53.

Pfriem, H. (1979), Konkurrierende Arbeitsmarkttheorien, Frankfurt/M.-New York.

Pfuhlmann, H., Spiegl, G. (1987), Die Bundesanstalt für Arbeit, Stuttgart u.a.O.

Pfuhlmann, H., Stöhr, A. (1992), Stellen-Informations-Service, in: aub, 43. Jg., S. 2-3.

Phelps, E. S. (1972), The Statistical Theory of Racism and Sexism, in: AER, 62. Jg., S. 659-661.

Picot, A. (1982), Transaktionskostenansatz in der Organisationstheorie: Stand der Diskussion und Aussagewert, in: DBW, 42. Jg., S. 267-284.

Pies, I. (1996), Theoretische Grundlagen demokratischer Wirtschafts- und Gesellschaftspolitik – Der Beitrag James Buchanans, in: I. Pies, M. Leschke, Hg., James Buchanans konstitutionelle Ökonomik, Tübingen, S. 1-18.

Pies, I. (1999), Ordnungspolitik in der Demokratie: Ein ökonomischer Ansatz diskursiver Politikberatung, (noch) unveröffentlichte Habilitationsschrift der Westfälischen Wilhelms-Universität Münster.

Pies, I. (2000), Institutionenökonomik als Ordnungstheorie: Ein Ansatz für wissenschaftliche Politikberatung in der Demokratie, in: H. Leipold, I. Pies, Hg., Ordnungstheorie und Ordnungspolitik. Konzeptionen und Entwicklungsperspektiven, Stuttgart, S. 347-370.

Pissarides, C. A. (1984), Search Intensity, Job Advertising, and Efficiency, in: JLabEc, 2. Jg., S. 128-143.

Priddat, B. P. (1996), Sozialpolitik ohne Sozialpolitik?, in: I. Pies, M. Leschke, Hg., James Buchanans konstitutionelle Ökonomik, Tübingen, S. 240-247.

Priewe, J. (1984a), Zur Kritik konkurrierender Arbeitsmarkt- und Beschäftigungstheorien und ihrer politischen Implikationen, Frankfurt/M. u.a.O.

Priewe, J. (1984b), Konkurrierende Arbeitsmarkttheorien und Typologien von Arbeitslosigkeit, in: WD, 64. Jg., S. 353-360.

Quandt, W. (1992), Sozialversicherung in der Marktwirtschaft, Dissertation, Münster.

Rademacher, M. (1975), Art. "Arbeitsvermittlung", in: E. Gaugler, Hg., HdP, Stuttgart, Sp. 387-394.

Rapold, I. (1988), Qualitätsunsicherheit als Ursache von Marktversagen, München.

Rauschhofer, G. (1974), Das Arbeitsvermittlungsmonopol, Berlin.

Rees, A. (1966), Labor Economics: Effects of More Knowledge. Information Networks in Labor Markets, in: AER, 56. Jg., P & P, S. 559-566.

Reid, G. L. (1972), Job Search and the Effectiveness of Job-Finding Methods, in: ILRR, 25. Jg., S. 479-495.

Richter, R., Furubotn, E. (1996), Neue Institutionenökonomik, Tübingen.

Richter, W. F., Wiegard, W. (1993), Zwanzig Jahre „Neue Finanzwissenschaft". Teil I: Überblick und Theorie des Marktversagens, in: ZWS, 113. Jg., S. 169-224.

Rothschild, K. W. (1988), Theorien der Arbeitslosigkeit, München-Wien.

Rothschild, M., Stiglitz, J. (1976), Equilibrium in Competitive Insurance Markets: An Essay on the Economics of Imperfect Information, in: QJE, 90. Jg., S. 629-649.

Rubinstein, A., Wolinsky, A. (1987), Middlemen, in: QJE, 102. Jg., S. 581-593.

Rudolph, H. (1984), Die Entwicklung der Vermittlungen in Arbeit, in: MittAB, 17. Jg., S. 168-182.

Sachverständigenrat [zur Begutachtung der gesamtwirtschaftlichen Entwicklung] (1977), Mehr Wachstum - Mehr Beschäftigung, Jahresgutachten 1977/78 vom 18.11.1977, Stuttgart-Mainz.

Sachverständigenrat [zur Begutachtung der gesamtwirtschaftlichen Entwicklung] (1993), Zeit zum Handeln - Antriebskräfte stärken, Jahresgutachten 1993/94 vom 11.11.1993, Stuttgart.

Salop, J., Salop, S. (1976), Self-Selection and Turnover in the Labor Market, in: QJE, 90. Jg., S. 619-627.

Salop, S. C. (1973), Systematic Job Search and Unemployment, in: RES, 40. Jg., S. 191-201.

Scharpf, F. W. (1982), Optionen der Arbeitsmarktpolitik in den 80er Jahren, in: F. W. Scharpf et al., Hg., Aktive Arbeitsmarktpolitik, Frankfurt/M.-New York, S. 11-28.

Scheib, R. (1987), Der Betrieb als Schlüsselinstanz für individuelle Beschäftigungschancen, BeitrAB 107, Nürnberg.

Scherl, H. (1990), Staatliches Arbeitsvermittlungsmonopol: Pro und Contra, unveröffentlichtes Manuskript zur öffentlichen Antrittsvorlesung in der Wirtschafts- und Sozialwissenschaftlichen Fakultät der Universität Erlangen-Nürnberg am 22.5.1990, Nürnberg.

Schickler, W. (1989), Arbeitsbeschaffungsmaßnahmen, 3. Aufl., Stuttgart-Berlin-Köln.

Schiller, B. R. (1975), Job Search Media: Utilization and Effectiveness, in: QREB, 15. Jg., Heft 4, S. 55-63.

Schmid, A., Gaß, G. (1995), Langzeitarbeitslosigkeit, in: H. Seifert, Hg., Reform der Arbeitsmarktpolitik, Köln, S. 183-205.

Schmid, G. (1976), Zur Konzeption einer aktiven Arbeitsmarktpolitik, in: M. Bolle, Hg., Arbeitsmarkttheorie und Arbeitsmarktpolitik, Opladen, S. 165-185.

Schmid, G. (1986), Steuer- oder Beitragsfinanzierung der Arbeitsmarktpolitik?, in: WD, 66. Jg., S. 141-147.

Schmid, H., Dosky, D. v. (1991), Oekonomik des Arbeitsmarktes, Bd. 2: Problembereiche und Lösungsansätze, Bern-Stuttgart.

Schmid, H., Dosky, D. v., Braumann, B. (1996), Oekonomik des Arbeitsmarktes, Bd. 1: Arbeitsmarkttheorien, 2. Aufl., Bern-Stuttgart.

Schneider, D. (1985), Die Unhaltbarkeit des Transaktionskostenansatzes für die "Markt oder Unternehmung"-Diskussion, in: ZfB, 55. Jg., S. 1237-1254.

Schönwitz, D., Wünsche, H. F. (1989), Was ist "sozial" an der Sozialen Marktwirtschaft?, in: W. Fischer, Hg., Währungsreform und Soziale Marktwirtschaft, SchrdVfSocPol, N. F., Bd. 190, Berlin, S. 181-195.

Schüller, A. (1967), Dienstleistungsmärkte in der Bundesrepublik Deutschland, Köln-Opladen.

Schumann, J. (1992), Grundzüge der mikroökonomischen Theorie, 6. Aufl., Berlin u.a.O.

Schumpeter, J. A. (1942), Kapitalismus, Sozialismus und Demokratie, 5. Aufl., München 1980.

Schwab, S. (1986), Is Statistical Discrimination Efficient?, in: AER, 76. Jg., S. 228-234.

Scitovsky, T. (1954), Two Concepts of External Economies, in: JPE, 62. Jg., S. 143-151.

Sehringer, R. (1989), Betriebliche Strategien der Personalrekrutierung, Frankfurt/M.-New York.

Seidl, C. (1972), Moral Hazard: Die individuelle Maximierung des Erwartungsnutzens als Quelle von Wohlfahrtsminderungen, in: ZfN, 32. Jg., S. 425-448.

Seifert, H. (1984), Öffentliche Arbeitsmarktpolitik in der Bundesrepublik Deutschland, Köln.

Seifert, H. (1987), Öffentliche Arbeitsvermittlung und Arbeitsmarktpolitik, in: A. Deeke, J. Fischer, U. Schumm-Garling, Hg., Arbeitsmarktbewegung als sozialer Prozeß, SAMF-Arbpap 1987-3, Paderborn, S. 182-193.

Sesselmeier, W., Blauermel, G. (1990), Arbeitsmarkttheorien, Heidelberg.

Shapiro, C. (1983), Premiums for High Quality Products as Returns to Reputations, in: QJE, 98. Jg., S. 659-679.

Shapiro, C., Stiglitz, J. E. (1984), Equilibrium Unemployment as a Worker Discipline Device, in: AER, 74. Jg., S. 433-444.

Siebert, H., Klodt, H. (1991), Qualifizierungsgutscheine: Eintrittskarten in den Arbeitsmarkt, Kieler Diskussionsbeiträge, Bd. 175, Kiel.

Siegers, J. (1992), Das Arbeitsvermittlungsmonopol paßt nicht in unsere Zeit, in: WD, 72. Jg., S. 177-180.

Simon, H. A. (1951), A Formal Theory of the Employment Relationship, in: Ecmtra, 19. Jg., S. 293-305.

Simon, H. A. (1955), A Behavioral Model of Rational Choice, in: QJE, 69. Jg., S. 99-118.

Sinn, H.-W. (1995), A Theory of the Welfare State, in: SJE, 97. Jg., S. 495-526.

Smith, A. (1776), Der Wohlstand der Nationen. Eine Untersuchung seiner Natur und seiner Ursachen, neu übersetzt und gewürdigt von H. C. Recktenwald, 4. Aufl., München 1988.

Sohmen, E. (1976), Allokationstheorie und Wirtschaftspolitik, Tübingen.

Solow, R. M. (1980), On Theories of Unemployment, in: AER, 70. Jg., S. 1-11.

Solow, R. M. (1986), Unemployment: Getting the Questions Right, in: Ec, 53. Jg., Supplement, S. 23-34.

Soltwedel, R. (1984), Mehr Markt am Arbeitsmarkt, München-Wien.

Soltwedel, R. (1986), Reform des Arbeitsmarktes, in: R. Vaubel, H. D. Barbier, Hg., Handbuch Marktwirtschaft, Pfullingen, S. 388-394.

Soltwedel, R. et al. (1986), Deregulierungspotentiale in der Bundesrepublik, Tübingen.

Soltwedel, R. et al. (1990), Regulierungen auf dem Arbeitsmarkt der Bundesrepublik, Tübingen.

Spence, M. (1973), Job Market Signaling, in: QJE, 87. Jg., S. 355-374.

Spence, M. (1976), Informational Aspects of Market Structure: An Introduction, in: QJE, 90. Jg., S. 591-597.

Spitznagel, E. (1989), Zielgruppenorientierung und Eingliederungserfolg bei Allgemeinen Maßnahmen zur Arbeitsbeschaffung (ABM), in: MittAB, 22. Jg., S. 523-539.

Steffen, J. (1995), Die Bonner BSHG-Reform, in: SozSich, 44. Jg., S. 250-259.

Steinke, R. (1996), Die Reform des Arbeitsförderungsgesetzes (AFG), in: SozSich, 45. Jg., S. 161-177.

Stigler, G. J. (1961), The Economics of Information, in: JPE, 69. Jg., S. 213-225.

Stigler, G. J. (1962), Information in the Labor Market, in: JPE, 70. Jg., Supplement, S. 94-105.

Stiglitz, J. E. (1975), The Theory of "Screening," Education, and the Distribution of Income, in: AER, 65. Jg., S. 283-300.

Stober, R. (1984), Wirtschaftsverwaltungsrecht, Bd. 1: Allgemeiner Teil und Wirtschaftsverfassungsrecht, 3. Aufl., Stuttgart u.a.O.

Streißler, E. (1980), Kritik des neoklassischen Gleichgewichtsansatzes als Rechtfertigung marktwirtschaftlicher Ordnungen, in: E. Streißler, C. Watrin, Hg., Zur Theorie marktwirtschaftlicher Ordnungen, Tübingen, S. 38-69.

Stützel, W. (1982), Marktpreis und Menschenwürde, 3. Aufl., Stuttgart.

Theuerkauf, W. (1993), Das Monopol der Bundesanstalt für Arbeit im Lichte der Rechtsprechung, in: aub, 44. Jg., S. 193-195 und 223-225.

Thurow, L. C. (1975), Generating Inequality, New York.

Thurow, L. C. (1978), Die Arbeitskräfteschlange und das Modell des Arbeitsplatzwettbewerbs, in: W. Sengenberger, Hg., Der gespaltene Arbeitsmarkt, Frankfurt/M.-New York, S. 117-137.

Tinbergen, J. (1968), Wirtschaftspolitik, Freiburg i. B.

Uhlig, O. (1970), Arbeit - amtlich angeboten, Stuttgart u.a.O.

Ungern-Sternberg, T. von (1984), Zur Analyse von Märkten mit unvollständiger Nachfragerinformation, Berlin u.a.O.

Vial, M., Walzel, W. (1989), Illegale Beschäftigung, Stuttgart-Berlin-Köln.

Wallner, J. (1991), Kommt die private Arbeitsvermittlung?, in: a & w, 45. Jg., S. 35-38.

Walwei, U. (1991a), Viele Wege führen nach Rom. Pro und Contra Vermittlungs-"Monopol" im internationalen Vergleich, MatAB 4/1991, Nürnberg.

Walwei, U. (1991b), Arbeitsvermittlung in der EG, in: R. Marr, Hg., Eurostrategisches Personalmanagement, Sonderband der Zeitschrift für Personalforschung, Bd. 2, München-Mering, S. 389-408.

Walwei, U. (1991c), Alleinvermittlungsrecht der Bundesanstalt für Arbeit im europäischen Binnenmarkt, in: U. Walwei, H. Werner, Hg., Beschäftigungsaspekte und soziale Fragen des EG-Arbeitsmarktes, BeitrAB 142, Nürnberg, S. 126-133.

Walwei, U. (1992), Öffentliche und private Arbeitsvermittlung in Großbritannien. Marktbedeutung im Lichte empirischer Befunde, IAB-wstb Nr. 18 vom 25.9.1992, Nürnberg.

Walwei, U. (1993a), Arbeitsvermittlung in Großbritannien, in: aub, 44. Jg., S. 101-103.

Walwei, U. (1993b), Zum Regulierungsbedarf bei Zulassung privater Arbeitsvermittlung, in: MittAB, 26. Jg., S. 285-293.

Walwei, U. (1994a), Reform der Arbeitsvermittlung: Erfahrungen im internationalen Vergleich, in: AuS, 48. Jg., Heft 5/6, S. 53-63.

Walwei, U. (1994b), Reform der Arbeitsvermittlung in OECD-Ländern: Modernisierung öffentlicher Dienste und Zulassung privater Anbieter, in: MittAB, 27. Jg., S. 94-107.

Walwei, U. (1994c), Zulassung der privaten Arbeitsvermittlung: Arbeitsmarkteffekte und Regulierungsfragen, in: WD, 74. Jg., S. 83-88.

Walwei, U. (1995), Brutto- und Nettoeffekte der Arbeitsvermittlung. Möglichkeiten und Grenzen der Messung ihres Nutzens für Arbeitsuchende, Betriebe und die Volkswirtschaft, in: MittAB, 28. Jg., S. 516-526.

Walwei, U. (1996), Arbeitsvermittlung als öffentliche Aufgabe und privatwirtschaftliche Dienstleistung. Reorganisation der Arbeitsvermittlung aus einer international vergleichenden Perspektive, in: MittAB, 29. Jg., S. 54-72.

Warner, J. T., Poindexter, J. C. Jr., Fearn, R. M. (1980), Employer-Employee Interaction and the Duration of Unemployment, in: QJE, 94. Jg., S. 211-233.

Watrin, C. (1996), James M. Buchanans Entwurf einer konstitutionellen Ökonomik, in: I. Pies, M. Leschke, Hg., James Buchanans konstitutionelle Ökonomik, Tübingen, S. 253-271.

Weber, M. (1922), Wirtschaft und Gesellschaft, 5. Aufl., Tübingen 1980.

Weisser, G. (1956), Art. "Soziale Sicherheit", in: E. v. Beckerath et al., Hg., HdSW, Bd. 9, Stuttgart-Tübingen-Göttingen, S. 396-412.

Weth, A. (1994), "Arbeitsmarkt", in: aub, 45. Jg., S. 72-75.

Widmaier, H. P., Blien, U. (1990), Zur Theorie sozialpolitischer Institutionen. Bürokratie im Wohlfahrtsstaat, in: T. Thiemeyer, Hg., Theoretische Grundlagen der Sozialpolitik, SchrdVfSocPol, N. F., Bd. 193, Berlin, S. 119-150.

Willeke, E. (1956), Art. "Arbeitsmarkt", in: E. v. Beckerath et al., Hg., HdSW, Bd. 1, Stuttgart-Tübingen-Göttingen, S. 321-332.

Williamson, O. E. (1975), Markets and Hierarchies: Analysis and Antitrust Implications, New York-London.

Williamson, O. E. (1981), The Economics of Organization: The Transaction Cost Approach, in: AJS, 87. Jg., S. 548-577.

Williamson, O. E. (1990), Die ökonomischen Institutionen des Kapitalismus, Tübingen.

Williamson, O. E., Wachter, M. L., Harris, J. E. (1975), Understanding the Employment Relation: The Analysis of Idiosyncratic Exchange, in: BJE, 6. Jg., S. 250-278.

Wilrodt, H. (1956), Art. "Arbeitsvermittlung", in: E. v. Beckerath et al., Hg., HdSW, Bd. 1, Stuttgart-Tübingen-Göttingen, S. 372-376.

Windisch, R. (1980), Staatseingriffe in marktwirtschaftliche Ordnungen, in: E. Streißler, C. Watrin, Hg., Zur Theorie marktwirtschaftlicher Ordnungen, Tübingen, S. 297-339.

Windolf, P., Hohn, H.-W. (1984), Arbeitsmarktchancen in der Krise, Frankfurt/M.-New York.

Windsperger, J. (1987), Zur Methode des Transaktionskostenansatzes, in: ZfB, 57. Jg., S. 59-76.

Wiswede, G. (1985), Soziologie, Landsberg am Lech.

Woll, A. (1986), Reform der Staatsaufgaben und -ausgaben, in: R. Vaubel, H. D. Barbier, Hg., Handbuch Marktwirtschaft, Pfullingen, S. 300-304.

Yanelle, M.-O. (1989), The Strategic Analysis of Intermediation, in: EER, 33. Jg., S. 294-301.

Zerche, J., Gründger F. (1996), Sozialpolitik, 2. Aufl., Düsseldorf.

Zweifel, P. (1996), Private oder öffentliche Arbeitsvermittlung, in: ifo-Studien, 42. Jg., S. 47-76.

FSC
www.fsc.org
MIX
Papier | Fördert gute Waldnutzung
FSC® C083411

Kolibri 360 GmbH
Ferdinand-Jühlke-Straße 7
99095 Erfurt, Deutschland
produktsicherheit@kolibri360.de

Druck:
CPI Druckdienstleistungen GmbH
im Auftrag der
Kolibri 360 GmbH
Ferdinand-Jühlke-Str. 7
99095 Erfurt